集人文社科之思　刊专业学术之声

集 刊 名：廉政学研究
主　　编：蒋来用
副 主 编：孙大伟
执行主编：许天翔
主办单位：中国社会科学院中国廉政研究中心

(2023 VOL 2) CLEAN-GOVERNANCE STUDY

学术委员会委员（按姓氏拼音排序）

蔡志强（中国纪检监察学院）　　陈光金（中国社会科学院）
公　婷（香港城市大学）　　　　过　勇（清华大学）
何增科（北京大学）　　　　　　杰夫·瑞米洛（美国密苏里大学）
蒋来用（中国社会科学院）　　　李后强（四川省社会科学院）
李雪勤（中国社会科学院）　　　刘　宏（新加坡南洋理工大学）
吕薇洲（中国社会科学院）　　　倪　星（中国人民大学）
任建明（北京航空航天大学）　　孙壮志（中国社会科学院）
魏德安（美国佐治亚大学）　　　徐玉生（江南大学）
袁柏顺（湖南大学）

编　辑

于　琴　许天翔　刘　刚

编辑部

地　址：北京市建国门内大街5号　邮政编码：100732
电　话：86-10-85195127（兼传真）
投稿电子邮箱：lianzhengxue@sina.com
网　址：http://cacrc.cssn.cn

2023年第2辑

集刊序列号：PIJ-2018-314
集刊主页：www.jikan.com.cn/廉政学研究
集刊投约稿平台：www.iedol.cn

廉政学研究

Clean-Governance Study

2023年第2辑
(总第12辑)

2023 VOL.2

社会科学文献出版社

廉政学研究

总第 12 辑
2023 年 12 月出版

·腐败治理研究·

新媒体视域下农民媒介接触、腐败感知与政治信任
——基于中国西部省份的实证研究……………………李　莉　李宁卉 / 1
性别与腐败：基于正式制度和非正式制度的分析………………涂文燕 / 27
反腐效能与政治正当性
——基于韩国反腐的模式分析（1987—2022）
……………………………………………谢桂娟　宋埧吾　杨欣雨 / 41
农村"微腐败"的类型、特征、成因与治理
——基于对 184 份法院判决书的分析…………………卜春波　卜万红 / 63
粮食购销领域腐败的特征、发生机理及治理策略
——基于 103 起典型案例的考察………………………………王　浩 / 81
侗族文化融入基层廉洁文化建设的实践与探索
——以黔东南苗族侗族自治州为例……………………………李昕玮 / 105

·纪检监察理论与实践·

礼尚往来中"情"与"纪"的界限研究……………姬亚平　彭夏青 / 120
金融纪检监察派驻制度的演进历程、影响因素与经验启示……王　冠 / 134
监察体制改革背景下民营企业行贿犯罪合规制度研究
——以民营企业交往的监察对象为中心………………王　刚　陈厚侃 / 152
论纪检监察学的研究对象与学科体系建设……………………熊明明 / 174
监察与司法衔接中法官惩戒制度的调适路径…………………黄　鑫 / 192
基层纪检监察机关借调现象的观察与思考
——以 H 省 C 市 L 区为例…………………………………田镇沧 / 209

·党和国家监督体系研究·

宪法视域下的审计监督
——基于审计工作报告、审计查出问题整改情况报告的考察
.... 许 聪 / 233

技术与组织的互动：大数据监督在基层政府治理中的实践逻辑
.... 王 阳 / 257

Table of Contents & Abstracts .... / 285
《廉政学研究》投稿指南 .... / 294

·腐败治理研究·

新媒体视域下农民媒介接触、腐败感知与政治信任
——基于中国西部省份的实证研究*

李 莉 李宁卉**

摘 要：媒介接触深刻影响民众对腐败的感知，进而有可能影响民众对政府的信任。在新媒体背景下，在反腐倡廉工作不断深入开展的过程中，农村民众的政治认知和态度在新媒体接触中如何受到影响已成为值得思考的重要问题。本次调查以西部地区的农村民众为对象，选取 G 省 L 县 34 个村进行实地调研，发放并收集问卷 628 份。通过分层回归和中介模型分析，研究发现，基层腐败感知在新媒体接触和基层政治信任之间发挥中介作用，即新媒体接触越频繁，基层腐败感知程度越高，进而对基层政治信任水平起到负面影响作用。该研究为探讨媒介因素对政治信任影响的因果作用机制提供了实证支持。

关键词：新媒介接触；腐败感知；政治信任；农村

一 引言

腐败本身具有很强的隐蔽性，很难为外界所观察。所以，通常情况下，民众对腐败信息的获得在很大程度上依赖于媒介的信息传播（薛可、余来辉、余明阳，2018；邓崧、刘开孝，2020）。这使媒介接触深刻影响民众对腐败的感知，进而有可能影响民众对政府的信任。

近年来，随着信息技术的迅速发展，新媒体在广大农村地区的发展呈

---

* 项目基金：本文为国家哲学社会科学项目"大数据权力监督背景下民众反腐败效能感实证研究"（项目编号：20BZZ013）的阶段性研究成果。
** 作者简介：李莉，博士，中国政法大学政治与公共管理学院/中国政治大学国家监察研究院副教授，研究方向为中国政府与政治、廉政治理、纪检监察学；李宁卉，南开大学周恩来政府管理学院博士研究生，研究方向为基层治理、城市治理。

现方兴未艾的趋势，农民群体中使用新媒体的人数也逐渐飙升。农民群体受到网络新媒体的冲击更为突出。同时，党的十八大以来所开展的"打虎拍蝇"高压反腐工作取得显著成效，这一工作通过信息媒介尤其是各种新媒介的广泛传播，极大地影响了民众对腐败及反腐败的认识，由此引发了一系列值得思考的问题：在新媒体背景下，在反腐倡廉工作不断深入开展的过程中，农村民众的政治认知和态度受到怎样的影响？这种影响机制是如何发生的？目前虽然关于腐败感知与政府信任的研究日益增多，但是对基于新媒介接触而引发的腐败感知影响政府信任机制的探讨还较为缺乏。为了进一步提供实证支持，本研究选取西部地区 G 省 L 县的农村民众作为主要研究对象①，通过实地调研和问卷获取一手数据，并进行了实证检验和探讨。

二 文献回顾

（一）政治信任

经过学界长期努力，围绕政治信任形成了丰富的研究成果。在政治信任的有关研究中，政治信任的影响因素及其作用效果是提升公民政治信任水平的前提和基础。因此，政治信任的来源，即政治信任的影响因素成为备受学者关注的重要问题。各国学者对政治信任的产生和影响因素进行了广泛探讨，形成了解释政治信任来源最重要的两种视角：制度主义和文化主义。

1. 制度主义视角

制度主义视角主要基于理性经济人假设，认为公民是理性的公共服务对象，对政府的政治信任来源于公众对物质利益的理性计算和对绩效成果的主要评价（Hetherington, 1998）。如果政治制度或政府行为能够增加人民福祉，能够满足公民个体的利益预期，就能赢得民众的信任和

---

① 根据学术匿名原则，本文已将真实省份和地名进行匿名化处理。由于区域经济和城乡发展不平衡的现实情况，西部地区相对于东部地区而言，经济发展较落后，仍然呈现以农业为主的产业形态。与相对发达的东部沿海地区相比，新媒体对西部地区农村民众的影响更值得关注。

认可。学者们从不同角度进一步验证和拓展了制度主义的解释路径。有研究表明，政府绩效水平与民众政治信任呈显著正相关关系（Welch et al.，2004），经济发展水平（Hetherington and Rudolph，2008）、政府治理能力（Walker and Hills，2014）、公共服务质量（Tolbert and Mossberger，2006）等都会对公民政治信任态度产生影响。除此之外，制度主义解释路径还能够解释为何腐败会损害公众的政治信任。政府行政人员服务民众、公平公正以及诚实守信等正向品质与民众的理性利益表达相符合，会提高人们对政府的满意度（Downe et al.，2013），而政治腐败和政治丑闻等信息的曝光违反了民众的理性利益表达，严重削弱了民众的政治支持（Wang，2016）。

2. 文化主义视角

一方面，不同区域文化下民众的政治信任存在差异；另一方面，个体的年龄、性别、经济水平等在一系列社会化过程中形成的身份价值差异也会对政治信任产生影响。与政府绩效相比，文化因素对政治信任的影响更为突出（Carnevale and Wechsler，1992）。已有研究表明，中国民众尤其是基层民众对政治信任呈现鲜明的层级性特征。李连江（Li，2004）以农民为主要研究对象，发现民众对政府的信任程度呈现"央强地弱"的差序格局，即民众的政治信任水平随着政府层次的下降而逐渐降低。李连江（2012）将这一现象界定为"差序政治信任"。对于这种差序格局的存在，不同学者从定性和定量等不同角度进行了证明，基本达成共识（方雷、赵跃妃，2017）。缪娅、吴心喆（2019）指出，中国差序格局的形成虽然受到制度性因素的影响，但更多需要从历史文化视角加以解释。叶敏和彭妍（2010）指出，中国中央集权的历史传统对民众的政治态度具有深刻影响，中央与民众无直接利益冲突，具有先天的政治亲和力，民众倾向于信任中央政府，而把罪责归咎于地方政府，认为地方的贪官污吏是损害其利益的根源，从而形成"央强地弱"的结构。还有学者立足于群体性事件，经实证研究发现我国差序政治信任格局会影响公众对群体性事件的感知，并能够在一定程度上调节具有抗争性质的非传统政治参与。有部分学者进一步指出，民众尤其是农村民众的抗争性利益表达影响政治信任水平。如农民上访行为会对政治信任产生负面影响，政治信任水平随着上访层级的提高而下降（胡荣，2007）。

3. 制度主义视角和文化主义视角的融合

制度主义视角和文化主义视角是相互补充关系，而非相互排斥关系。我国学者尝试融合两种视角来探讨中国语境下政治信任的影响因素，从而修正、补充西方学者的理论。胡荣等（2011）指出，社会资本和政府绩效对城市居民的政治信任水平起到正面影响作用。肖唐镖、王欣（2011）指出，政府绩效、公共政策等制度因素以及农民个体的政治效能感、政治文化价值观等文化因素都对农民的政治信任起到重要作用。游宇、王正绪（2014）的研究认为，除制度主义因素外，文化主义对中国民众政治信任的影响作用逐渐增强。张小劲等（2017）通过城乡对比研究指出，城市居民的政治信任受制度与文化的双重影响，而农村居民相比于城市居民倾向于将中央政府与地方政府区别对待，主要原因在于城乡发展在政治、经济、文化等多方面的结构差异。

（二）媒介与政治信任

以上有关政治信任影响因素的研究视角倾向于认为政治信任来源于个体与政治系统的直接互动，而政治传播学指出，政治信任是一种社会化信任关系，这种信任关系可能受到联结双方的信息介质的影响（于颖，2020）。目前关于媒介对政治信任的影响存在负面、正面和中立三种不同的看法。

"媒介抑郁"理论的支持者们认为，媒体具有负面的反政府特性。Robinson（1976）最早提出这一观点，该理论认为，随着市场化程度的加深，为取得商业化竞争的优势地位，多数媒体会选择性地报道负面消息以获取更多的社会关注。这种市场竞争行为强化了民众对政府的负面印象，从客观上导致民众政治信任水平的下降。有学者进一步研究发现，不同媒介渠道对政治信任会产生不同的影响。Hetherington（1998）指出，电视会对政治信任产生负向影响，而报纸则相反。网络媒体对政治信任的削弱作用在不同学者的研究中得到了证实（Lee et al.，2015）。

与此相反，"媒介动员"理论的支持者们则对"媒介抑郁"理论持完全相反的假设。Norris（2000）提出，媒介作为民众获取政治信息的主要来源，有助于提升公民的政治参与和政治效能感，在很大程度上能够提高民众对政府的支持程度，提高政治信任感。Boulianne（2011）发现，相比于传统媒体，网络媒体在激发公民的公共政治兴趣方面更具优势，能够显著提升民众的政治信任水平。

此外，还有部分学者得出相对中立的看法。他们认为不同的媒介形态和受众个体差异均会对政治信任产生不同的影响。如 Miller 等（1979）基于1974年的美国选举数据发现，尽管报纸报道的内容大部分为正向或中性的，但是具有高度批判性的读者会对报道内容产生怀疑，从而对政府产生不信任感。

近年来，随着以互联网为代表的新媒体的迅速发展，人们获取信息的途径变得更加广泛，人们的社会生活和信息媒介的联系日益紧密，媒介因素对人们的政治价值和政治认知的影响越发强烈，越来越多的学者开始关注新媒介因素与政府信任之间的关系问题。

学者们通过不同数据的实证分析表明，电视、报纸等传统媒体对政治信任具有积极作用，而以网络为载体的新媒体更有利于负面或不实消息的传播，从而对政治信任产生一定的负面影响（程中兴、廖福崇，2017；胡荣、庄思薇，2017；游宇、王正绪，2014）。张明新、刘伟（2014）指出，以网络为载体的新媒体会削弱传统主流媒体的"媒介动员"效果，导致传统媒体的正向作用微乎其微。丁香桃（2017）指出，自媒体对传统公共管理的信任基础造成了一定的冲击，因此注重发掘自媒体的积极意义，使自媒体有效推动政治信任的提升具有重要意义。此外，已有研究发现，民众对中央层面的印象更多来自传统官方媒介的报道和宣传，通常是积极、正面的，对基层层面的印象则更多来自网络新媒体中的信息或"小道消息"，而新媒体存在极强的即时性、互动性和共享性，存在无法及时管控的风险和问题，更有利于负面信息（包括不实消息）的传播。两种不同的印象来源渠道对政治信任的差序格局具有强化作用（卢春龙、严挺，2016）。

目前，对于传统媒体的影响，学者们持不同的态度，但对于网络新媒体的影响，学者们几乎一致认为其会对政治信任产生"媒介抑郁"效应。然而，这种效应也并非简单、直接的，对于其影响机制需要进行更深层次的研究。苏振华、黄外斌（2015）通过研究发现，自我表达价值观在互联网使用与政治信任之间发挥中介作用。

通过梳理不难看出，目前学者们对于信息媒介对政治信任的影响作用已达成基本共识，但围绕媒介因素对政治信任影响的作用机制的研究相对单一，尤其是针对新媒体对民众政治态度影响的作用机制的探讨略显单薄，规范的实证分析相对较少，仍有进一步深入探讨的空间。

（三）媒介与腐败感知

腐败感知是受访者对政府及其公职人员腐败程度的认知及评价（陈永进、祁可、何宁，2020）。从这个意义上来说，腐败感知是民众对所在国家或地区政府及其公职人员腐败状况的认知，是对政治现象的反应，属于政治认知的内容。

腐败信息的不同来源渠道会对腐败感知产生不同的影响，这一点学者们达成了基本共识。最有代表性的研究就是朱江南等（2013）基于中国调查数据的发现：民众对政府及其公职人员贪腐情况的感知主要来源于两个主要的信息渠道——一个是新闻报道的正式渠道，另一个是"小道消息"等非正式渠道。"小道消息"本身存在负面效应，容易夸大事件或问题本身的严重性，将个案上升为普遍问题，因此，接触"小道消息"会强化民众对政府腐败感知的程度。

后续的一些实证研究进一步聚焦新媒介与腐败感知的关系。有研究发现，与传统媒介不同，公众使用互联网的偏好会对清廉感知水平起到负面影响作用（邓崧、刘开孝，2020）。还有研究发现，官方媒体使用具有正面宣传功能，有助于弱化网民的腐败感知，非官方媒体使用则强化了网民的腐败感知（薛可、余来辉、余明阳，2018）。

目前，关于媒介与腐败感知方面的研究不断受到关注，但仍有进一步研究的空间。原因在于，已有研究主要基于媒介效果视角探讨不同的信息媒介渠道对受众感知的影响，然而，较少有研究深入探究媒介对受众感知产生影响这个过程的发生机制。换言之，这个过程会受到哪些因素的影响并未得到深入的实证检验。

三 理论框架及研究假设

在个体政治社会化的过程中，探讨传播媒介因素对个体政治心理变化的影响，应当考虑媒介因素、政治认知、政治态度三者之间的因果关系。党的十八大以来，在高压反腐的背景下，政府反腐对民众的腐败感知产生巨大影响。腐败感知作为一种政治认知，在媒介对政治信任的影响过程中起到桥梁和中介作用（见图1）。

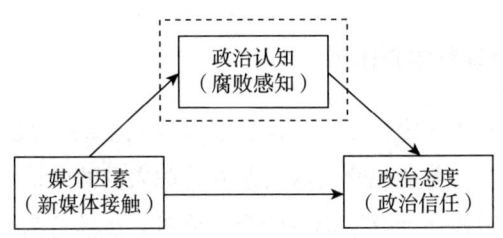

图1 腐败感知对媒介与政治信任的中介作用

（一）新媒体接触对基层政治信任的负向影响

本文认为，对于农村民众而言，针对中央层面的探讨意义不大，故本文主要着眼于基层，着重探讨媒介接触与基层政治信任、基层腐败感知之间的关系。已有研究表明，多数农村民众对中央政府的信任程度最高，但随着政府行政级别的降低，民众的信任程度也随之降低，存在"差序政治信任"现象（Li，2004）。针对这种现象形成的原因，除了制度性、传统文化因素的影响，传播媒介也在塑造差序政治信任上发挥了重要作用。

根据政治传播学的基本理论，媒介是影响个体政治态度和认知的重要因素。媒体与政治信任的关系是政治传播学关注的重要问题。当前，在政治传播研究领域中最受关注的话题主要是"新旧媒体的划分及其竞争性传播效应"（卢春龙、严挺，2016）。旧媒体是"主导受众型"，新媒体是"受众主导型"。在新媒体语境下，受众有更大的选择权和主动性。在新媒体背景下，学者们结合中国情境针对新媒体对政治信任的影响提出了自己的观点。王正祥（2009）的研究肯定了作为党和国家宣传"喉舌"的传统主流媒体对民众政治信任的正面作用，但同时指出在新媒体背景下，传统媒体"自上而下"的、说教式的话语很难为大众所接受，以致可能难以达到预期的传播效果。

鉴于新媒体与传统媒体之间的巨大差异，具体到中国农村场景，新旧媒体的政治效果可能也会不同。本文认为，在中国农村，新媒体和传统媒体都可能对农村民众的政治信任产生重要影响，但是新媒体具有极强的即时性、互动性等特点，可能存在无法及时监管的风险，从而造成不实信息的传播，进而削弱农村民众的政治信任度。为此，本文提出假设1。

假设1：新媒体接触会对基层政治信任产生负向影响。

（二）腐败感知的中介作用

根据政治社会化理论，民众对腐败现象的认知和评价来源于特定的渠道。已有研究表明，普通民众对政府及其公职人员的印象更多来源于媒体报道，普通民众通过媒体能够了解政府及其公职人员的行为信息。腐败信息的不同媒介渠道会对腐败感知产生不同的影响。传统媒体信息框架多以国家主导的正面宣传为主，立足于维护政府立场，会在一定程度上刻意避免谈及一些信息，而新媒体更多依托网络媒体作用，为"小道消息"或不实消息的传播提供了广泛的土壤，民众基于新媒体渠道获取信息来源，并在此基础上形成对政府腐败感知的认知与看法，进而强化了民众对腐败的感知程度（薛可、余来辉、余明阳，2018）。

对于民众尤其是基层群体来说，其获取政府及其公职人员行为信息的渠道主要来自媒体报道。新媒体的迅速发展，拓宽了民众的信息来源渠道，传播的信息也日益繁杂、真假难辨，一些网络媒体和"小道消息"将个案中的负面特征泛化和印象化，降低了民众对基层公职人员的印象分。民众对政府的腐败感知与民众的理性表达相悖，影响民众对政府的信任。大量研究表明，基层政治信任取决于腐败感知程度，腐败感知与政治信任呈显著负相关关系。换句话说，民众的腐败感知程度越高，其政治信任水平越低（张书维、景怀斌，2014；王如一，2020；杨慧青、彭国胜，2021）。鉴于此，本文提出假设2。

假设2：基层腐败感知在新媒体接触与基层政治信任之间发挥中介作用。

四 数据来源、样本概况及问卷设计

（一）数据来源

本次调查以西部农民为调查对象，选取 G 省 L 县进行实地调研并发放问卷收集数据。虽然我国西部农村地区受经济条件、基础设施、人口规模、资源分布等限制（李少惠、韩慧，2020），与中部、东部地区的地域差异较为显著。但长期以来西部地区常常被视为一个同质性比较高的整体性研究对象，如在基本公共服务（汪亚美，2020）、人才流失（李玉霞等，2020）、阶层分化（裴新伟，2022）等方面都存在较高的相似性，尤其是近年来有研究发现西部农民受到"短视频""直播平台"的影响较为明显（裴新伟，2022）。虽然受限于新冠疫情等客观因素，本文的数据采集仅仅局限于 G 省 L 县 34 个村，但上述研究提及的这些共性特征为本文探讨西部农民对新媒体接触和廉洁感知以及政治信任提供了可对话的可能性。

（二）样本概况

具体村庄选取主要基于当地政府部门的划分，依据村居分布以及经济、民生发展等情况，划分为好、中、差三种类型的村庄，每种类型的村庄按照分层随机抽样的方法进行抽取，好、中、差三种村庄均予以覆盖，共计覆盖 34 个村，最终获得有效问卷 628 份。

（三）问卷设计

问卷内容主要包括四部分，问项均采用四点李克特量表形式，被访问者可以根据自己的主观意愿进行选择。具体内容如表 1、表 2 所示。

第一部分是政治信任的相关内容。本研究基于现有研究对政治信任的划分，结合乡村振兴战略背景进行设置，测量指标包括中央政治信任和基层政治信任，同时将其细化为能力型政治信任和意愿型政治信任（李艳霞，2014）。赋值方式从"1=非常不同意"到"4=非常同意"。需要说明的是，基层政治信任的定义可被进一步划分为民众对政治制度、政府机构及政治精英的信任。Easton（1975）提出的政治支持的二元划分——弥散型支持和特殊型支持，对政治信任的测量具有深远影响。由于研究需要并基于中国民众且中国基层农民群体的政治认知程度不是很高（卢春龙、严挺，2016），大多将对政府机构及其公职人员的信任混为一谈，无法做到正确区分机构型信任和人员型信任，本研究未对此进行细致分类。

第二部分是腐败感知的相关内容。本文借鉴朱江南等（2013）的腐败感知量表，选取的测量指标包括公民对中央政府官员、地方政府官员、村"一把手"、驻村第一书记、乡镇干部的廉洁程度的认知。赋值方式从"1=非常廉洁"到"4=非常不廉洁"。

第三部分是媒介接触的相关内容。本研究借鉴现有研究常见的划分方式（韩雨晴、谢强，2019；尉建文、黄莉，2016），结合实际，传统媒体接触选取的测量指标主要包括中央电视台、地方电视台、报纸或杂志，新媒体接触选取的测量指标主要包括与手机和互联网密切相关的微信群、微信公众号、短视频平台（抖音/快手）。赋值方式从"1=几乎没有"到"4=几乎天天如此"。

第四部分是对受访者基本人口统计学特征的统计，主要包括受访者的性别、年龄、政治面貌、受教育程度等基本信息。

表1 问卷设计

变量名称	二级概念	具体问项	量表借鉴
政治信任	中央政治信任	501a.相信党中央有能力推动乡村振兴。（能力）	（李艳霞，2014）
		501b.相信党中央在进行乡村振兴决策时，会把人民群众的利益放在第一位。（意愿）	
	基层政治信任	501c.相信基层乡镇政府有能力落实好乡村振兴的政策。（能力）	
		501d.相信基层乡镇政府在进行乡村振兴决策时，会把改善我和我家人的生活放在第一位。（意愿）	

续表

变量名称	二级概念	具体问项	量表借鉴
腐败感知	中央腐败感知	总体来说，您认为我国各级政府干部的廉洁程度如何？	（Zhu et al.，2013）
		521a. 中央政府官员	
	基层腐败感知	521b. 地方政府官员	
		521c. 村"一把手"	
		521d. 驻村第一书记	
		521e. 乡镇干部	
媒介接触	传统媒体接触	您日常主要通过以下哪些渠道获取信息？	（韩雨晴、谢强，2019；尉建文、黄莉，2016）
		507a. 收看中央电视台	
		507b. 收看地方电视台	
		507c. 阅读报纸或杂志	
	新媒体接触	507d. 微信群	
		507e. 微信公众号	
		507f. 短视频平台（抖音/快手）	

五 数据分析

（一）基本人口统计学变量的描述统计分析

样本的基本人口统计学变量的描述统计结果如表2所示。根据数据统计结果可知，本文共调查村民561人（89.3%）、村干部67人（10.7%）。就性别而言，共调查男性345人（54.9%）、女性278人（44.3%），男女性别比例是1.24∶1。样本中男性人口数量要稍多于女性人口数量，性别比略大于当前我国总人口性别比，总体来说，比例相对合理。就年龄而言，20岁以下的有7人（1.1%），20~30岁的有42人（6.7%），30~40岁的有106人（16.9%），40~50岁的有183人（29.1%），50~60岁的有163人（25.9%），60~70岁的有109人（17.4%），70岁及以上的有18人（2.9%）。样本人口年龄集中在40~60岁，达到总人数的55%，按目前常用的年龄阶段划分法，本次调查以中年群体为主。就政治面貌而言，群众有382人（60.8%），共青团员有31人（4.9%），共产党员有214人（34.1%）。就受教育程度而言，不识字或小学没毕业的有39人（6.2%），小学毕业的有59人（9.4%），中学辍学的有34人（5.4%），中学毕业的有230人（36.6%），高中辍学的有19人（3.2%），高中毕业的有178人（28.3%），通过成人高等教育的有14人（2.2%），全日制大专、大学毕业的有49人（7.8%），研究生毕业或以上的有4人（0.6%）。总体来说，受访者的受教育程度集中在初中毕业和高中毕业，整体受教育程度较低。

表2 基本人口统计学变量的描述统计结果

单位：人，%

变量		总计	占比
身份	村干部	67	10.7
	村民	561	89.3
	总计	628	100
性别	男	345	54.9
	女	278	44.3
	总计	623	99.2
	缺失	5	0.8
年龄	20岁以下	7	1.1
	20~30岁	42	6.7
	30~40岁	106	16.9
	40~50岁	183	29.1
	50~60岁	163	25.9
	60~70岁	109	17.4
年龄	70岁及以上	18	2.9
	总计	628	100
政治面貌	群众	382	60.8
	共青团员	31	4.9
	共产党员	214	34.1
	总计	627	99.8
	缺失	1	0.2

续表

变量		总计	占比
受教育程度	不识字或小学没毕业	39	6.2
	小学毕业	59	9.4
	中学辍学	34	5.4
	中学毕业	230	36.6
	高中辍学	19	3.2
	高中毕业	178	28.3
	通过成人高等教育	14	2.2
	全日制大专、大学毕业	49	7.8
	研究生毕业或以上	4	0.6
	总计	626	99.7
	缺失	2	0.3

（二）测量变量的描述统计分析

各测量变量的描述统计分析主要是针对受访者对问卷中各量表具体问项作答情况的统计描述，剔除缺失值后，各部分具体的描述统计结果如表3所示。

关于政治信任，分为中央和基层两个层面。这两个层面分别包括能力型信任和意愿型信任两个问题，根据赋值情况，"1=非常不满意""4=非常满意"，即值越大，政治信任程度越高。将对各问项得分进行加总处理所得到的结果作为中央政治信任和基层政治信任得分，二者的取值范围均为[2,8]。中央政治信任得分的平均值为7.60，中位数为8，这说明绝大多数受访者对中央的信任水平非常高。基层政治信任得分的平均值为6.47，中位数为6，这说明受访者对基层的政治信任处于中上水平，与中央政治信任有一定差距。因此，农民的中央政治信任水平高于基层政治信任水平。

腐败感知也分为中央和基层两个层面。中央腐败感知有一个问题，基层腐败感知有四个问题，根据赋值情况，"1=非常廉洁""4=非常不廉洁"，即值越大，腐败感知程度越高。对各问项得分进行加总处理，中央腐败感知得分的取值范围为［1，4］，基层腐败感知得分的取值范围为［4，13］。中央腐败感知得分的平均值为1.25，中位数为1，从中可以看出，绝大部分农民的中央腐败感知程度非常低，即对中央的清廉程度高度认可。基层腐败感知得分的平均值为6.71，中位数为7，从中可以看出，农民的基层腐败感知处于中上水平，农民的基层腐败感知水平高于中央腐败感知水平。

根据以上统计结果来看，农民对中央层面的政治信任和腐败感知，均呈现高信任、低腐败感知的状况，同质化程度非常高，而对基层政治信任和基层腐败感知存在一定差异，得分远不如中央层面的高。这也表明多数农民对中央政府的信任程度最高，但随着政府行政级别的降低，农民的信任程度也随之降低，符合学界已发现的"差序政治信任"现象（Li，2004）。

媒介接触分为传统媒体接触和新媒体接触两个方面。各有三个问题，根据赋值情况，"1=几乎没有""4=几乎天天如此"，即值越大，接触频率越高。对各问项进行加总处理，传统媒体接触和新媒体接触得分的取值范围均为［3，12］。传统媒体接触得分的平均值为7.83，中位数为8；新媒体接触得分的平均值为8.37，中位数为9。很明显，新媒体接触的得分高于传统媒体接触，这说明目前新媒体除了在城市已经普及，在农村也呈现方兴未艾的趋势，这离不开我国数字乡村建设的持续推进，农村互联网普及率不断提升[①]。

表3　各测量变量的描述统计结果

变量名称	维度	N	最小值	最大值	平均值	中位数
政治信任	中央政治信任	627	2	8	7.60	8
	基层政治信任	626	2	8	6.47	6
腐败感知	中央腐败感知	621	1	4	1.25	1
	基层腐败感知	577	4	13	6.71	7

[①] 根据中国互联网络信息中心发布的第51次《中国互联网络发展状况统计报告》，截至2022年12月，我国农村网民规模为3.08亿，农村地区互联网普及率为61.9%。

续表

变量名称	维度	N	最小值	最大值	平均值	中位数
媒介接触	传统媒体接触	617	3	12	7.83	8
	新媒体接触	617	3	12	8.37	9

（三）问卷的信度和效度分析

信度代表了量表的可靠性或稳定性。本文采用 Cronbach's α 系数对各因素进行信度分析。根据以往的经验，Cronbach's α 系数达到 0.6 即可，达到 0.7 表示较好，达到 0.8 表示很好。本文的 Cronbach's α 系数值均满足要求，具有内在一致性（见表4）。

同时，本文采用探索性因子分析法验证量表的结构效度，结果显示，各量表公因子可解释的总变差均超过 50%。基层政治信任各题项因子负荷量均为 0.963，新媒体接触各题项因子负荷量在 0.519~0.862，基层腐败感知各题项因子负荷量在 0.873~0.955，媒介素养各题项因子负荷量在 0.71~0.85，各因子均达到 50% 的可接受水平，说明本研究的量表具有良好的结构效度。

表4　可信度检验

量表	问题数（个）	Cronbach's α 系数值
基层腐败感知	4	0.947
基层政治信任	2	0.921
新媒体接触	2	0.600
媒介素养	4	0.779

为避免由同样的测试环境、数据来源和被试等造成的共同方法偏差，本研究在程序上通过入户一对一问卷填写、匿名填写、部分题目反向计分的方式对此进行了一定控制。同时，本文采用 SPSS Harman 单因子检验法进行共同方法偏差检验，将所有题项进行未旋转的因子分析，结果

显示，特征值大于 1 的因子共有 4 个，首个因子主成分分析为 40.267%，低于临界值 50%（Hair，2009）。可见，本文不存在严重共同方法偏差问题。

（四）相关关系分析

本研究采用 SPSS 26.0 软件进行数据分析，基层政治信任、基层腐败感知、新媒体接触、媒介素养四个方面的总分及人口统计学控制变量的相关分析结果如表 5 所示。

表 5　各变量相关系数矩阵

变量	1	2	3	4	5	6	7	8	9
1.身份	1								
2.性别	−0.134**	1							
3.年龄	−0.095*	−0.327**	1						
4.受教育程度	0.299**	−0.146**	−0.325**	1					
5.政治面貌	0.386**	−0.384**	0.115**	0.406**	1				
6.基层政治信任	−0.159**	0.085*	0.203**	−0.133**	−0.104**	1			
7.基层腐败感知	0.183**	−0.183**	−0.146**	0.177**	0.146**	−0.698**	0		
8.新媒体接触	0.228**	−0.055	−0.248**	0.362**	0.191**	−0.262**	0.301**	1	
9.媒介素养	−0.075	0.002	−0.038	−0.117**	−0.015	−0.055	0.087	−0.118**	1

注：**$p<0.01$，*$p<0.05$，双尾检验。

统计结果表明，首先，核心变量与人口统计学因素具有显著相关性。具体来说，基层政治信任与身份、性别、年龄、受教育程度和政治面貌均具有显著相关关系。其中，年龄与基层政治信任呈显著正相关关系（$r=0.203$，$p<0.01$），即年龄越大，基层政治信任水平越高；受教育程度与基层政治信任呈显著负相关关系（$r=-0.133$，$p<0.01$），即受教育程度越高，基层政治信任水平越低。

基层腐败感知与身份、性别、年龄、受教育程度和政治面貌均具有显著相关关系。其中，年龄与基层腐败感知呈显著负相关关系（$r=-0.146$，

$p<0.01$），即年龄越大，基层腐败感知程度越低；受教育程度与基层腐败感知呈显著正相关关系（$r=0.177$，$p<0.01$），即受教育程度越高，基层腐败感知程度越高。

新媒体接触与身份、年龄、受教育程度和政治面貌均具有显著相关关系。其中，年龄与新媒体接触呈显著负相关关系（$r=-0.248$，$p<0.01$），即年龄越大，新媒体接触频率越低。这与当下实际情况相吻合，即年轻人接触网络新媒体的频率更高。受教育程度与新媒体接触呈显著正相关关系（$r=0.362$，$p<0.01$），即受教育程度越高，新媒体接触频率越高。

其次，核心变量之间具有显著相关性。具体来说，新媒体接触与基层政治信任具有显著负相关关系（$r=-0.262$，$p<0.01$），即新媒体接触频率越高，基层政治信任程度越低；新媒体接触与基层腐败感知呈显著正相关关系（$r=0.301$，$p<0.01$），即新媒体接触频率越高，基层腐败感知程度越高。同时，基层腐败感知与基层政治信任呈显著负相关关系（$r=-0.698$，$p<0.01$），即基层腐败感知程度越高，基层政治信任程度越低。整体而言，上述相关性分析结果为下一步进行回归假设验证奠定了基础。

（五）研究假设检验

根据相关性分析结果，各变量之间具有显著相关关系。本文在相关性分析的基础上，进一步进行回归分析。本文接下来利用 SPSS 统计分析软件以及 Process 插件进行回归分析以检验本文提出的基本假设。

1. 新媒体接触对基层政治信任具有负向影响

在控制了基本人口统计学变量的基础上，本研究检验了自变量新媒体接触与因变量基层政治信任二者之间的关系。通过多重共线性检验，各自变量间的方差膨胀因子（VIF）均小于 10，表明自变量之间不存在严重的多重共线性问题（见表 6）。分层回归分析结果显示，新媒体接触对基层政治信任具有显著负向作用，回归系数为 -0.196（$p<0.001$）。这验证了本文的研究假设 1，即新媒体接触频率更高的人群，基层政治信任水平更低。

表6 新媒体接触与基层政治信任的回归结果

项目	基层政治信任	
	模型1	模型2
身份	−0.097*	−0.076
性别	0.141**	0.137**
年龄	0.254***	0.223***
政治面貌	−0.05	−0.045
受教育程度	0.017	0.062
新媒体接触		−0.196***
常数项	5.18	6.103
F值	11.034	13.478
P-value	0	0
R^2	0.083	0.119
调整后的R^2	0.075	0.110

注：***p<0.001，**p<0.01，*p<0.05，双尾检验。

2. 基层腐败感知在新媒体接触与基层政治信任之间具有中介作用

在中介效应检验部分，本文借鉴Baron和Kenny（1986）提出的因果逐步回归分析法，考察基层腐败感知在新媒体接触与基层政治信任之间是否具有中介效应。首先，检验新媒体接触对基层腐败感知是否具有显著影响；其次，考察新媒体接触对基层政治信任是否具有显著影响；最后，检验基层腐败感知对基层政治信任是否具有显著影响。如果这三点都被验证为具有显著影响，那么将继续检验新媒体接触、基层腐败感知对基层政治信任是否具有显著影响。如果检验结果显示新媒体接触对基层政治信任的作用减弱或不再显著，那么基层腐败感知的中介作用成立，具体实证研究结果如表7所示。

模型1显示，控制变量能够显著影响基层腐败感知；模型2显示，新媒体接触对基层腐败感知具有显著的正向影响（β=0.223，p<0.001）；在控制

人口统计学相关变量后，模型4显示，新媒体接触与基层政治信任具有显著负相关关系（β=−0.188，p<0.001）。此外，通过进一步考察新媒体接触与基层腐败感知、基层政治信任之间的关系可知，如模型5显示，新媒体接触对基层政治信任的作用不再显著，基层腐败感知在新媒体接触与基层政治信任之间的中介作用成立（β=−0.661，p<0.001）。

表7 基层腐败感知中介作用检验：因果逐步回归分析法

项目	基层腐败感知		基层政治信任		
	模型1	模型2	模型3	模型4	模型5
自变量					
新媒体接触		0.223***		−0.188***	−0.04
中介变量					
基层腐败感知					−0.661***
控制变量					
身份	0.128**	0.087**	−0.123**	−0.088**	−0.031
年龄	−0.218***	−0.154***	0.265***	0.211***	0.109***
性别	−0.248***	−0.213***	0.193	0.162***	0.022
常数项	9.556	6.866	4.921	6.106	8.457
R^2	0.104	0.147	0.101	0.132	0.505
ΔR^2	0.104	0.043	0.101	0.031	0.373
F	21.497***	23.933***	20.821***	21.018***	112.837***
ΔF	21.497***	28.103***	20.821***	19.528***	417.082***

注：***p<0.001，**p<0.01，双尾检验；模型中各变量均采用标准化系数。

由于Baron和Kenny（1986）提出的通过因果逐步回归分析法进行中介检验的研究方法本身存在一定的缺陷，近年来诸多学者对该方法的合理性和有效性提出质疑。为保证模型的稳健性，本研究根据现行学者普遍采用的温忠麟和叶宝娟（2014）的观点，采用Process中的模型4（简单中介模型），在控制人口统计学相关变量后，检验基层腐败感知在新媒体接触与基层政治信任之间的中介作用。本文中，自变量为新媒体接触，因变量为基层政治信任，中介变量为基层腐败感知，如表8所示，新媒体接触能显著预测基层腐败感知，$a=0.2204$，$SE=0.0505$，$p<0.001$。新媒体接触、基层腐败感知同时进入回归方程，新媒体接触不能显著预测基层政治信任，$c'=-0.0501$，$SE=0.0204$，$p>0.05$；基层腐败感知能显著预测基层政治信任，$b=-0.6616$，$SE=0.0168$，$p<0.001$（见图2）。偏差校正的百分位Bootstrap方法检验结果如表9所示，基层腐败感知在新媒体接触与基层政治信任之间的中介作用显著，$ab=-0.088$，$Boot\ SE=0.016$，95%的置信区间为[-0.12, -0.056]。这验证了本文的研究假设2。

表8 基层腐败感知的中介作用检验：Bootstrap检验法

结果变量	预测变量	R	R^2	F	β	t
基层政治信任	新媒体接触	0.3654	0.1335	14.1275***	-0.1959***	-4.4679
基层腐败感知	新媒体接触	0.3825	0.1463	15.7117***	0.2204***	5.0637
基层政治信任	新媒体接触	0.7112	0.5072	80.7198***	-0.0501	-1.4796
基层政治信任	基层腐败感知				-0.6616	20.4028

注：***$p<0.001$，双尾检验；模型中各变量均采用标准化系数。

表9 中介效应显著性的Bootstrap检验

	Effect	Boot SE	Boot LLCI	Boot ULCI
中介效应	-0.088	0.016	-0.12	-0.056
直接效应	-0.03	0.019	-0.066	0.009
总效应	-0.118	0.022	-0.161	-0.072

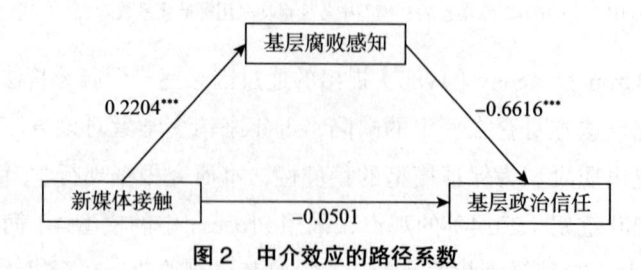

图2 中介效应的路径系数

注：***$p<0.001$。

六 讨论与结论

通过实证分析发现,新媒体接触与基层政治信任之间存在负向影响关系,基层腐败感知在新媒体接触与基层政治信任之间起到中介作用。

(一)新媒体接触对基层政治信任具有负向影响

本研究发现,新媒体接触对基层政治信任具有负向影响。具体到中国农村场景中,随着新媒体的发展和数字乡村建设的持续推进,新媒体对农民的政治态度亦具有重要影响。由于新媒体具有即时性、开放性、互动性、共享性等特征,政府负面消息或不实消息的传播速度更快,且由于农民的受教育水平不高,辨别、批判信息的能力相对较弱,新媒体接触在一定程度上会削弱农民的政治信任程度。

(二)基层腐败感知具有中介作用

在媒体社会化的背景下,媒体日益成为公众获取关于政府及其公职人员腐败行为信息的重要途径。已有研究表明,不同的信息传播渠道会对个体的腐败感知产生不同的影响。而新媒体为"小道消息"或不实消息的传播提供了土壤,进而对公众腐败感知产生负面效应。此外,大量研究表明,基层政治信任取决于腐败感知程度,腐败感知与政治信任之间存在显著负相关关系,即民众的腐败感知程度越高,对政府的政治信任程度越低。

本研究发现,基层腐败感知在新媒体接触和基层政治信任之间发挥中介作用,即新媒体接触越频繁,基层腐败感知程度越高,进而对基层政治信任水平起到负向影响作用。这一研究发现在支持以往研究结论的基础上,补充说明了媒介因素对政治信任影响的因果作用机制,有助于帮助理解政府反腐努力与民众腐败感知之间存在鸿沟的原因,以及缘何腐败对政府信任和政权合法性认可具有负面影响。

党的十八大以来,随着反腐败工作的深入开展,我国基层百姓对政府及其公职人员的认识和看法也发生了变化，最终影响他们对基层政府的信任。按照理想预期，反腐取得显著成效会使老百姓对政府及其公职人员的腐败感知程度下降，对政府及其公职人员也更加信任。而老百姓获取的有关政府及其公职人员的行为信息主要来自媒体报道。如何将贪官落马这类充斥负面信息的报道进行正面价值宣传，对政府公信力的建设显得更加重要。新媒体背景下，各类新闻信息混杂，一些新媒体盲目追求时效性、博关注、博眼球，造成一些不实消息的传播，产生公职人员"污名化""脸谱化"的现象，不利于党和政府的正面宣传。腐败感知是反映民意的重要"晴雨表"，最终影响民众对政府的信任和支持，而媒介在个体政治社会化过程中发挥重要作用，是影响民众政治心理的重要因素。在媒体社会化和政治社会化的双重背景下，厘清新媒体、腐败感知、政治信任三者之间的作用机制，具有重要的理论价值和现实意义。

尽管本研究的预期目的已经基本达到，但是由于笔者自身的研究水平以及问卷实地调研等方面的条件限制，本研究存在以下不足：第一，在研究对象的选取上，仅选取中西部地区作为主要调研地点，缺少其他地区的调研数据，因此，有关结论在全国范围内其他农村地区的普适性还有待进一步研究论证；第二，着重关注中西部农村地区的整体情况，无意于多地之间的比较，待未来调研数据进一步完善，可考虑进行东、中、西部地区之间的比较研究。

参考文献

陈永进、祁可、何宁，2020，《清廉感知、依法办事水平与政府公信力——基于CGSS 2015和CSS 2017数据的实证研究》，《重庆社会科学》第3期。

程中兴、廖福崇，2017，《"大交通"时代的媒介形态与政治信任：基于世界价值观调查的统计分析》，《新闻与传播研究》第6期。

邓崧、刘开孝，2020，《互联网使用对政府清廉感知的影响研究——基于CGSS数据的实证分析》，《电子政务》第9期。

丁香桃，2017，《自媒体时代公共管理的挑战与机遇——政府信任的视角》，《管理世界》

第 12 期。

方雷、赵跃妃,2017,《关于差序政府信任研究的文献考察——以 1993—2016 年华裔学者的研究为分析文本》,《学习与探索》第 10 期。

韩雨晴、谢强,2019,《新媒体是否传播了较多的负能量——基于社会公平感知视角》,《当代财经》第 10 期。

胡荣,2007,《农民上访与政治信任的流失》,《社会学研究》第 3 期。

胡荣、胡康、温莹莹,2011,《社会资本、政府绩效与城市居民对政府的信任》,《社会学研究》第 1 期。

胡荣、庄思薇,2017,《媒介使用对中国城乡居民政府信任的影响》,《东南学术》第 1 期。

李连江,2012,《差序政府信任》,《二十一世纪》第 131 期。

李少惠、韩慧,2020,《西部农村公共文化服务供给效率及收敛性分析》,《深圳大学学报》(人文社会科学版)第 6 期。

李艳霞,2014,《何种信任与为何信任?——当代中国公众政治信任现状与来源的实证分析》,《公共管理学报》第 2 期。

李玉霞、刘星彤、米淑筠、李许鹏、张云鹏,2020,《西部农村精英人才流失的原因及对策分析——以甘谷县为例》,《甘肃农业》第 6 期。

卢春龙、严挺,2016,《中国农民政治信任的来源:文化、制度与传播》,社会科学文献出版社。

缪娅、吴心喆,2019,《个人腐败感知与腐败经历对政治信任的影响》,《西南交通大学学报》(社会科学版)第 2 期。

裴新伟,2022,《新时代西部农村社会整合的现实困境与破解路径——基于农民阶层分化背景的审思》,《农业经济》第 1 期。

苏振华、黄外斌,2015,《互联网使用对政治信任与价值观的影响:基于 CGSS 数据的实证研究》,《经济社会体制比较》第 5 期。

汪亚美,2020,《西部地区农村基本公共服务的减贫效应研究》,硕士学位论文,重庆工商大学。

王如一,2020,《腐败感知何以影响政治信任——国家认同的中介作用和威权人格的调节作用》,《天水行政学院学报》第 3 期。

王正祥,2009,《传媒对大学生政治信任和社会信任的影响研究》,《青年研究》第 2 期。

尉建文、黄莉，2016，《新媒体如何影响群体性事件？——中介机制与实证检验》，《北京师范大学学报》（社会科学版）第 6 期。

温忠麟、叶宝娟，2014，《有调节的中介模型检验方法：竞争还是替补？》，《心理学报》第 5 期。

肖唐镖、王欣，2011，《"民心"何以得或失——影响农民政治信任的因素分析：五省（市）60 村调查（1999—2008）》，《中国农村观察》第 6 期。

薛可、余来辉、余明阳，2018，《媒体使用、政治信任与腐败感知——以中国网民为对象的实证研究》，《吉首大学学报》（社会科学版）第 6 期。

杨慧青、彭国胜，2021，《腐败感知与中国公民的政治信任——基于第七波世界价值观调查数据的实证研究》，《贵州师范大学学报》（社会科学版）第 1 期。

叶敏、彭妍，2010，《"央强地弱"政治信任结构的解析关于央地关系一个新的阐释框架》，《甘肃行政学院学报》第 3 期。

游宇、王正绪，2014，《互动与修正的政治信任——关于当代中国政治信任来源的中观理论》，《经济社会体制比较》第 2 期。

于颖，2020，《大众传媒对大学生政治信任的影响研究——以微信公众平台为例》，硕士学位论文，南京理工大学。

张明新、刘伟，2014，《互联网的政治性使用与我国公众的政治信任——一项经验性研究》，《公共管理学报》第 1 期。

张书维、景怀斌，2014，《政治信任的制度——文化归因及政府合作效应》，《武汉大学学报》（哲学社会科学版）第 5 期。

张小劲、陈波、苏毓淞，2017，《差序政治信任的城乡比较——基于 2015 年中国城乡社会治理调查数据的实证研究》，《湘潭大学学报》（哲学社会科学版）第 6 期。

Baron, R. M.and Kenny D. A.1986. "The Moderator-Mediator Variable Distinction in Social Psychological Research: Conceptual, Strategic, and Statistical Considerations." *Journal of Personality and Social Psychology*, Vol.51, No.6.

Boulianne, S.2011. "Stimulating or Reinforcing Political Interest: Using Panel Data to Examine Reciprocal Effects between News Media and Political Interest." *Political Communication*, Vol.28, No.2.

Carnevale, D. G. and Wechsler B.1992. "Trust in the Public Sector: Individual and Organizational

Determinants." *Administration & Society*, vol.23, no.4.

Downe, J., Cowell R., Chen A., et al. 2013. "The Determinants of Public Trust in English Local Government: How Important is the Ethical Behaviour of Elected Councillors?" *International Review of Administrative Sciences*, Vol.79, No.4.

Easton, D.1975. "A Reassessment of the Concept of Political Support." *British Journal of Political Science*, Vol.5, No.4.

Hair, J. F., Black, W. C., Babin, B. J., & Anderson R. E. 2009. *Multivariate Data Analysis* (*7th ed*). Prentice Hall.

Hetherington, M. J. and Rudolph T. J.2008. "Priming, Performance, and the Dynamics of Political Trust." *The Journal of Politics*, Vol.70, No.2.

Hetherington, M. J.1998. "The Political Relevance of Political Trust." *The American Political Science Review*4., Vol. 92, No. 4.

Lee, P. S. N., So C. Y. K., and Leung L.2015. "Social Media and Umbrella Movement: Insurgent Public Sphere in Formation." *Chinese Journal of Communication*, Vol.8, No.4.

Li, Lianjiang. 2004. "Political Trust in Rural China." *Modern China*, Vol. 30, No.2.

Miller, A.H., Goldenberg, E.N., & Erbring L.1979. "Type-Set Politics: Impact of Newspapers on Public Confidence." *The American Political Science Review*, Vol. 73, No. 1.

Norris, P.2000. "A Virtuous Circle: Political Communications in Postindustrial Societies." Association for Education in Journalism and Mass Communication.

Robinson, M. J.1976. "Public Affairs Television and the Growth of Political Malaise: The Case of 'the Selling of the Pentagon'." *The American Political Science Review*, Vol.70, No.2.

Tolbert, C. J. and Mossberger K.2006. "The Effects of E-government on Trust and Confidence in Government." *Public Administration Review*, Vol.66, No.3.

Walker, R. M. and Hills, P. 2014. "Changing Dimensions of Trust in Government: An Exploration in Environmental Policy in Hong Kong." *Public Administration and Development*, Vol.34, No.2.

Wang, C. H.2016. "Government Performance, Corruption, and Political Trust in East Asia." *Social Science Quarterly*, Vol.97, No.2.

Welch, E. W., Hinnant C. C., and Moon M. J.2004. "Linking Citizen Satisfaction with

E-government and Trust in Government." *Journal of Public Administration Research and Theory*, Vol.15, No.3.

Zhu, J., Lu J., and Shi T.2013. "When Grapevine News Meets Mass Media: Different Information Sources and Popular Perceptions of Government Corruption in Mainland China." *Social Science Electronic Publishing*, Vol.46, No.8.

性别与腐败：基于正式制度和非正式制度的分析[*]

涂文燕[**]

摘　要：女性公职人员是否比男性更加清廉？现有研究认为，在腐败机会增多和网络蔓延的环境中，腐败的性别差异将会被制度环境消解。然而，这些研究没有考虑到即便处于同一制度环境下，两性能够获得的腐败机会和网络也仍然存在巨大差异。对中国公职人员进行的问卷调查显示，女性公职人员对腐败的容忍度显著低于男性。非正式制度如庇护网络是导致女性腐败容忍度低于男性的一个关键中介变量。女性通常被排斥在庇护网络之外，而这些关系网络正是滋生腐败的温床。女性对正式制度有更高的遵从度是导致其腐败容忍度低于男性的又一重要中介因素。

关键词：性别；腐败容忍度；庇护网络；正式制度；非正式制度

女性是否比男性更加清廉？对腐败的态度是否存在显著性别差异？世界银行于2001年出版的促进两性平等参政的政策研究报告指出，公共生活中女性代表和女性参与越多的国家，腐败程度越低。因此，推动女性更多地参与政治和经济领域，有助于改善治理结构、减少腐败（King and Mason，2001）。此外，基于透明国际、联合国发展署及联合国妇女发展基金会等多个国际组织的调查数据分析均表明，女性相比于男性更加不倾向于卷入腐败交易（Ionescu，2018）。然而，学界尚未就性别与腐败之间的关系达成共识。一些学者认为，女性具有较高的道德标准和公共服务精神，因此将更多的女性纳入公共部门可以有效地遏制腐败（Dollar et al.，2001；Swamy et al.，2001）。但另一些学者认为，女性在本质上并不比男性更加清廉，性别

---

[*] 基金项目：国家自科基金青年项目（项目编号：72304069）、上海市哲学社会科学规划课题（项目编号：2023ZGL008）、上海市浦江人才项目（项目编号：23PJC012）。

[**] 作者简介：涂文燕，香港城市大学博士，现为复旦大学全球公共政策研究院青年副研究员，研究方向为腐败与廉政建设、行政问责、性别政策等。

与腐败的关系更多由制度和文化环境决定。在腐败机会增多和网络蔓延的环境中,性别差异将会被制度环境消解,女性将和男性一样腐败(Alhassan-Alolo,2007;Esarey and Chirillo,2013)。

在我国制度文化环境下,性别与腐败的关系如何?我国学者对该问题也进行了一些探讨。聂辉华和仝志辉(2014)分析了从2000年到2014年3月底公布的367名厅局级以上官员的腐败案例,其中女性腐败官员仅占3%,女性官员腐败的比例远远低于男性官员。郭夏娟和涂文燕(2017)调查了我国1026名公职人员对13项腐败行为的容忍度,发现女性公职人员的腐败容忍度显著低于男性。但是也有学者通过分析我国党政官员腐败的特征发现,只要具备腐败条件和机会,贪官是男是女并无实质上的区别,区别只在于贪官手中权力的大小(汪琦、闵冬潮、陈密,2014)。那么我国女性公职人员的腐败容忍度是否低于男性?中国的制度环境又以怎样的机制塑造了男女腐败容忍度的差异?目前的研究并没有为此提供一个明确的答案,对性别与腐败关系的内在机制缺乏学术上的探索和追问。

本文通过对我国公职人员的腐败容忍度进行调查,从两性对正式制度与非正式制度的认知差异来解释腐败的性别差异。本文认为,在正式制度试图遏制和消除腐败的同时,暗藏于制度环境下的非正式制度,如庇护网络(clientelist networks)、人情关系等,却反向助长了腐败的滋生和蔓延。长期以来,女性更容易被排斥在男性占主导的非正式庇护网络之外,而正式制度在一定程度上促使女性在职场上得到更加公平的对待。研究发现,女性对庇护主义价值的排斥及其对正式制度的遵从,是导致其腐败容忍度显著低于男性的两个重要中介机制。

一 文献梳理及理论假设

随着越来越多优秀女性步入政治舞台,对性别、有效治理及腐败之间关系的讨论如火如荼。那么女性的加入能否成为遏制腐败的一剂"良药",并最终促进政府善治?目前关于性别与腐败的讨论主要集中在女性清廉论和环境决定论这两派观点的交锋上。女性清廉论者如Dollar等(2001)基于跨国宏观数据发现，女性在议会中所占的比例与该国的腐败程度呈负相关关系。Swamy 等（2001）的研究发现，女性比男性更加憎恶受贿行为，且女性经理比男性同行更加不倾向于向官员行贿。女性清廉论者多从女性特质角度进行解释，认为女性比男性更诚实，有更强的利他主义倾向及风险意识，进而导致其比男性更清廉。相反，环境决定论者强调制度和文化环境对性别与腐败关系的影响，淡化了性别特征的作用，认为制度才是塑造个体道德的关键因素（Goetz，2007；Stensöta et al.，2015）。Alhassan-Alolo（2007）在腐败盛行的非洲国家加纳的实验调查发现，当处于腐败机会增多和网络蔓延的环境中时，女性也会潜移默化地遵守腐败的潜规则，其腐败容忍度并不会低于男性。Alatas 等（2007）发现，腐败的性别差异在澳大利亚存在，但是在印度、印度尼西亚及新加坡等国家并不存在。她们对此的解释是，父权文化浓厚的社会会对性别差异产生抑制，女性对腐败的看法在很大程度上受到男性的影响，并与男性保持一致。

　　本文认同制度文化环境会影响公职人员对腐败的态度，当公职人员处于腐败机会增多和网络蔓延的社会时，其对腐败的容忍度会因受到环境的影响而提高。但是现有研究没有考虑到即便处于同一制度环境下，两性能够获得的腐败机会和网络也仍然存在巨大差异，即腐败本身就是一个性别化的现象。腐败机会和网络本质上根植于性别化的制度环境中，女性能够获得的腐败机会与所处环境中的正式制度和非正式制度的交互作用密切相关。如典型的非正式制度——庇护网络——通常由男性占主导而将女性排斥在外，而庇护关系正是滋生腐败机会和网络的温床（Tu and Guo，2021）。

　　非正式制度是指人们在长期社会交往过程中逐步形成并得到社会认可的约定俗成、共同恪守的行为准则，它是人们心照不宣的约定，且通常不诉诸任何书面文件（Fiori，2018）。许多国家的政治环境为这些不成文的非正式制度所塑造，如果仅仅关注正式制度，那么将很难对这些国家的实际运转方式产生深刻的理解（Radnitz，2011）。腐败的滋生在很大程度上是由于非正式制度挤压甚至取代了正式制度的功能，致使关系人情、任人唯亲、送礼请客等潜规则嵌入社会土壤，成为维系社会正常运转的"润滑剂"。

　　庇护网络是广泛存在于一些发展中国家的典型的非正式制度。政府内部的庇护网络一般是指官员们形成的交换利益、忠诚及政治支持的具有排他性及互惠性的紧密小圈子（Zhu and Li, 2020）。庇护网络对腐败的助长主要通过以下三种途径来实现：第一，它能够促进与腐败有关的秘密信息的传递；第二，网络成员间的共谋降低了腐败行为被揭露的风险；第三，它对腐败交易的进行具有助推和润滑作用（Zhan, 2012）。庇护关系为腐败提供了保护屏障，因为相互共谋并在网络中获得他人的掩护能够提高腐败行为成功的概率，同时降低腐败行为可能招致的风险（Gong, 2002）。

在认识到庇护关系为腐败提供机会和网络的同时，经常被人忽略的是，庇护网络通常由男性主导，女性往往被排斥在外。根深蒂固的性别刻板观念及男性对政治资源的主导地位促成了男性在庇护网络中的特权地位，并将女性排除在男性占主导的权力网络之外（Bjarnegård, 2018）。男性之间更容易产生兄弟情谊，成为群内（ingroup）成员，而女性则被视为局外（outgroup）人员或"他者"角色（Bu and Roy, 2008）。因此，在某种程度上，腐败可以被看作一种性别现象，即在权力网络中占主导的男性有更多的机会从腐败中谋取私利，进而损害权力弱势者的利益，而女性属于权力弱势者中的一员（Lindberg and Stensöta, 2018）。

庇护关系也是造成我国一些官员卷入集体腐败并助长窝案串案的潜在腐败文化。一些腐败官员致力于和有权势的上级领导建立庇护关系，通过效忠或行贿来寻求政治资源及保护（吴海红，2015）。一个有趣的现象是，这些庇护团体一般由一个或几个级别较高的男性高官建立和维系，女性很少出现在这些网络中，即使出现，也不充当关键角色。通过对这些派系人物进行梳理，有研究发现，女性官员在这些庇护网络中的参与度显著低于男性（Zeng and Yang, 2017）。

本文认为，由于女性通常被排斥在男性占主导的庇护网络之外，而这些庇护网络正是滋生腐败的温床，因此女性更少受到圈内腐败文化的影响。此外，相比于男性，女性缺乏从腐败中获利的机会和网络，更少成为腐败的受益者。综合而言，女性由于通常被排除在庇护网络之外，对庇护主义文化的接受度更低，而女性对庇护主义这一非正式制度的排斥正是导致其腐败容忍度低于男性的重要原因。因此，本文提出以下假设。

假设1：女性公职人员的腐败容忍度显著低于男性。

假设2：庇护主义是性别-腐败关系的中介变量，即女性的腐败容忍度低于男性的原因之一是其对庇护主义有更低的接受度。

正式制度是为规范个人行为和社会互动而创造的一系列书面政策及法规，它是一种具有强制性的外在约束（North, 1991）。非正式制度一般是约定俗成的惯例，它具有历史和传统的惯性。如庇护网络等由于受传统父权文化的影响，倾向于将女性排斥在外。而正式制度虽然在一定程度上会受到社会文化潜在的影响，但它更需要体现现代性及法律的正义和公平。比如，规范我国公务员选拔的正式制度强调民主、公开、竞争、择优的原则。虽然非正式的庇护网络可能仍然对干部选拔起到一定的干预，但是正式选拔制度的建立在很大程度上使更多优秀女性得到平等的晋升机会。

有研究表明，正式制度的完善既减少了腐败，又促进了女性的政治参与（Sung, 2003）。正式制度的建立和完善能够有效地堵塞制度漏洞，使公职人员无法通过钻制度的漏洞以权谋私。比如，党的十八大之后的高压反腐，通过消除腐败庇护网络和小团体，以及强调对正式制度的建设与遵从，在一定程度上遏制了腐败的蔓延。另外，有研究表明，女性对不确定性及风险的规避倾向显著高于男性，致使其有更强的动机按照规则和程序办事。女性的风险规避倾向根植于当今世界普遍存在的系统性性别歧视，这种歧视使女性的处境相比于男性更糟糕，女性跻身政界或要职所需要付出的努力比男性更多，而违背规则所受到的谴责和惩罚则更严厉（Esarey and Chirillo, 2013）。因此，女性对正式制度的遵从度相较于男性更高，而正式制度的完善正是有效遏制腐败的关键因素。因此，本文提出如下假设。

假设3：正式制度遵从度是性别-腐败关系的中介变量，即女性的腐败容忍度低于男性的原因之一是其对正式制度有更高的遵从度。

二 数据来源及研究方法

本研究采用问卷调查法对腐败容忍度进行测量，同时辅以访谈法来验证以上假设。问卷调查对象为公共管理硕士（MPA）项目的全职公职人员。问卷采用匿名填写方式，并在发放问卷之前反复向被调查者强调问卷数据仅用于学术研究，以鼓励其真实作答。2017年，共发放750份问卷，回收721份，其中689份为有效问卷。被调查者来自13个不同的省份，包含西部、中部和东部地区，工作单位涵盖党政机关、事业单位和国有企业，样本具有一定的代表性。被调查者的平均年龄30.43岁（$S.D.$=3.96），其中42.6%为男性，57.4%为女性。性别为自变量，属于哑变量（0=男性，1=女性）。除了进行问卷调查，就性别与腐败的关系而言，笔者还对一些公职人员进行了访谈。

（一）因变量：腐败容忍度

问卷首先测量公职人员对不同类型的腐败行为的容忍度。腐败本质上是多层面和多维度的，包括各种类型的腐败形式，从受贿到索贿、从贪污到职务侵占或挪用等。本文列举了我国官场13种典型的腐败行为，以更加全面地探索两性公职人员对不同类型腐败的容忍度差异。受访者在1~10的评分维度中对这13种腐败行为进行打分，"1=完全不容忍"，"10=完全容忍"。

我们根据中央纪委和地方纪委对官员腐败行为的官方通报来收集各类典型的腐败行为，官方通报具有权威性，且其中涵盖的腐败行为反映了我国当前主要的腐败类型。这13种具体腐败行为涵盖官员腐败行为的各种类型，如大型腐败行为、微小型腐败行为、作风腐败行为、常见腐败行为及特殊腐败行为。其中，大型腐败行为包括充当不法交易的保护伞以获取利益及在公共设施建设中牟取暴利；微小型腐败行为包括收受小礼物或小额金钱；作风腐败行为包括私生活混乱、包养情妇等；常见腐败行为包括任人唯亲、公款吃喝及"蚁贪"等；特殊腐败行为包括裸官和集体腐败行为。使用因子分析将13个题项聚合成一个因子（$Eigenvalue$=8.59，$Cronbach's\ alpha$=0.938），得分越高表明公职人员的腐败容忍度越高。克朗巴哈系数（$Cronbach's\ alpha$）用于测量量表的信度，系数大于0.7，可以认为量表信度较好。

（二）中介变量：庇护主义价值接受度及正式制度的遵从度

本研究探讨正式制度和非正式制度对性别-腐败关系的中介机制。采用5刻度李克特量表来测量公职人员对庇护主义价值的接受度（"1=完全不同意"，"5=完全同意"）。庇护主义价值是非正式制度的代理变量，测量量表包括三个题项："下属的忠诚比能力更重要"、"如果一个团体或个人为我提供保护和支持，我愿意忠诚于它"和"利用权力偏袒关系好的朋友和下属无可厚非"。这三个题项包含了庇护主义价值的本质特征，即强调忠诚、互惠及偏袒的人际互动。使用因子分析将这三个题项聚合成一个因子（$Eigenvalue$=2.01，$Cronbach's\ alpha$=0.69），得分越高表明公职人员对庇护主义的接受度越高。本研究通过两个题项来测量公职人员对正式制度的遵从度，即"违背法律法规的行为不应该被容忍"及"我总是严格按正式制度办事"。使用因子分析将这两个题项聚合成一个因子（$Eigenvalue$=2.05，$Cronbach's\ alpha$=0.70），得分越高表明公职人员对正式制度的遵从度越高。

（三）控制变量

本研究控制了一些可能对腐败容忍度产生影响的变量。公职人员的基本信息，如年龄、行政级别、工作年限及月收入得到了控制。年龄为连续变量，随着年龄的增长，人们对腐败的认知可能发生变化。控制行政级别是因为以往的研究表明，高级别的公职人员一般拥有更多的腐败机会和网络。本研究将行政级别划分为 7 个等级进行测量，在整合数据时进一步划分为 4 个等级：办事员 =1，科员 =2，副主任科员 =3，主任科员及以上 =4。此外，我们还控制了工作年限，随着公职人员在公共部门年限的增加，其对腐败行为的态度可能发生变化。工作年限划分为 4 等级："1~5 年"=1，"6~10 年"=2，"11~15 年"=3，"15 年以上"=4。低薪所带来的相对剥夺感是影响公职人员贪腐的关键因素，因此收入也受到了控制。月收入采用 5 等级来测量："0~2500 元"=1，"2500~5000 元"=2，"5000~7500 元"=3，"7500~10000 元"=4，"10000 元及以上"=5。

表 1 对这些关键变量进行了描述统计分析。公职人员对这 13 种腐败行为的容忍度均值为 2.73（10 分维度）。虽然没有达到对腐败的"零容忍"水平，但是这个得分也远没有人们预期的那么高。对于这 13 种腐败行为，女性公职人员的容忍度均值为 2.56，男性公职人员的容忍度均值为 2.94，在 95% 的置信度下，女性公职人员的腐败容忍度显著低于男性。公职人员对庇护主义价值的接受度均值为 3.19（5 分维度），男性的接受度均值为 3.28，

女性的接受度均值为3.14。T检验显示,女性对庇护主义价值的接受度显著低于男性。公职人员对正式制度的遵从度均值为3.69（5分维度）,男性的遵从度均值为3.56,女性的遵从度均值为3.79。T检验表明,女性对正式制度的遵从度显著高于男性。

表1 关键变量的描述统计结果

变量	均值	标准差	最小值	最大值	男性均值	女性均值	T值	显著性
腐败容忍度	2.73	1.48	1	8.69	2.94	2.56	2.29	0.02
庇护主义接受度	3.19	0.73	1	5	3.28	3.14	2.26	0.02
正式制度遵从度	3.69	1.15	1	5	3.56	3.79	-2.03	0.04
性别	0.43	0.50	0	1	0	1.00	—	—
年龄	30.43	3.96	25	45	31.12	29.54	4.78	0.00
工作年限	1.55	0.71	1	4	1.60	1.53	1.29	0.20
行政级别	2.36	0.96	1	4	2.50	2.26	2.92	0.00
月收入	2.76	0.93	1	5	2.95	2.64	4.30	0.00

三 性别－腐败中介机制实证结果分析

本研究借鉴Zhao、Lynch Jr和Chen（2010）提出的测量中介机制的程序,该程序对传统的中介分析方式进行了梳理和调整,得到了学界的广泛认可。一般而言,中介机制的测量包括三个步骤:第一步,测量自变量是否显著影响因变量,系数为c;第二步,测量自变量是否显著影响中介变量,系数为a;第三步,将自变量和中介变量一起引入模型,以考察在控制中介变量的情况下,自变量对因变量的影响系数或显著性是否发生变化,其中中介变量对因变量的影响系数为b,自变量对因变量的影响系数记为c'。

表2呈现了性别－腐败容忍度回归分析结果。模型3显示,性别对腐败容忍度具有显著的负向影响（$\beta=-0.425$,$p<0.01$）,即在控制其他变量的情况下,女性公职人员的腐败容忍度低于男性,假设1得到验证。模型1和模型4测量了庇护主义对性别与腐败关系的中介机制。模型1显示,性别对庇

护主义价值接受度具有显著的负向影响（β=–0.239，p<0.01），即女性相比于男性更加不倾向于接受庇护主义价值。模型4将性别和庇护主义价值接受度同时引入模型，结果显示，庇护主义价值接受度对腐败容忍度具有显著的正向影响（β=0.283，p<0.01），即公职人员对庇护主义价值的接受度越高，其对腐败的容忍度越高，这一结果符合上文对庇护网络及价值的分析。性别对腐败容忍度的影响系数的绝对值从0.425降为0.357，但在统计意义上仍然具有显著性（p<0.01），说明庇护主义在性别与腐败关系之间起到了部分中介作用。当引入中介变量之后，自变量对因变量的影响系数的绝对值变小，但仍然具有显著性时，便是部分中介效应。

表2　性别 – 腐败容忍度回归分析结果（N=689）

	庇护主义价值接受度	正式制度遵从度	腐败容忍度		
	模型1	模型2	模型3	模型4	模型5
自变量					
性别	–0.239***	0.237**	–0.425***	–0.357***	–0.267**
	（0.071）	（0.100）	（0.132）	（0.132）	（0.130）
中介变量					
庇护主义价值接受度				0.283***	
				（0.086）	
正式制度遵从度					–0.199***
					（0.053）
控制变量					
年龄	–0.010	0.027	–0.031	–0.028	–0.046*
	（0.012）	（0.024）	（0.022）	（0.022）	（0.027）
工作年限	0.056	0.170	0.092	0.077	0.088
	（0.058）	（0.113）	（0.108）	（0.107）	（0.125）
月收入	0.042	–0.014	–0.085	–0.097	–0.006
	（0.043）	（0.082）	（0.081）	（0.080）	（0.091）
行政级别	–0.002	–0.226**	–0.090	–0.089	–0.061
	（0.043）	（0.091）	（0.081）	（0.080）	（0.102）

续表

	庇护主义价值接受度	正式制度遵从度	腐败容忍度		
	模型1	模型2	模型3	模型4	模型5
常数	3.500***	3.096***	4.169***	3.178***	4.889***
	(0.313)	(0.612)	(0.582)	(0.650)	(0.707)
调节R^2	0.029	0.043	0.035	0.057	0.058

注：***$p<0.01$，**$p<0.05$，*$p<0.1$。

本文进一步采用Sobel检验来确定经过庇护主义价值接受度这一中介变量路径上的回归系数的乘积（$a \times b$）是否显著，结果显示z-value=-2.35（$p<0.05$），因此庇护主义价值接受度对性别－腐败关系的中介效应具有显著性。本文进一步测量中介效应与总效应之比以衡量中介效应的相对大小，测量公式为$PM=a \times b/(c'+a \times b)$。结果显示，庇护主义价值接受度的中介效应占性别与腐败关系总效应的比例为15.9%，即性别对腐败容忍度的影响中，有15.9%的效应通过庇护主义价值接受度这一中介变量实现。这表明，女性公职人员对庇护主义价值的低接受度是导致其腐败容忍度显著低于男性的原因之一，假设2得到验证。

模型2和模型5测量了正式制度遵从度对性别与腐败关系的中介机制。模型2显示，性别对正式制度遵从度具有显著的正向影响（$\beta=0.237$，$p<0.05$），即女性相比于男性更加倾向于遵从正式制度。模型5将性别和正式制度遵从度同时引入模型，结果显示，正式制度遵从度对腐败容忍度具有显著的负向影响（$\beta=-0.199$，$p<0.01$），即公职人员的正式制度遵从度度越高，其腐败容忍度越低。性别对腐败容忍度的影响系数的绝对值从0.425降为0.267（$p<0.01$），说明正式制度遵从度在性别与腐败关系之间起到了部分中介作用。本文采用Sobel检验来检测经过正式制度遵从度这一中介变量路径上的回归系数的乘积（$a \times b$）是否显著，结果显示z-value=-2.00（$p<0.05$），因此正式制度遵从度对性别－腐败关系的中介效应具有显著性。本文进一步测量中介效应与总效应之比以衡量中介效应的相对大小。结果显示，正式制度遵从度的中介效应占性别与腐败关系总效应的比例为15%，即

在性别对腐败容忍度的影响中，15%的效应通过正式制度遵从度这一中介变量实现。这表明，女性公职人员对正式制度遵从度的高认同度是导致其腐败容忍度显著低于男性的原因之一，假设3得到验证。

四 结论与启示

本文探讨了中国背景下性别与腐败之间的关系。通过对我国公职人员的腐败容忍度进行问卷调查发现，女性对腐败的容忍度显著低于男性。同时，本文对女性公职人员腐败容忍度显著低于男性的原因进行了探索，研究发现，庇护主义价值接受度及正式制度遵从度在性别－腐败容忍度的关系之间起到了中介作用。女性的腐败容忍度显著低于男性的部分原因是其对庇护主义价值较低的接受度，以及对正式制度较高的遵从度。

本文对已有研究的贡献在于为性别和腐败之间的关系提供了新的解释机制，即从正式制度与非正式制度角度探讨两性腐败容忍度的差异，以制度主义视角剖析女性腐败容忍度显著低于男性的深层机制。首先，本文认为，以男性"家长"为中心形成的非正式庇护网络通常将女性排斥在外，而这些庇护关系正是滋生腐败的温床。由于女性较少融入这种非正式的关系网络中，她们既不是腐败行为的受益者，也较少受到网络内腐败风气的影响，因此其腐败容忍度显著低于男性。其次，正式制度所蕴含的公平、公正的竞争及选拔机制使越来越多的女性得以进入公共部门并承担更重要的职位。按照正式制度和程序办事，是有效遏制越轨和腐败行为的关键因素之一。因此，女性对正式制度较高的遵从度导致其腐败容忍度显著低于男性。

虽然本研究从性别角度研究腐败问题，但是从侧面揭示了腐败产生的深层制度因素，对我国的反腐实践具有一定的启发意义。庇护主义等非正式制度深深根植于我国传统文化且在当前的官僚体系中仍然占据一席之地，成为滋生腐败的沃土和温床。庇护主义提供了构建权力关系网络的文化土壤，围绕大大小小的"家长"式人物，建立起盘根错节的共谋网络，以进行权力与利益的交换。一些法律法规的执行在人情和圈子文化面前往往大打折扣，导致正式制度的效用受到削弱。

廉政建设应该着重于完善正式制度，从源头上堵住贪腐的制度漏洞；同时，要规范畸形的社会文化，如酒文化、送礼请客、拉帮结派等，防止这些腐败文化阻碍正式制度的执行。积极营造更加公平、公正及透明的制度环境，既可以降低腐败行为的发生频率，又可以避免关系网络成为影响晋升的决定性因素，进而使两性在职位晋升中得到平等的对待。近年来，越来越多的女性被提拔到领导职位，彰显了女性在政治生活中的话语权日益提高，在一定程度上也反映了正式制度的逐步完善。对性别与腐败关系的研究与其说是对女性和男性的差异性特征进行探讨，不如说是对特定制度环境下，权力和资源的性别秩序是如何影响两性对腐败的态度和行动的探讨。

参考文献

郭夏娟、涂文燕，2017，《女性是否比男性更清廉？——基于中国公职人员腐败容忍度的分析》，《妇女研究论丛》第4期。

聂辉华、仝志辉，2014，《如何治理"一把手"腐败，核心在限权》，《国家治理》第12期。

汪琦、闵冬潮、陈密，2014，《性别与腐败——以中国为例》，《妇女研究论丛》第4期。

吴海红，2015，《利益共同体的缔结：官场庇护关系的形成机理分析》，《理论与改革》第3期。

Alatas, Vivi, et al. 2007. "Gender, Culture, and Corruption: Insights from an Experimental Analysis." *Southern Economic Journal*, Vol. 75, No.3.

Alhassan-Alolo, Namawu. 2007. "Gender and Corruption: Testing the New Consensus." *Public Administration and Development*, Vol.27, No.3.

Bjarnegård, Elin. 2018. "Focusing on Masculinity and Male-Dominated Networks in Corruption." In Stensöta, Helena, and Lena Wängnerud, eds. *Gender and Corruption: Historical Roots and New Avenues for Research* (pp.257–273). New York: Palgrave Macmillan.

Bu, Nailin and Jean-Paul Roy. 2008. "Chinese Managers' Career Success Networks: The Impact of Key Tie Characteristics on Structure and Interaction Practices." *The International Journal of Human Resource Management*, Vol.19, No.6.

Dollar, David, Raymond Fisman, and Roberta Gatti. 2001. "Are Women Really the 'Fairer' Sex? Corruption and Women in Government." *Journal of Economic Behavior & Organization*, Vol.46, No.4.

Esarey, Justin and Gina Chirillo. 2013. "'Fairer Sex' or Purity Myth? Corruption, Gender, and Institutional Context." *Politics & Gender*, Vol.9, No.4.

Fiori, Stefano. 2018. "Formal and Informal Norms: Their Relationships in Society and in the Economic Sphere." *Review of Social Economy*, Vol.76, No.2.

Goetz, Anne Marie. 2007. "Political Cleaners: Women as the New Anti-Corruption Force?" *Development and Change*, Vol.38, No.1.

Gong, Ting. 2002. "Dangerous Collusion: Corruption as a Collective Venture in Contemporary China." *Communist and Post-Communist Studies*, Vol.35, No.1.

Ionescu, Luminita. 2018. "Gender Inequality in Political Democracy: Electoral Accountability, Women's Representation in Government, and Perceived Corruption." *Journal of Research in Gender Studies*, Vol.8, No.1.

King, Elizabeth and Andrew Mason. 2001. *Engendering Development: Through Gender Equality in Rights, Resources, and Voice*. The World Bank.

Lindberg, Helen and Helena Stensöta. 2018. "Corruption as Exploitation: Feminist Exchange Theories and the Link between Gender and Corruption." In Stensöta, Helena, and Lena Wängnerud, eds. *Gender and Corruption: Historical Roots and New Avenues for Research* (pp.237–256). New York: Palgrave Macmillan.

North, Douglass C. 1991. "Institutions." *Journal of Economic Perspectives*, Vol.5, No.1.

Radnitz, Scott. 2011. "Informal Politics and the State." *Comparative Politics*, Vol.43, No.3.

Stensöta, Helena, Lena Wängnerud, and Richard Svensson. 2015. "Gender and Corruption: The Mediating Power of Institutional Logics." *Governance*, Vol.28, No.4.

Sung, Hung-En. 2003. "Fairer Sex or Fairer System? Gender and Corruption Revisited." *Social Forces*, Vol.82, No.2.

Swamy, Anand, Stephen Knack, Young Lee, and Omar Azfar. 2001. "Gender and Corruption." *Journal of Development Economics*, Vol.64, No.1.

Tu, Wenyan and Xiajuan Guo. 2021. "Gendered Clientelism and Corruption: Are Women Less

Corrupt than Men in China?" *International Feminist Journal of Politics*.

Zeng, Qingjie and Yujeong Yang. 2017. "Informal Networks as Safety Nets: The Role of Personal Ties in China's Anti-corruption Campaign." *China: An International Journal*, Vol.15, No.3.

Zhan, Jing Vivian. 2012. "Filling the Gap of Formal Institutions: The Effects of Guanxi Network on Corruption in Reform-Era China." *Crime Law and Social Change*, Vol.58, No.2.

Zhao, Xinshu, John G. Lynch Jr, and Qimei Chen. 2010. "Reconsidering Baron and Kenny: Myths and Truths about Mediation Analysis." *Journal of Consumer Research*, Vol.37, No.2.

Zhu, Jiangnan and Hui Li. 2020. "Elite Power Competition and Corruption Investigation in China: A Case Study." *Modern China*, Vol.46, No.3.

反腐效能与政治正当性
——基于韩国反腐的模式分析（1987—2022）*

谢桂娟　宋埨吾　杨欣雨**

摘　要：在后发现代化国家的发展进程中，经济高速增长伴随着公权力非公用化扩张引发的腐败增长问题，成为政府当局维系政治正当性的阻碍。1987年韩国民主化改革后，政府逐步构建了制度化的反腐模式以提升反腐效能，保证了韩国国民对政府的政治信任度。本文在回顾政治正当性研究的历程中构建了一个"反腐效能-政治正当性"的分析框架，并通过梳理韩国反腐模式的演进历程发现，韩国在从运动型反腐模式转向以运动型反腐为主、制度型反腐为辅模式再转向制度型反腐模式的过程中通过提升反腐程序正义保证程序正当性、营造优良政治生态来保证绩效正当性。同时，本文通过研究腐败感知指数与韩国社会对公职社会腐败程度的认识趋势发现，反腐行动所带来的程序正当性与绩效正当性共同作用，增进了民众政治信任，支撑了意识形态正当性，通过证明反腐绩效所带来的程序正义、治理绩效、政治信任转化为反腐效能，保证了政治正当性。

关键词：反腐；韩国；政治正当性；制度化

---

* 基金项目：国家社科基金西部项目"共生理论下中国国际观的历史演进、内在逻辑和实践路径研究"（项目编号：22XGJ003）。对于本文的精练与修改工作，延边大学国际政治系团总支副书记王泽昊做出了一定贡献，在此表示感谢。

** 作者简介：谢桂娟，延边大学人文社会科学学院教授、博士生导师，教育部人文社会科学重点研究基地——延边大学朝鲜韩国研究中心兼职研究员，研究方向为东北亚国际关系、东亚各国制度比较；宋埨吾，延边大学人文社会科学学院国际政治系本科生，研究方向为东北亚国际关系、跨界民族问题；杨欣雨，吉林大学行政学院政治学理论专业硕士研究生，研究方向为中国政府与政治、政治社会学。

一 问题的提出

20世纪60年代以来，韩国通过工业化和发展出口型经济，创造了"汉江奇迹"，但正如亨廷顿（1989：72）所言："某一国家处于变革时期的腐化现象比该国在其他时期的腐化现象更为普遍。大致看来，有理由认为，腐化程度与社会和经济迅速现代化有关。"20世纪80年代末以来，韩国开启民主化改革，虽然民主转型后的韩国并没有实现反腐败的全胜，但是在反腐工作的探索过程中取得了一定成果，在此期间民众对政府的信任度有所上升。

在通过民主化重新形成民主体制的国家中，多数国家还未从国民身上基于民主体制恢复完全的政治正当性，因此在巩固民主体制的过程中遇到了很多困难。其原因之一就是公共权力非公用化的现象蔓延到整个国家和社会，造成了社会矛盾。因此，权威主体地位形成之后，制度化和现代化公共政策的持续推进是国家整合合法性的基础，是推进权威构建延续性的关键方式，这也与国家自主性和共同体整体利益高度一致（张向东，2019）。但这种权威的构建不应仅仅局限于公共政策供给，还应将反腐败纳入正当性建构的进程中，以防止资源分配失当、经济发展受阻以及民众对政府的信任度下降。这在经济发展和民主化建设中产生了腐败隐患，对现代国家存续提出了挑战。

基于文化视角，同属东亚文化圈的韩国政府通过"为政以德"来"承续天命"。同时，儒家思想作用到社会结构中，建立起以关系为主导的社会行动规则，而关系网包含着在社会经济秩序中产生机会主义行为的可能性，与可以称为重要社会费用之一的请托资费非常接近（임반석，2008）。韩国新民主化时期开始于1987年的民主化运动。1993年，卢泰愚在选举与推动民主化进程中，做出的最重要的一项承诺即"民主化后可以降低在威权政体中猖獗的腐败问题"，并表示"坚决抵制任何形式的特权和腐败"（윤태범，1999）。因此，韩国几乎在经济社会发展同期产生了反腐需求。

本文的目的是构建出一个反腐败行为如何保证政治正当性的分析框架，并就此对韩国的反腐模式进行时序分析，探析其腐败治理经验，以期提供可能的参考与借鉴。文章的结构如下：第二部分是关于政治正当性的研究综述与文章分析框架，通过对政治正当性的研究历程分析，提出反腐效能与政治正当性的分析框架，并对综述提出的问题做出回应；第三部分通过对韩国反腐模式的演进历程进行比较分析，探讨韩国的反腐模式是否带来、怎么带来制度正当性与绩效正当性；第四部分通过国际反腐败非政府组织透明国际发布的腐败感知指数（Corruption Perception Index，CPI）与韩国国民权益委员会防治腐败局清廉调查评价科的历年调查数据，对民众的腐败感知进行分析，探讨韩国的反腐败行为是否带来了政治正当性；第五部分探讨了从韩国反腐模式中得到的启示；第六部分是研究的总结论。

二 政治正当性研究的历史回溯与文章分析框架

政治是关于服从的艺术，服从需要正当的缘由，在现代性的背景下，被统治者的认可成为现代政治的正当性基础（周濂，2008）。政治正当性在共同体维系的实践要求下产生，即民众认同和服从某政权进行政治统治的依据，它是国家形成和发展的内在逻辑之一。17世纪后，社会契约论深刻地影响了政治，政治正当性通常被构建在同意的基础上，即"由群聚的人同意授予主权的某一个或某些人的一切权利和职能都是由于像这样按约建立国家而得来的"（霍布斯，1986：133）。在卢梭的视野中，全体成员经由社会契约建立共同体，"共同体就以这同一行为获得了它的统一性、它的公共的大我、它的生命和它的意志"（卢梭，1980：13）。这种来源于共同体的意志就是公意，即公共幸福，"唯有公意才能够依照国家创制的目的，来指导国家的各种力量"（卢梭，1980：18）。因此，公意正是政治正当性的来源。一个世纪后，马克斯·韦伯从社会学的角度提出合法性[①]的三个经验维度，即魅

[①] 在此，"合法性"的意思与"正当性"相同，均为"legitimacy"。

力型、法理型与传统型。其论述的法理型权威以"有目的地构想出来并以具体形式制定和公布的普遍法规的合法性"（韦伯，1997：64~66）成为现代国家所推崇的统治正当性。精英民主理论的代表者熊彼特（1979：395）提出通过选举竞争领导权的方式将"决定政治问题的权力授予全体选民"，被视作自由主义民主政体的正当性来源。亨廷顿（1989：85）基于现代政治体系的特点指出正当性的来源为政党，"政党是国家主权、人民意志和无产阶级专政的制度化身"。因此，政党政体的正当性在于政党的制度化水平。总的来说，从社会契约论者到亨廷顿，关于政治正当性来源的讨论始终在于共同体的意志和制度程序。

20世纪80年代，正当性概念传入中国，大量学者着手通过正当性框架讨论后发政党中心主义国家的政治正当性。在后发政党中心主义国家建成初期，其主要政治正当性来源于民族解放带来的意识形态正义，但随着国家的延续，基于意识形态正义的政治正当性必然会产生危机，因此会将政治正当性的基础从以意识形态为中心转移到以经济绩效为中心上来，就此实现政治正当性的转型。

但在2008年全球经济危机后，后发现代化国家受到了经济上的严重冲击，由经济增长带来的正当性无法得到稳定保证，因此经济绩效带来的政治正当性供给开始产生压力。这导致后发政党中心主义国家的政治正当性从以经济绩效为主转向以公平正义为根本的社会绩效正当性和经济绩效正当性并行，组成执政者现实正当性一体之两翼。也就是说，从以绩效正当性为主，转向国家治理体系和治理能力现代化带来的社会绩效正当性和经济绩效正当性相结合，开始更加强调公共产品供给的重要性。赵鼎新（2016）将政治正当性分为绩效正当性、意识形态正当性和程序正当性，为政治正当性分析提供了一种理想类型。其中，程序正当性关注领导人产生方式的正当性，强调了国家制度的正当性。合法化通过赋予其实践命令一种规范尊严，证明制度性秩序的正当性（Berger & Luckmann，1966：92-93）。新制度主义理论认为，合法性立足于制度的三个要素，即规制性、规范性和认知性（Scott & Christensen，1995：356）。实际上，这三大基础要素构成了一个连续体。在现代社会中，组织只有遵守理性的规定和法律或者类似于法律的框架，才有可能被认为是合法的（斯科特，2010：159）。因此，在讨论政治正当性时，程序正当性实际存在于制度正当性中。

亨廷顿（1989：38）强调，现代化是发展中国家政治不稳定的来源，现代性孕育着稳定，现代化过程却滋生了动乱。腐败与现代化相伴而生，其困扰现代国家治理绩效的提升，还侵蚀国家的公权力，阻碍经济发展（廖永安、李世锋，2016），更破坏权利平等、权力制约和公平正义的法治原则（汪玉凯，2017），进而破坏政党形象，削弱政党公信力，侵蚀民众对政治系统的信任与认同以及降低政治系统对民众的回应能力，进而影响现代化进程中的政治秩序，使腐败成为阻碍现代政治正当性建设的难题之一。学界对反腐问题关注已久，当前的研究旨趣涉及腐败的基础理论、成因、危害、实践历程、斗争经验、影响、与反腐相关的若干关系等。在与反腐相关的若干关系的考察中，学界主要关注了反腐与经济发展、反腐与政治信任、反腐与社会公平等相关关系。而政治信任是政治正当性的基础之一，从政治信任的制度生成论上看，政府治理绩效会影响民众的政治信任。因此，有关反腐与政治信任的探讨，实际上也验证了反腐对政治正当性的正向影响。总体来看，当前研究虽然关注了反腐所产生的效能对政治系统稳定的维系作用，但是在反腐效能与政治正当性关系的厘清、阐释、验证方面的研究还存在一定的扩展空间。

腐败在经济、法治、意识形态、党群关系等领域的破坏力促使执政党不断开展反腐倡廉实践。反腐败行为是国家机构针对公权力异化开展的主观与客观措施相结合的政策行动，同时也是对公民对廉洁政府治理目标期盼的回应。在运动型反腐模式向制度化法治型反腐模式的转型过程中，反腐模式的纵深化与权威化发展在经济、政治、社会、意识形态等维度上呈现结果与作用相结合的反腐效能，提高了执政党的政治正当性。

基于上述正当性研究综述，我们可以看出，政治正当性存在制度正当性、绩效正当性、意识形态正当性三个分析维度，进而本文构建了一个分析反腐效能与政治正当性的框架。

首先，从制度正当性维度来看，国家治理的基本方式包括运动型治理与制度化治理，韩国在最初进行的反腐败治理中优先使用运动型治理。诚然，运动型治理具有主体权威、强制介入、目标特定等显著性优势（曹龙虎，2014），但其实质上是一种在现行体制下因制度存在应对失效而产生的一过性行为。如其长期存在，即会导致"制度化运动悖论"（蓝伟彬，2012），而运动型反腐败治理长效化必然会导致表演性腐败治理、形式化腐败治理。因此需要完善以法律、制度为核心的制度化调控机制。行政行为程序合法应当具有行为主体上的专属性、行为过程上的有序性、行为性能上的规范性和行为后果上的可测性（关保英，2015）。反腐直面滋生腐败的体制机制原因，如能在具体行动中回应程序正当性必备的三个性质，就可以保证反腐行为是具有程序正义与正当性的，进而回应政治正当性中的程序正当性。

其次，从绩效正当性维度来看，腐败立案及惩戒数量、反腐行动投入的资金及组织资源共同产生了腐败治理绩效，从而营造风清气正的政治生态。在廉洁的政治生态中，反腐通过防止权力寻租、地下经济、懒政怠政、胡乱作为的行为发生以保证经济绩效正当性，进而规范资源的分配及使用领域，保证公共物品供给，增进社会绩效正当性。经济绩效正当性与社会绩效正当性的提升共同保证了政治正当性中的绩效正当性。倪星、郜琳（2010）通过各国对反腐工作绩效体系建设的比较，提出应通过投入（人力与财物投入）、过程（宣传、教育、政府公开等）、产出（腐败举报投诉与违纪情况）、影响（公众对腐败的感知、对廉政工作的看法）四个维度对反腐败绩效进行评估。袁峰（2012）提出，讨论反腐败绩效，首先要讨论三组问题，即"产出"抑或"结果"、"短期效率"抑或"长期效益"、"顾客"抑或"公民"。笔者认为，反腐绩效的首要目的是营造风清气正的政治生态，维护政治秩序，进而保证政治绩效正当性，保证民众的政治效能感。因此，本文将反腐行为产生的结果和影响放到民众感知后得到反腐败意识形态正当性中进行讨论，在反腐败的绩效正当性中仅讨论狭义的绩效，即反腐败的投入-产出关系。

最后，从意识形态正当性维度来看，政治信任是公民对政府或政治系统运作产生与他们的期待相一致的结果的信念或信心（Easton，1975），但反腐败行为仅仅拥有绩效正当性并不能保证公民产生政治信任。赵鼎新

（2016：35~38）在讨论绩效正当性时做出了假设：理想情形下，民众对国家绩效的可能研判方式——如果国家有高度的意识形态正当性，民众对国家就有高度信任，在此情况下，绩效对于民众来说并不重要，但民众始终无法超越意识形态的束缚来评判国家提供公共物的能力，一旦失去意识形态的束缚，工具理性与物质欲望就会主导人的行为（赵鼎新，2016：35~38）。本文所谈论的反腐败行为对意识形态的影响，强调的是马克思所揭示的信仰统治阶级思想的意识形态。这种意识形态所蕴含的人民性、公正性得到制度、经济、社会绩效的支撑以增进民众的政治信任，进而被民众持续感知，形成对执政党的认同，从而增进意识形态正当性。因此，反腐败行为所产生的绩效正当性联结了反腐败行为的制度绩效和意识形态绩效。

对于反腐效能和执政正当性的关系问题，开展反腐行为的目的是产生效能以获得民众对政治系统的支持，进而保证政治正当性。反腐效能的产生来源于制度绩效所带来的程序正义、治理绩效所营造的良好政治生态以及制度绩效和治理绩效共同带来的民众的政治信任。因此，程序正义带来了制度正当性，良好政治生态为经济发展和公共物供给提供了基础进而带来了绩效正当性，政治信任与持续的廉政感知带来了意识形态正当性，最终三者的统一使反腐效能转换为政治正当性。综上，延续政治正当性是由制度正当性、绩效正当性与意识形态正当性三者构成的基础框架。其中，意识形态正当性的获得天然地需要绩效正当性和制度正当性的支撑。就此，本文形成了如图1所示的分析框架。

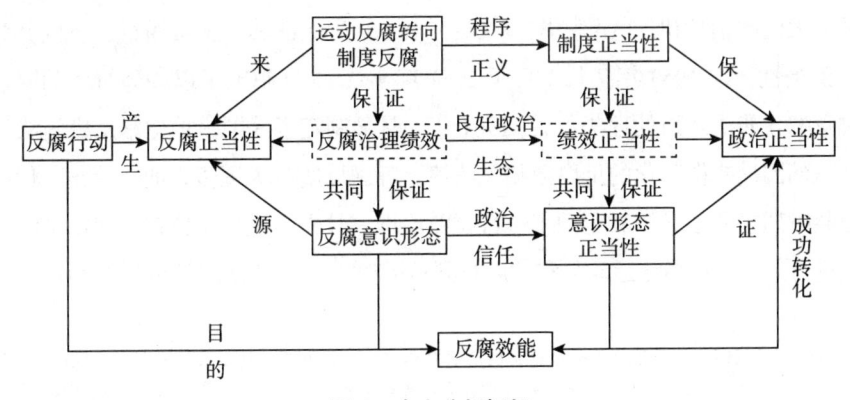

图1 本文分析框架

三 制度正当性与绩效正当性：韩国反腐败模式的演进历程与效能

（一）反腐败模式的萌芽：以运动型反腐模式为主

监督和制约权力是反腐败和国家治理现代化的重要内容，但在后发民族国家与后发现代国家的发展建设过程中，巩固执政权力与恢复国民经济为其建设初期的主要任务。在法律框架没有完成的国家建设初期，运动型治理普遍存在。运动型治理机制在中韩两国的早期腐败治理中普遍存在，其最核心的特点是暂时叫停原科层制常规过程，以政治动员过程替代之，以便超越科层制的组织失败，达到纠偏、规范边界的意图（周雪光，2012）。早期运动型反腐出现的主要原因在于，在当时的行政体系下，对腐败问题无法进行有效约束，而腐败问题又对社会产生了巨大的不良影响，为了避免科层制失效以及政权正当性的缺失，而进行广泛、严苛的一过性反腐行为。

在大韩民国第三共和国之前，解决腐败问题更多是作为一种政治口号来表现。李承晚虽然在总统就职演说中表示"神圣的国家不能由腐败无能的百姓建立"（행정안전부대통령기록관，2018），但腐败问题一直没有作为核心议题呈现，这一时期可以被看作权力腐败的多发时期。而腐败问题从朴正熙执政时期纳入议事议程。铲除腐败是朴正熙"5·16"政变提出的六项誓言之一，也是他任总统后最关心、最迫切要解决的问题。朴正熙认为，"一国官吏的腐败及随之而生的国家行政的腐败，会招致该国政治体制破产，使现代化受挫，是最大的政治危机"（吴建华，2004：240）。为保证其誓言被履行，巩固其政治正当性，继1953年7月1日至1961年5月15日制定了以舞弊行为为限制对象的《非法敛财处理法》后，1961年6月又制定了《国家重建紧急措施法》，这是韩国最初拟制化的反腐败相关法律。韩国反腐行为逐步走向法治化，但朴正熙时期主要还是依靠运动来进行腐败治理。其先后进行了依据政治活动净化法进行的"政治净化运动"和"庶政刷新运动"①。全斗焕时期的反腐运动乏善

---

① "庶政刷新"是指将公务员社会的所有荒谬之处一扫而光，通过贬低精简、开朗的服务管理，恢复国民的信任，最大限度地提高国家政务效率，这使朴正熙时期的运动式腐败治理获得了显著成效。

可陈，唯一具有重要意义的是《公职者伦理法》的出台，它为韩国的反腐制度化建设进一步提供了法律依据。作为社会净化运动的一环制定的《公职者伦理法》，包含财产登记制度、公职者礼物申报制度、退休公职者就业限制制度等重要内容。

总的来看，该时期的韩国反腐行为主要以运动型反腐模式为主，其虽可以保证反腐绩效，但不一定能够保证制度正当性。韩国军政府时期，政权存在的基础是总统本人对军队的领导，而行政官员的权力来自集权官僚框架下的中央甚至总统本人。由于权力来源具有唯一性与上层性，其并不需要对民众负责，这种权力来源的官僚组织架构，在缺乏民主监督的情况下会直接导致腐败的系统化。一旦运动型治理"长效化"即常规化，它必然受到官僚体制常规机制的束缚和同化，表现出政治动员活动仪式化，结果是运动型治理的效果每况愈下（周雪光，2012）。因此，制度化反腐与反腐制度化改革在韩国民主化与现代化转型过程中便呼之欲出了。

1987年，韩国实现民主化之后，腐败作为韩国重大社会议题被频频谈及，人们寄期望于借民主化来消除在权威军政府之下的腐败顽疾。尽管历届政府都频频谈及反腐，但由于公共权力的扩散，腐败的惯例和文化不仅仅扩散到低级公职人员身上，甚至向企业家乃至一般社会人员扩散，产生了由公共权力扩散带来的结构性腐败问题。标榜"文民政府"的金泳三在任期间，反腐败行为出现了巨大变化，其旨在推动反腐体系向法制化方向发展。金泳三总结了以往各届总统的反腐经验，认为仅仅进行运动型反腐是不能根治腐败的，应该从制度型反腐着手制定一系列法律制度，运用制度的力量限制权力、监督腐败问题（王生、骆文杰，2019）。其在任期间首先将《公职者伦理法》修改成公开公职人员的财产登记义务化，增加了其实效性。他还制定了《公务员犯罪没收特例法》，没收公职人员因腐败而积累的不正当财产。最重要的是，金泳三政府实行了金融实名制，这在确保透明性上创造了划时代的转折点，巩固了反腐败系统构筑的基础。另外，他还制定和修改了政治相关法律，包括《公职选举及选举舞弊防止法》《政治资金相关法》《行政程序法》《信息公开法》等。为了保证反腐败行动的持续开展，2002年7月，大韩民国政府出台了防止腐败基本计划：在制度上确立官民共同参与并推进反腐体系化建设，并提出了全民监督机制；在政策上确立了对举报人的保护和补偿体系，以期保证举报人的安全；在教育上提出对下一代进行伦理教育，保证社会风气的清朗。

金大中承袭了金泳三法制化反腐的思路，最值得关注的是《防止腐败法》的制定，其是以"预防腐败发生，有效管制腐败行为，廉洁从政，为公职及社会风气的确立做出贡献"（대한민국 국회，2012）为目的而制定的法律，其规定了对举报人的保护。虽然该法在当时的实行方面存在局限性，但事实上这是正式构筑防止腐败系统的代表性法律。卢武铉承袭了金大中的"阳光政策"，以"没有犯规和特权的世界"为竞选口号，开启了其总统生涯。卢武铉将反腐委员会改为更广泛的国家清廉委员会，由市民、官员和议员组成，并以共同努力为宗旨签署了《透明社会公约》。在政治领域，为了强化国会伦理的制度性改善方案和提高企业经营透明度等的方案，包含了反腐败系统构筑所必需的具体内容（이정주、이선중，2015）。

韩国历届总统为了防止腐败做出了各种制度上的努力，但是其政治任命是与民主主义背道而驰的。金泳三、金大中政府以个人为核心、以家臣为主的政策执行，使得对腐败的控制更为困难。特别是总统的亲属或亲信涉嫌腐败的丑闻接连发生，导致反腐政策产生的民众政治信任效果不足，减弱了反腐政策与反腐行为的正当性与有效性（임수환，2002）。

（二）反腐败模式的完善：以制度型反腐模式为主，辅以部分运动型反腐模式

李明博政府虽未出台重点反腐败政策，但在 2008 年颁布了《反腐败和国民权益委员会设立和运作法》，成立了国民权益委员会。其将原有的国民申诉委员会、国家廉政委员会和总理行政审判委员会合并，转变为国民权益委员会，机构从总统直属转移到总理室下属，使申诉、反腐败以及行政复议工作得以高效和专业地进行。对此，虽然在反腐败机构的独立性和地位方面出现了否定评价，但在此后的 10 多年时间里，反腐败政策持续加强和扩散，从这一点来看，可以算是圆满履行了反腐败机构的职能（곽진영，2017）。

2016年，朴槿惠政府时期《禁止不正当请托与收受财物法》（又称"金英兰法"）的实行使得韩国反腐的法制化进程前进了一大步。其摆脱了引发腐败的结构和惯例，即关系主义和温情主义的请托与招待惯例。该法律的适用对象包括所有公共机关的公职人员、私立学校及学校法人、媒体公司等，总对象机关有40919个。该法规定公职人员禁止收受以任何名义交付的金钱，如一次收受同一人的100万韩元或每个会计年度收受超过300万韩元的金钱，将受到刑事处罚；若收受与职务有关的100万韩元以下的金钱等，则处以与收受金钱价值相当数额的2倍至5倍的罚款。但是其中也有例外：出于传统，公职人员可接受限制在3万韩元用餐、5万韩元礼节性交往、10万韩元的红喜事费。《禁止不正当请托与收受财物法》加强了对涉嫌腐败的政治人物（如高层官员、检察官、法官及新闻单位）的调查与监管，推动了韩国社会向清正、透明化社会的发展（宣玉京，2018）。

文在寅政府在反思由朴槿惠"闺蜜门事件"引发的国民公愤和烛光革命的政治变动基础上，以"国民的国家，正义的大韩民国"为国家发展蓝图，以清除积弊和公正社会为执政方针（장진희，2021）。在此时代背景下，文在寅提出要"将铲除腐败作为新政府所有政策的出发点"。烛光革命以市民为主体，因此是市民革命；没有流血，因此又是光荣革命（金光熙，2020）。文在寅主持在青瓦台举行的第一次反腐败政策协议会会议中表示"在世界民主主义历史上画上划时代一笔的烛光革命精神是'谁也不能将国民的权力私有化，为了我们社会的公正和正义，首先要铲除腐败'"（정아연，2017），在"以国民为主人的政府"的国政目标中，"彻底清除积弊"（一号课题），让公职人员适得其所，形成公正的人事制度，使公职社会受人信赖（九号课题），"改革为国民服务的权力机关"（十三号课题），都属于与反腐败相关的课题（대한민국정부，2023）。同时开始推行《2018—2022年反腐倡廉五年综合规划》，第一阶段目标是在2018年将CPI指数提升到"闺蜜门事件"前的水平，恢复国民对反腐败政策的信任。2019~2020年是计划推进的第二阶段，是国民感受清廉社会变化的阶段，为使CPI进入前30位，将对腐败薄弱领域进行集中改善，并对改善事项的履行情况进行管理。第三阶段（2021~2022年），将CPI提升至前

20位，揭发、处罚制度得以改善，文化扩散等清廉的良性循环结构得以确立，清廉指数达到发达国家水平。

文在寅政府期间最值得注意的反腐法案是在LH职员非法投机事件发生和房地产政策失败引起愤怒舆论背景下取得的沉睡9年的《公务员利益冲突防止法》。《公务员利益冲突防止法》于2021年5月18日通过，自2022年5月19日起生效。其规定如果公职人员在金钱、房地产交易、许可、购买、采购等职务上获得利益，将进行处罚。此项规定同时包含了公职人员的家属，一旦家属违反此项规定，公职人员也会受到处罚。不论是否获得金钱上的利益，公职人员若将在执行职务过程中知道的秘密清算不动产腐败的消息直接加以利用或传达，也会受到处罚。根据该方案，如果公职人员拥有可能与职务发生利害冲突的股票、房地产或家人经营的企业等，应该提前进行申报。这在法律上进一步填补了公职人员可能贪污犯罪的漏洞。可以认为，随着《公务员利益冲突防止法》的制定和实行，控制家庭雇用腐败、对退休公务员的前官礼遇等与公务员个人利害关系相关的腐败案件的法律基础也得到了完善，从而更有利于获得国民的信任。

在韩国第二十任总统选举中，尹锡悦的选举政治承诺包括"实施'数字平台政府'，实现智能、公平服务，改革总统办公室"。以此为基础，尹锡悦政府在反腐败长期发展蓝图设计中强调第四次产业革命技术引进带来的腐败问题及应对战略，即强调数据治理与数据带来的腐败问题。在行政信息化中，强调减少人为因素介入，防止出现再量权滥用或第三者中间介入的可能性。此外，尹锡悦政府还强调运用大数据预测分析、人工智能、区块链、电子政府等，这使公共行政处理的效率和透明度得到提升。透明度的提升使运用社交媒体、大数据、区块链、人工智能、其他算法反追踪等技术对政府及企业的腐败行为进行监督成为可能。同时，社交网络、电子政府、区块链、人工智能等技术，既保障了公益举报人的匿名性，又提出了增强责任意识的方案。这一方面可以进一步降低民众对腐败案件进行公益申报的心理门槛；另一方面，针对担心自己身份暴露的内部公益申报者，在技术上完善了以律师名代替举报人姓名进行公益申报的"非实名代理申报"，将有望实现实质性匿名申报。

四 意识形态正当性：基于民众清廉感知的分析①

民主化运动后，韩国的民众清廉感知逐步下降，后呈现阶段性上升趋势。对此可能的解释是，在经济高速增长与由民主化导致的公共权力扩散过程中，虽然政府进行了名义上的法制化反腐框架搭建，但其在经济高速增长带来的经济绩效正当性中并不起主导作用。有学者发现，由于文化机制的作用，总体清廉感知存在滞后效应，即腐败容忍度与清廉感知存在正相关。而由于信息机制的感知扩散作用，有过行贿行为以及被行贿行为的人会感知到更低的清廉水平（倪星、孙宗锋，2015）。韩国社会对公职社会腐败程度的认识如图2所示。

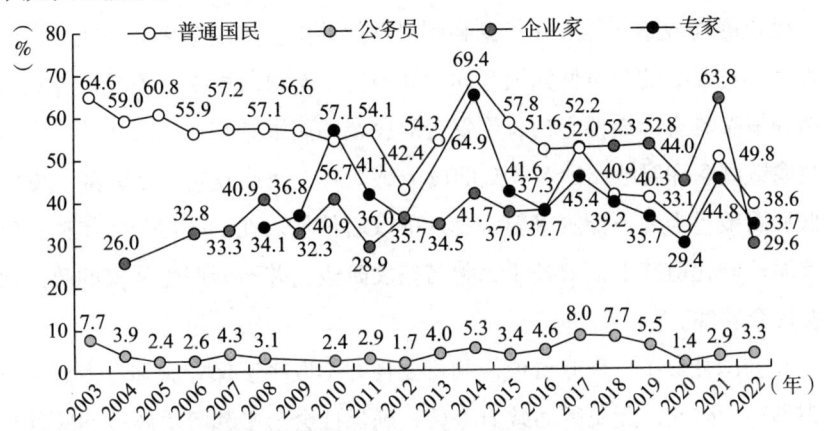

图2 韩国社会对公职社会腐败程度的认识

注：该表呈现了韩国各群体对公职社会腐败程度的认识，如果抽样人群回答"公务群体腐败（非常腐败+腐败）"，则会被纳入其中。因此，该比例越高，可证明其认为公职社会越腐败。

资料来源：韩国国民权益委员会防治腐败局清廉调查评价科历年的《腐败认识度调查综合结果》。

---

① 该部分使用的数据来源于国际反腐败非政府组织透明国际发布的腐败感知指数与韩国国民权益委员会防治腐败局清廉调查评价科历年发布的韩国社会对公职社会腐败程度的认识趋势。透明国际组织通过揭露导致腐败的系统和网络，追究有权有势和腐败的人的责任，倡导清廉政策并建立联盟以改变现状。其从1995年每年发布腐败感知指数数据，每个国家的分数都是来自13项不同腐败调查和评估的至少3个数据来源的组合。这些数据由各种知名机构收集，包括世界银行和世界经济论坛。

经济高速增长导致公职人员的工资相对于市场中处于同类管理或技术岗位的人较低,从而使其社会结构地位和经济待遇产生失衡,进而使其心理产生落差。民主化导致的中基层权力扩散使大量中下层官员能够获得权力并谋取利益,加之活跃的市场经济使群众与基层官僚的接触日益增加,而当时的法律并不严苛且有漏洞,因此其腐败成本很低而效益又异常高,大量腐败现象随之涌现。基于个人经历的第一手信息在塑造公民对腐败的看法方面发挥着重要作用——那些对政府腐败有亲身经历的人更有可能对地方政府的腐败持负面看法,由此加剧了民众的腐败感知。然而,感知具有滞后性和传递性,不管反腐败工作开展的决心和成果如何,社会成员的清廉感知均落后于真正的反腐效能,因而政治正当性难以同步提升。

民众的腐败感知是外在信息和阐释框架共同作用的结果,腐败界定的宽泛程度和对腐败的政策性归因倾向对腐败感知有显著影响;而且,外在信息对阐释框架具有形成性影响,不仅会对民众的腐败感知产生直接效应,也会通过腐败观念和腐败归因对民众的腐败感知产生间接效应(徐法寅,2022),因此反腐败行为并不能直接影响民众的政治信任。在20世纪90年代,韩国在反腐法制化道路上依旧处于完善与拓展阶段,并不能产生强烈的政治效能而被民众感知。

在韩国社会中,廉政价值观的重要性并不取决于保守派和自由派的政治意识形态,因此,无论哪届政府上台,确保社会公平和解决腐败问题都将是下届政府的重要核心问题,这使我们看到民主化后的韩国制度化反腐举措切实地产生了反腐效能。但无论是腐败感知指数还是韩国社会对公职社会腐败程度的认识都呈现2009~2022年存在三次剧烈波动的特征,其背后是韩国反腐实践进程中的危机挑战与化解。

对2009~2010年韩国国民清廉感知与社会腐败认知数值结果恶化的可能性解释在于,卢武铉政府至李明博政府时期的政策转变和机构调整。卢武铉政府在2005年开展的"透明契约"运动推动了廉政文化的传播。2008年,卢武铉政府更是推行了《透明社会协约》以倡导政治、经济以及市民共同参与廉政建设。但2009年李明博政府上台后即停止了廉

政文化运动。此外，李明博政府时期将国民反腐败委员会从部级机构降格为局级机构，并将专职工作人员从172人削减到91人，并在2008年暂停反腐败组织理事会的运作（이정주，2021）。李明博政府的政策行为使官员腐败数量激增和社会观念恶化，削弱了韩国国民对政府的政治信任，以致在2009~2010年的腐败认知调查中呈现韩国反腐政策效果不佳的结果。

2012~2014年民众腐败感知陡然攀升可能源于核电腐败事件。为加强国防安全建设，发展核电产业成为韩国长期坚持的战略。李明博政府时期，核电行业的腐败和安全问题一直被忽视，没有得到有效的、彻底的检查和整改，从而威胁到国内安全和国民的生命权益。2014年后，韩国民众清廉感知度持续提升，制度化反腐效能展现。2016年《禁止不正当请托与收受财物法》正式实行，将监管人员扩充至行政机构人员、国有企业职员、私立学校教师、公立学校教师和国内媒体记者及其配偶，并规定不当请托的类型和金额限度。《禁止不正当请托与收受财物法》针对微腐败开展反腐倡廉，但它所涉及的监管人员在实行过程中所面临的经济压力使其实际效能发挥有限，因而2016~2017年的民众腐败认知并未因该法案的推行而急剧变化。

2017~2022年的民众腐败认知明显降低，民众认为政治廉洁度明显提高的重要因素来源于文在寅政府制定的反腐五年规划。2018年，文在寅制定了政府中长期反腐败路线图"五年反腐败综合计划"，确立"公私共治""廉洁公共服务""透明的商业""廉政行动"四大战略，并在四大战略下规定了50个课题，按照公共行政、政治、司法、企业民间、市民社会分类以解决复杂交织的结构性腐败问题，在一定程度上恢复了国民对政府反腐政策的信任。民众对文在寅政府反腐行动的期待与认可也部分来源于政府在反腐政策制定中对民意的考虑，比如设立清廉社会民官协议会来推动官民共同治理腐败、建立反腐综合信息系统建设进一步提升信息公开度和反腐信息运用效率、强化公共机构招聘腐败管理体系并落实后续措施等。

对韩国民众清廉感知排名波动的可能性解释是，民主化运动后，韩国现

行总统制为了限制总统权力,规定了五年单任制度(刘时宇,2017)。这虽然保证了总统权力的缩减,但也造成了朝野对立、地域矛盾,使政策不具有连续性。在韩国总统选举过程中,政策选举占重要地位(안철현,2004)。金泳三以"清廉的政治、强有力的政府"为口号得到韩国民众的支持;卢武铉表示要深化改革,反腐败、创新政,以继续推进对朝缓和政策为执政主旋律;文在寅执政时期将反腐败作为重要政治任务,着力防治高层腐败,改革检察官体制。然而,历任政府的反腐宣传与措施都并未得到完全落实,部分原因在于,单任制度使其不必要彻底履行其施政演说中的目标与任务;深层原因在于,竞争性政党选举本身是腐败的制度性产物。金钱政治中政治精英要争取更多的政治资金以获得竞争胜利,必然要与利益集团建立利害关系,以未来的执政权力担保今后的利益分配偏向,使反腐败举措屡次施行但不能根除腐败。

五 从韩国反腐模式中得到的启示

(一)建立协调统一的反腐机构,形成反腐合力

反腐工作是一项涉及举报、巡查、受理、调查、惩处等多环节、多职能、多主体的行动,这导致国家必须要设立反腐独立机构,使反腐工作走向专业化、规范化与体系化。在韩国国民权益委员会的建制中,下属政府联合民愿中心、廉政研修院两个机构。前者负责社会与经济领域的民众申述、咨询意愿,后者负责教育领域的支援及运营。此外,其包含规划协调办公室、反腐败局、审查保护局、申诉局、权益改善政策局、行政复议局六个内设组织。在人事方面,韩国国民权益委员会负责监管公职人员招聘、防止请托公职人员、规范公职人员行为准则;在反腐工作开展的基础建设方面,韩国国民权益委员会通过内设的反腐败局对政府廉洁度展开调研,对腐败致因和隐患进行分析,并通过建立禁止请托制度、行为规范和招聘不正之风举报中心,从法治和制度程序上防止人情因素对公职人员腐败行为的影响;在反腐工作的开展方面,韩国国民权益委员会申诉局负责受理国防、治安、财税、劳工福利、环境、市政、教育等多领域的民愿申

诉，并针对诉讼案件实行行政复议，保证审判的正当性。由此，韩国国民权益委员会形成了民意吸收—系统回应—结果公开的双向交流机制，促使反腐倡廉工作的权威化、法治化、制度化、整体化，形成了有效的反腐合力。

对此，可通过设立清廉调查评估与腐败影响分析相关科室进行权责的补充，参考韩国国民权益委员会反腐败局中的清廉调查评价科与腐败影响分析科的做法，测评公共机构清廉度、反腐倡廉法规对腐败的影响、各部门惩治与预防腐败效果等，并以此制订综合整治方案。

（二）提升政府数字反腐治理能力，畅通民众参与渠道

第四次信息技术革命在计算机技术的基础上变革人类生活。在政治领域，政府依托信息技术打造数字治理的新机制、新平台、新渠道，提升政府在政治管理和公共服务领域的履职水平。在反腐工作的开展中，互联网为反腐机构的组织架构、运作程序、制度设计、惩处结果、举报咨询提供信息公开和交流的渠道。

在运作程序上，韩国国民权益委员会的官方网站包含以文字和漫画形式呈现的信访申请教程、预约上门咨询服务、预约律师代理举报服务。因此，在今后反腐网络平台的搭建中，应增设文字版本或图解版本的网络信访流程，消除部分民众在举报工作中遭遇的"数字贫困"。

在信息公开内容方面，韩国政府网站提供了重大案情与月度案情进展、面向不同人群的最新腐败政策资料集、腐败意识与评估结果、新出台的政策与法规指南等。未来反腐机构应在合理范围内公开反腐工作进程、各类别腐败治理结果，提升反腐政务公开的透明度。

在反腐数字治理技术的运用方面，韩国通过总统室国民提议网站促进国民参与，引入AI数字直通功能将反腐数据直通各个私营与公共单位，并对热点进行综合分析以完善制度。因此，在今后，反腐机构应当利用大数据将信息技术与反腐连接起来，通过腐败案件信息数据整理、关联、追踪形成廉政数据库，并在关联互动中预防腐败高发领域的风险，在数据采集与评估分析中查询隐匿的腐败踪迹，增强运用现代化手段提升行政效率的能力。

（三）完善举报人保护制度，疏解民众监督之忧

民众意见表达制度效力缺失的原因在于，制度外的因素会对结构产生影响。而要想解决制度外的影响因素，需要从制度内进行改善。在此方面，韩国于2011年出台了《公益举报人保护法》，从体制层面削弱非制度因素对举报人人身安全的威胁。《公益举报人保护法》除说明举报人和被举报人的范围、举报的方式、举报处理程序外，还涉及举报人的人身安全、经济安全、信息保护、职业安全。在人身安全方面，举报人因举报而遭受人身安全困境时可由国民权益委员会安排公安机关进行保护。在经济安全方面，一是举报人通过举报挽回国家或地方政府损失或确立某项法律可向委员会申请补偿金；二是举报人及其亲属、同居者因举报而遭受的身体、精神、工资、搬家费用、申诉费用损失，可向国民权益委员会申请救助金。在信息保护方面，如果证实举报人会因举报而遭到个人利益的损害，机关将允许举报人省略个人相关信息并在未经举报人允许的前提下对举报人个人信息进行保护。此外，如果举报人是内部举报人[①]，举报人可委托代理律师提交密封的举报文件，再由国家权益委员会接受举报。在职业安全方面，《公益举报人保护法》优先考虑举报人的人事申请，并规定举报人因举报而在工作中受到不利人事处置、工作歧视、待遇损失、身心损害的，可申请国民权益委员会的保护。由此看来，韩国公益举报人制度为举报人较为系统地防范了因举报可能产生的风险，盘活了社会的监督活力，并将群众监督纳入法治化轨道，避免运动型治理带来的激进走向。

总体来说，中国对举报人的信息安全及人身安全订立了专门的法条，但在参照韩国的《公益举报人保护法》后，其存在可完善之处。首先，在举报人的人身安全层面，可以建立独立的、专门的举报受理机关，防止举报人在举报中遭受举报信息泄露、举报被迫阻拦甚至被迫害的风险；可以建立统一的、专门的举报人保护机关和具体的人身保护措施。其次，在举报人的经济安全与精神支持方面，可建立举报激励制度。最后，在法治体系化建设层面，需制定专门的举报人保护法。

---

① 《公益举报人保护法》第一章第二条第七项规定的内部举报人的定义为，曾在被举报人公共机关、企业、法人、团体等工作的人。

六　结语

本文以政治正当性理论为基础，通过分析韩国在民主发展进程中反腐模式的演进历程、具体内容、阶段特征和治理成果，结合透明国际发布的腐败感知指数，探析反腐效能与政治正当性之间的关系。研究表明，韩国的反腐行动通过制度绩效、治理绩效、意识形态绩效及其社会功能能够产生反腐效能，而制度绩效带来的程序正当性、治理绩效带来的良好政治生态为保证绩效正当性提供了基础，程序正当性与绩效正当性又进一步共同保证了意识形态正当性，进而增进民众对执政党的政治信任。

本文研究发现，韩国由执政党发起的、指向党内系统和党外社会的反腐败行动在很大程度上能够提升政府的政治正当性。并且，本文进一步确认了反腐败对民众的腐败感知的影响程度会受到政党性质、法治化进程、民主模式等因素的影响而呈现不同的效果。最后，本研究在梳理韩国反腐模式的基础上，提出了建立反腐机构、提升政府数字反腐治理能力、完善举报人保护制度等方面的建议。

本文所讨论的绩效正当性实际上是意识形态正当性的支撑之一，但由于部分反腐投入资金预算与决算资料并不公开，绩效正当性并不作为单一的分析对象存在。同时，由于部分韩文资料难以获取，本文的分析仅局限于韩国特定时期的典型反腐败行动。因此，还需要对韩国同时期的反腐败行动的出发点、过程、结果、社会影响及经济影响进行更为深入的探索，以更严谨地论证反腐效能与政治正当性之间的关系。

参考文献

曹龙虎，2014，《国家治理中的"路径依赖"与"范式转换"：运动式治理再认识》，《学海》第3期。

关保英，2015，《论具体行政行为程序合法的内涵与价值》，《政治与法律》第6期。

金光熙，2020，《试析韩国社会的烛光示威》，《东疆学刊》第3期。

蓝伟彬，2012，《运动式治理何以常态化——以"瘦肉精"专项整治为例》，《特区经济》

第 11 期。

李继华,2006,《我国检察举报制度的问题及对策》,《法学杂志》第 2 期。

理查德·斯科特,2010,《制度与组织——思想观念与物质利益》(第 3 版),姚伟、王黎芳译,中国人民大学出版社。

廖永安、李世锋,2016,《论法治与反腐之间的内在逻辑——兼论法治提升反腐败斗争水平》,《湖南社会科学》第 3 期。

刘时宇,2017,《韩国总统制下政策不连续性的原因分析》,硕士学位论文,北京外国语大学。

马克斯·韦伯,1997,《经济与社会》(第一卷),林荣远译,商务印书馆。

倪星、邰琳,2010,《廉政工作绩效评估指标体系构建研究》,《理论月刊》第 12 期。

倪星、孙宗锋,2015,《政府反腐败力度与公众清廉感知:差异及解释——基于 G 省的实证分析》,《政治学研究》第 1 期。

让·雅克阿诺·卢梭,1980,《社会契约论》,何兆武译,商务印书馆。

塞缪尔·P. 亨廷顿,1989,《变化社会中的政治秩序》,王冠华等译,生活·读书·新知三联书店。

托马斯·霍布斯,1986,《利维坦》,黎思复、黎廷弼译,商务印书馆。

汪玉凯,2017,《十八大以来反腐败斗争的时代紧迫性与历史必然》,《人民论坛》第 13 期。

王生、骆文杰,2019,《韩国历届政府反腐败治理的经验及借鉴研究》,《东疆学刊》第 1 期。

吴建华,2004,《东亚现代化与中国》,中央编译出版社。

约瑟夫·熊彼特,1979,《资本主义、社会主义与民主主义》,绛枫(顾准)译,商务印书馆。

徐法寅,2022,《民众"心中"和"眼中"的腐败——框架阐释理论视角下民众腐败感知的结构方程模型分析》,《政治学研究》第 3 期。

宣玉京,2018,《当代韩国反腐败的制度建设》,《现代国际关系》第 10 期。

袁峰,2012,《反腐规则与反腐绩效——当前我国腐败治理的绩效分析》,《上海行政学院学报》第 5 期。

张国军、杨明,2019,《意见表达制度效力缺失的形成机制——结构功能主义视角下的案例分析》,《领导科学论坛》第 15 期。

张向东,2019,《现代化进程中执政党权威与合法性建构》,《政治学研究》第 3 期。

张亚茹,2021,《中国共产党制度反腐的历史考察及现实启示》,《理论导刊》第 7 期。

赵鼎新,2016,《国家合法性和国家社会关系》,《学术月刊》第 8 期。

周濂,2008,《现代政治的正当性基础》,生活·读书·新知三联书店。

周雪光,2012,《运动型治理机制:中国国家治理的制度逻辑再思考》,《开放时代》第 9 期。

Berger, Peter L. and Thomas Luckmann. 1966. *The Social Construction of Reality*: *A Treatise in the Sociology of Knowledge*. ON: Anchor Books.

Easton, D.1975. "A Reassement of the Concept of Political Support." *British Journal of Political Science*, Vol.5, No.4

Scott, W. Richard and Soren Moller Christensen.1995.*The Institutional Construction of Organizations*: *International and Longitudinal Studies*.California: SAGE Publications.

대한민국 국회. 부패방지법(2012 년 1 월 11 일)[2022 년 7 월 28 일]. https://www.law.go.kr/LSW/lsInfoP.do?lsiSeq=70236.

대한민국정부.100 대 국정과제(2020 년 9 월)[2023 년 1 월 10 일]. https://www.opm.go.kr/_res/opm/etc/kukjungfile2020.pdf.

안철현.2004.16 대 대선 주요 정당 후보들의 공약에 관한 연구.사회과학연구, 20(1), 79-107.

윤태범. 1999. 일반논문 / 우리 나라 정부의 반부패정책의 평가: 지속성의 확보 관점에서. 한국행정학보, 33(4), 129-151.

이정주, 이선중. 2015. 공직가치 제고전략으로서의 청렴교육 활성화 방안에 관한 연구:청렴연수원을 중심으로. 한국행정학회 하계학술발표논문집, 2015(0), 787-800.

임반석. 2008. 동아시아의 관계중심 문화와 사회비용. 역사문화연구, (31), 169-202.

임수환. 2002. 특집 / 제 10 회 한국부패학회 국내학술대회 발표논문 / 정보화 시대에 있어서의 반부패 패러다임:한국 신흥 민주주의에 있어 부패의 문제. 한국부패학회보, 6(0), 125-140.

장진희(Chang, Jin Hee). 2021. 문재인 정부의 주요 반부패정책 평가. 한국부패학회보, 26（3）, 91-118.

정아연. 文대통령 "부정부패 척결, 새 정부 정책의 출발로 삼겠다". (2017년 9월 26일) [2023년 1월 18일]. https://news.kbs.co.kr/news/view.do?ncd=3553179.

행정안전부대통령기록관. 大統領就任辭. (2018년 6월 14일) [2022년 6월 10일]. https://dams.pa.go.kr：8443.

곽진영. 2017. 한국 반부패 시스템의 구축과정과 특성. 미래정치연구, 7（2）, 141-172.

农村"微腐败"的类型、特征、成因与治理
——基于对184份法院判决书的分析

卜春波　卜万红*

摘　要："微腐败"是妨碍乡村全面振兴的重要因素。农村"微腐败"发生领域相对集中，主要体现在征地拆迁、精准扶贫、村级公共资金、国家专项补贴、救济救助、乡村小型工程等领域，具有鲜明的阶段性特征。农村"微腐败"主要表现为乡村干部"一把手"成为主要涉案群体，涉案金额普遍不大，单个乡村干部涉案金额相对较小，案发领域相对集中，公共资金成为主要侵害对象，腐败手段相对单一，共同作案是主要腐败形式，涉案罪名相对集中，涉案处罚相对较轻，等等。农村"微腐败"发生的原因主要为基层党组织管党治党不力，基层党政职能部门监督不严，财务管理制度存在明显缺陷，防止利益冲突制度不健全，乡村干部待遇偏低，等等。治理农村"微腐败"，要从完善乡村管党治党制度体系、提升管党治党能力入手，一体推进"不敢腐、不能腐、不想腐"，实现三者同时发力、同向发力、综合发力，全面提升防治腐败的整体效能。具体地说，就是保持严惩腐败的高压态势，强化"不敢腐"；创新基层治理，健全"不能腐"的制度体系；加强教育管理，增强"不想腐"的政治自觉。

关键词：农村"微腐败"；基层治理；不敢腐；不能腐；不想腐

"微腐败"是侵蚀党在农村执政基础的重要因素。习近平总书记指出："'微腐败'也可能成为'大祸害'，它损害的是老百姓切身利益，啃食的是群众获得感，挥霍的是基层群众对党的信任。"（习近平，2017：167）党的十八大以来，党中央坚持"老虎""苍蝇"一起打，不断加大治理农村"微腐败"的工作力度。中国共产党第十八届中央纪律检查委员会第六次全

---

* 作者简介：卜春波，硕士，广州工商学院马克思主义学院教师，研究方向为马克思主义中国化；卜万红，博士，河南大学马克思主义学院副教授、硕士生导师，河南大学廉政研究中心成员，研究方向为反腐倡廉建设。

体会议作出了"推动全面从严治党向基层延伸"的重大战略决策，集中整治"微腐败"。党的十九大报告强调要"加大整治群众身边腐败问题力度"（习近平，2020：52）。经过几年努力，农村"微腐败"治理取得历史性成就。党的二十大报告提出"坚决惩治群众身边的'蝇贪'"（习近平，2022c），这是新时代新征程治理农村"微腐败"的新要求。研究农村"微腐败"的主要类型，探究其形成原因，完善防治"微腐败"制度体系，对全面推进乡村振兴、建设治理有效的乡村社会具有重要现实意义。

一 研究设计、主要方法与样本概况

本文采用实证研究方法，尝试对新时代农村"微腐败"做出全景式描述。通过对具体案例的统计分析，本文尽可能全面揭示农村"微腐败"的基本样貌，查找共性问题，认清基本特点，探究问题症结，提出对策建议。为确保研究样本的真实性、权威性和可信性，本文选取了184份法院判决书。从监督执纪"四种形态"的角度来说，这些案例都属于"第四种形态"，是农村"微腐败"中的严重情形。对这些案例进行研究，既有助于发现前三种形态的问题，又有助于探究问题的症结，得出令人信服的结论。

笔者从裁判文书网上收集了2012~2019年共184份法院判决书，从区域分布看，这些法院判决书中，选自山西省的样本为90份，占比为48.9%；选自河南省的样本为94份，占比为51.1%。从涉案人数看，184份法院判决书共涉及乡村干部282人，主要是村支部书记、村委会主任、村支部委员、村委会委员等。从村庄类型看，这些法院判决书中，来自普通农村的有99份，占比为53.8%；来自城中村的有26份，占比为14.1%；来自城市近郊区村的有34份，占比为18.5%；来自资源富集村的有25份，占比为13.6%。这些基本上涵盖了所有的村庄类型。从案件判决时间看，这些腐败案件主要发生在2012年及以后，其中2012年腐败案件的占比为2.1%，2013年腐败案件的占比为4.9%，2014年腐败案件的占比为14.7%，2015年腐败案件的占比为16.8%，2016年腐败案件的占比为20.1%，2017年腐败案件的占比为30.5%，2018年腐败案件的占比为8.8%，2019年腐败案件的占比为2.1%。

从总体上看，腐败案件的出现主要集中在2014~2017年。这些样本所反映的问题具有鲜明的阶段性特征。

二 农村"微腐败"发生的主要领域

腐败类型是以腐败涉及领域来划分的。从对184份研究样本的统计分析来看，农村"微腐败"主要涉及征地拆迁、精准扶贫、村级公共资金、国家专项补贴、救济救助、乡村小型工程等不同领域，据此将其划分为六种不同类型。

（一）征地拆迁

征地拆迁领域的"微腐败"就是乡村干部在征地拆迁过程中利用职权谋取私利的行为。随着工业化和城镇化的快速推进，征用拆迁情形越来越多，征地补偿领域的腐败不断增多。在184份法院判决书中，涉及征地拆迁问题的有86份，占比为46.7%，成为最主要的腐败类型。从发生范围来看，这类腐败主要发生在城中村、近郊区村、资源富集村和重大交通工程的沿途村等。这类腐败以城中村最为典型。因为城中村的拆迁规模大，土地价格高，所以涉案金额大。从发生环节看，地面附属物类型与数量的认定、补偿资金发放、拆迁动员、矛盾调解、拆迁工程、后期物业服务等环节都容易滋生腐败。从腐败手段看，主要有虚报、冒领、克扣、侵吞等。虚报地面附属物类型与数量是最常见的手段，有的将不在赔偿范围内的房屋、树木等纳入补偿范围，有的虚构地面附属物以骗取赔偿，有的将属于集体的地面附属物列入乡村干部或特定关系人名下以骗取赔偿，有的将违法建筑物确定为合法建筑物以获得赔偿，等等。此外，在拆迁过程中，乡村干部往往会制造拆迁障碍，人为拉长拆迁周期，借机向征地方索要或变相索要财物，这也是常见的腐败手段。这类腐败问题在省会级城市和地级市的城中村涉案数额惊人。在煤炭、石油等资源富集区的征地拆迁过程中，"微腐败"比较严重，一般农村地区的腐败相对较轻。

（二）精准扶贫

精准扶贫领域的"微腐败"就是乡村干部在扶贫工作中利用职权公然

违背扶贫政策以谋取私利的行为。从统计结果看,在184份法院判决书中,涉及脱贫攻坚问题的有73份,占比为39.7%,成为这一时期乡村"微腐败"中位居第二的腐败类型。这类腐败主要发生在普通农村中的贫困村。为胜利完成全面建成小康社会的任务,实现第一个百年奋斗目标,以习近平同志为核心的党中央做出了精准扶贫、精准脱贫的战略决策,举全党之力坚决打赢脱贫攻坚战。为了实现这一战略目标,党中央出台了一系列配套政策,加大了对贫困群众和贫困地区的支持和投入力度。少数乡村干部在执行党的精准扶贫和精准脱贫重大决策过程中,想方设法钻政策的空子,寻找制度漏洞,创造腐败机会。从对研究样本的分析来看,套取、挪用、贪占"精准扶贫产业到户帮扶项目资金"成为扶贫领域腐败的重点。乡村干部主要通过假借贫困户名义伪造项目申报资料的手段,让贫困户配合项目申报过程,以给予一定经济补偿的方式利用贫困户的银行账户完成扶贫资金套取。乡村干部将套现的资金或进行私分,或用于个人消费,或用于个人投资。这类项目要求一定数量的农户以合作的方式集体申报,每户资助一定额度资金。因此,这类腐败一旦发生,涉案金额一般都相对较大。这类腐败行为直接损害了扶贫户的根本利益,政治影响极为恶劣。

(三)村级公共资金

村级公共资金领域的"微腐败"就是乡村干部公然违反财务管理规定,贪占、外借、挪用集体资金以谋取非法利益的行为。从统计结果看,在184份法院判决书中,涉及挪用公款问题的有69份,占比为37.5%,成为这一时期乡村"微腐败"中位居第三的腐败类型。这类腐败主要发生在城中村、近郊区村、资源富集村等集体经济相对发达的村庄,以城中村最为典型。从腐败形成条件看,乡镇政府虽然设立了管理村级财务的专门机构,但这种管理仍然存在诸多问题。最常见的腐败方式就是村委会干部先将大量集体资金套出,存入村干部个人账户,脱离乡镇政府机构监管,这为乡村干部带来了大量腐败机会。从腐败手段看,一是贪占公共资金,常见的腐败方式就是村党支部书记或村主任以虚构支出或用少报多等手段,将一部分公共资金据为己有。二是公款私用,主要体现为村干部将村集体资金用于个人企业经营以及家庭购房、购车和日常消费等。特殊情况下，这类腐败涉及金额相对较大。三是公共资金外借。这种外借分为两种情形：一种是集体公共资金的无偿外借，就是村干部私自决定将村级公共资金外借给自己的亲朋好友用于日常经营，村干部在这个过程中能获得某种形式的回报；另一种是集体公共资金的有偿外借，就是按照双方约定的利息将资金外借给特定关系人。在实际生活中，相当一部外借资金因借款人经营出现风险而难以收回，给村集体带来了巨大财务风险。

（四）国家专项补贴

国家专项补贴领域的"微腐败"主要是乡村干部违反相关政策规定，通过伪造资料、虚报、冒领等方式套取、侵占各类补贴的行为。从统计结果看，在184份法院判决书中，涉及挪用公款问题的有65份，占比为35.3%，这是农村"微腐败"中位居第四的腐败类型。为了支持我国农村农业发展，国家建立了不同类型的专项补贴制度。这类补贴主要包括种粮补贴、良种补贴、大豆种植补贴、退耕还林补贴、土地复垦补贴、农村义务教育债务化解等。一些乡村干部极力从这些专项补贴制度中寻找腐败机会。国家专项补贴领域的腐败类型多样。一是种粮补贴中的腐败。其突出表现就是乡村干部单个或共同参与，通过伪造或虚报粮食种植面积，以达到套取、侵占补贴款的目的。二是退耕还林补贴中的腐败。乡村干部主要通过虚报退耕还林数量骗取专项补贴款。三是农村义务教育债务化解中的腐败。少数乡村干部以伪造材料的方式形成虚假债务，通过项目申报方式完成对专项资金的套取和侵占。四是农业保险中的腐败。为了保障农业发展，国家针对一部分主要农作物建立了保险制度，为利益受损农户提供专项保险。因为保险公司拥有较为完善的监管制度，这类腐败主要因保险公司负责人与乡村干部合谋而形成。随着农业保险制度的普及，这类新型腐败问题将呈现逐渐增加的趋势。

（五）救济救助

救济救助领域的"微腐败"就是乡村干部在协助政府开展救济救助的过程中利用职权谋取私利的行为。在推进社会建设的过程中，国家会针对一些特殊家庭或群体实施特殊的帮扶政策，确保其基本的民生需求和发展权利。残疾人福利保障、孤儿生活补贴、五保户生活补助费、特殊困难家庭救助金等都是国家救济救助的主要形式。此外，国家还会为在各种灾害中受损的群众提供基本的生活物资保障。从具体表现看，这类腐败问题主要发生在救助救济对象资格的确定、救助数量的认定和救助款物的发放等环节。在救助救济对象资格的确定和救助数量的认定环节，存在的主要问题是乡村干部通过虚报受灾群众数量、提高受灾程度等手段实现优亲厚友或占有额外补偿款物，对应当给予救助的受灾对象不予申报以达到打击异己的目的。在救灾救助款物的发放环节，主要表现形式就是克扣款物或在款物分配中优亲厚友。对特殊困难家庭的救济救助同样涉及资格认定和救济标准确定的问题，受到救济救助信息公开程度的影响，优亲厚友、吃拿卡要、截留贪占等问题也时有发生。此外，乡村干部还利用救助对象对银行业务不熟悉，对补助标准和数量不了解，委托乡村干部持卡代领取等便利，贪占救助对象的补助金或生活费等。救济救助既是基本民生工程，也是基本民心工程。这类腐败的发生频率虽然不高，涉案金额也不大，但社会危害严重，有的甚至洞穿社会道德底线，造成极为恶劣的政治影响。

（六）乡村小型工程

乡村小型工程领域的"微腐败"就是乡村干部在实施小型公共工程的过程中利用职权谋取非法利益的行为。在乡村建设的过程中，基层政府为解决乡村居民在生活中遇到的现实问题，兴建一些小型公共工程。这主要包括小型水利工程、饮水设施、道路硬化、桥梁兴建、公共活动场地建设、公共绿化、农田建设、危房改造等。从资金来源看，乡村小型工程主要来自中央财政补贴、省级财政支持以及县乡专项经费等。从投入规模看，这类项目投入的资金总量一般都比较小，几万元以内的项目占多数。因为工程规模小、资金投入有限，这类项目只能由乡村没有资质的施工队伍来承接。乡村小型工程腐败主要源于乡村干部对工程建设的干预或直接插手，主要有四种表现形式：一是乡村"一把手"通过增加项目预算或压缩项目支出等手段实现对工程款的非法占有；二是在工程款支付环节索要好处费或设法克扣；三是以入干股方式参与工程项目建设获利分红;四是重复申报建设项目套取国家专项工程款,即将已经获得公共资金支持建成的小型工程项目再申报另一类惠民项目,以套取项目资金。无论采取哪种方式,乡村干部在小型工程建设中贪占公共工程项目资金是核心问题。从案件发生情况看,乡村小型工程项目建设在党的十八大之前较少。随着脱贫攻坚力度的不断加大,小型工程项目建设数量不断增多,这类腐败问题也随之增加,日益成为农村"微腐败"的重要表现形式。

三 农村"微腐败"的主要特征

从184份法院判决书反映的基本情况来看,这一时期农村"微腐败"主要呈现如下特征。

(一)乡村干部"一把手"成为主要涉案群体

村级党政"一把手"通常是指村党支部书记和村委会主任。在不同的发展阶段,不同地方的村级党政"一把手"的设置方式不同:有的是村委会和村党支部两个"一把手"分别设置,有的地方采用"一肩挑"方法。从统计结果看,村党支部书记52人,占比为18.4%;村委会主任95人,占比为33.7%;村党支部书记兼村委会主任31人,占比为11.0%;"两委"委员81人,占比为28.7%;其他人员23人,占比为8.2%。统计结果表明,村委会主任在涉案人员中占比最高,村党支部书记、村党支部书记兼村委会主任、村委会主任三个职位的总人数达到178人,村党支部或村委会"一把手"涉案占案件总数的96.7%,占涉案总人数的63.1%。这表明,在农村"微腐败"中,村党支部或村委会"一把手"腐败的占比较高。

(二)涉案金额普遍不大

每个腐败案件的涉案金额到底有多大?我们可以从两个方面来测量。一是涉案金额平均值。统计结果表明,在184个案件中,涉案金额平均值为26.18万元,中位数为8.6万元,标准差为55.62万元,最大值为600万元,最小值为0.52万元。二是单个案件涉案金额的区间分布。统计结果表明,涉案金额在4.9万元以下的有60个,占案件总数的32.6%;5万~9.9万元的有53个,占案件总数的28.8%;10万~14.9万元的有15个,占案件总数的8.2%;20万~24.9万元的有18个,占案件总数的9.78%;25万~29.9万元的有6个,占案件总数的3.3%;30万~49.9万元的有6个,占案件总数的3.3%;50万元以上的有26个,占案件总数的14.1%。这表明,涉案总额在15万元以下的占总案件数量的69.6%,涉案总额在50万元以上的仅占14.1%。单个案件涉案总额相对较小。

(三)单个乡村干部涉案金额相对较小

单个乡村干部涉案金额到底有多大?我们可以从两个方面判断。一是涉案金额平均值。统计结果表明,在282名涉案人员中,涉案金额平均值为17.11万元,中位数为6.45万元,标准差为32.53万元,最小值为0.48万元,最大值为164万元。由此可见,绝大多数乡村干部涉案人员的涉案金额相对较小。二是单个乡村干部涉案金额的区间分布。统计结果表明,涉案金额在4.9万元以下的有117人,占涉案总人数的41.5%;涉案金额在5万~9.9万元的有67人,占涉案总人数的23.8%;涉案金额在10万~14.9万元的有38人,占涉案总人数的13.5%;涉案金额在15万~24.9万元的有18人,占涉案总人数的6.4%;涉案金额在25万~29.9万元的有3人,占涉案总人数的1.6%;涉案金额在30万~49.9万元的有18人,占涉案总人数的9.8%;涉案金额在50万元以上的有23人,占涉案总人数的8.2%。这表明,与那些动辄上亿元的"巨贪"相比,绝大多数乡村干部的涉案金额相对较小,10万元以下的占涉案总人数的65.3%,涉案金额在50万元以上的只有8.2%。

(四)案发领域相对集中

乡村干部腐败涉及哪些主要领域?从统计结果看,在184份法院判决书中,涉及征地拆迁问题的有86人次,在总案件中的占比为46.7%;涉及脱贫攻坚问题的有73人次,在总案件中的占比为39.7%;涉及国家专项补贴资金问题的有65人次,在总案件中的占比为35.3%;涉及集体资产问题的有53

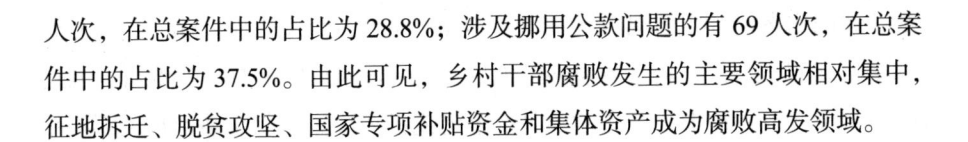

人次，在总案件中的占比为 28.8%；涉及挪用公款问题的有 69 人次，在总案件中的占比为 37.5%。由此可见，乡村干部腐败发生的主要领域相对集中，征地拆迁、脱贫攻坚、国家专项补贴资金和集体资产成为腐败高发领域。

（五）公共资金成为主要侵害对象

乡村干部的贪腐行为主要发生在公共资金领域。这主要分为四类。一是政策性补贴资金，如种粮补贴、良种补贴、大豆种植补贴、土地复垦费、"一村一品"经费、一事一议经费、"普九"化债款等。二是村级经营所得资金，主要是村集体经济发展过程中积累起来的村集体公共财富，如村集体资金和各类公共财产等。三是扶危济困类资金，如支持贫困群体摆脱贫困的扶贫资金、扶持生活困难群众的最低生活保障资金、保障五保户和孤儿等特殊社会群体的生活补助资金、扶持受灾群众的救灾救济款物等。四是补偿类公共资金。因城镇化、国家重大公共工程建设以及矿产资源开发等需要占用农村土地，以征地补偿、青苗补偿、土地附属物补偿为主要形式，形成了村级公共资金。据统计，在 184 份法院判决书中，涉及扶危济困类资金的占 49.5%，涉及政策性补贴资金的占 35.3%，涉及补偿类公共资金的占 46.7%，涉及村级经营所得资金的占 28.8%。

（六）腐败手段相对单一

乡村干部是如何实现腐败的？从统计结果看，在 184 份法院判决书中，乡村干部通过伪造材料实现套取公共资金的有 124 人，在案件总量中的占比为 67.4%；通过虚报赔偿数量骗取国家钱款的有 92 人，在案件总量中的占比为 50.0%；通过虚开票据冒领款物的有 103 人，在案件总量中的占比为 56.0%；向特定关系人外借公共资金的有 63 人，在案件总量中的占比为 34.2%；挪用公款的有 91 人，在案件总量中的占比为 49.5%。由此可见，伪造材料、虚开发票、虚报数量、挪用公款、外借资金等是乡村干部常用的腐败手段。

（七）共同作案是主要腐败形式

在乡村权力制约监督体系比较健全的情况下，乡村干部单独腐败已不可能,共同作案成为主要腐败形式。从 184 份法院判决书来看,属于共同犯罪的案例就有 152 件,占案件总量的 82.6%。从样本反映的具体情况看,共同作案主要有五种情形。一是村党支部书记或村委会主任与乡镇包村干部联手从事腐败,这类情形占共同腐败案件总量的 5%。二是村党支部书记或村委会主任伙同会计共同作案,这类情形占共同腐败案件总量的 35%。这种情况主要发生在乡镇政府财务管理较为规范的地方,村级各项开支没有会计经手就无法完成报账程序。三是村党支部书记与村委会主任联手从事腐败活动,这类情形占共同腐败案件总量的 24.3%。四是以村党支部书记或村委会主任为主谋,多名村委员参与其中,共同完成腐败活动。五是村"两委"干部全部参与腐败活动,形成了完全意义上的集体腐败。

(八)涉案罪名相对集中

如何给涉案乡村干部定罪,这是惩治"微腐败"的一个基本问题。从腐败乡村干部被判定罪名的统计情况看,在 282 名涉案乡村干部中,被判贪污罪的有 172 人,占涉案总人数的 61.0%,成为乡村干部最普遍的犯罪形式;被判职务侵占罪的有 50 人,占涉案总人数的 17.7%,成为乡村干部较为常见的犯罪形式;被判受贿罪和挪用公款罪的人数占涉案总人数比例相近,分别为 12.8% 和 12.1%。相比之下,乡村干部中行贿犯罪和滥用职权犯罪等占比相对较小,其他犯罪类型占比更小。由此可见,乡村干部涉案罪名相对集中。

(九)涉案处罚相对较轻

涉案乡村干部都受到什么处罚?从腐败乡村干部判决结果看,在 282 名涉案乡村干部中,被判处 1 年以下有期徒刑的有 105 人,占涉案总人数的 37.2%;免于刑事处罚的有 59 人,占涉案总人数的 20.9%;有 113 人被缓刑,占涉案总人数的 40%;判 5 年以上重处罚的只有 24 人,占涉案总人数的 8.5%;有 119 人被判处罚金,占涉案总人数的 42.2%。与那些"打老虎"的判决结果相比,乡村干部犯罪被判处有期徒刑的刑期大多数都比较短,缓刑占比较高,罚金是惩治"微腐败"犯罪运用较多的刑罚。

四 农村"微腐败"发生的主要原因

农村"微腐败"的滋生蔓延是一个复杂问题。探究农村"微腐败"发生的原因，既要注重从乡村干部个人身上找原因，又要注重从基层治理体系上找原因。管党治党制度体系是乡村治理体系的核心，这类制度体系不完善、执行不力导致管党治党"宽松软"。管党治党能力是乡村治理的核心能力，管党治党能力不足导致"微腐败"的滋生蔓延。

（一）基层党组织管党治党不力

从严治党是基层党组织百年建设的基本经验。从现有情况看，农村基层党组织弱化、虚化、边缘化，成为农村"微腐败"滋生蔓延的主要原因。管党治党"宽松软"问题既体现在乡镇党委对村党支部的管理方面，也体现在村党支部对党员干部的管理方面。首先是乡镇党委管党治党"宽松软"问题。乡镇党委对村党支部管理不严的突出表现就是选人用人把关不严，"带病提拔""带病上岗"现象在众多村级组织中同样存在。有些地方乡村干部入口关就失守，导致问题干部尤其是少数犯罪服刑人员进入村党支部和村委会。这些人员一旦走上乡村干部岗位就成为群众不敢惹，乡镇职能部门不敢管，最终只能任其为所欲为的"特殊干部"。他们在日常工作中吃拿卡要、强行索取，严重败坏村党支部和村委会形象。其次是村级组织党员干部思想政治工作严重弱化，党内各项教育管理制度处于空转状态。这导致村"两委"干部理想信念滑坡、丧失甚至坍塌问题广泛存在，有的党员干部几乎完全丧失党性。最后是执行党的纪律与规矩不严，各级基层党组织对乡村干部日常工作中的违规违纪甚至是违法问题不干预、不制止、不处理。管党治党"宽松软"问题在村党支部同样存在。有些"一把手"不但没有尽到"班长"的职责，发挥模范带头作用，反而成为乡村社会违纪违法甚至犯罪的带头人。

（二）基层党政职能部门监督不严

《中国共产党章程》和《村民委员会组织法》赋予乡镇党政机关对村党支部、村委会干部进行日常管理的主体责任。但基层治理的复杂性与权力监督的规范化、程序化、标准化之间的张力引发了基层监督困境，弱化了监督效果（贺雪峰、郑晓园，2021）。从样本情况看，基层党政职能部门失职弃责现象比较突出，有的甚至成为乡村干部腐败的重要推手。一是职能部门履行监管职责不到位。其突出表现就是职能部门不认真履行应当承担的监督职责，作风不实、把关不严。有些乡村干部骗取国家扶贫资金、粮食补贴、危房改造补贴、小型工程款等问题并不难识别，但这些项目从申报到验收的全过程都能"一路绿灯"，最终造成腐败事实，相关职能部门存在失职失责现象。有些乡镇党政职能部门对乡村干部明显违反相关管理制度的行为保持较高的容忍度，不制止，甚至放纵。二是少数职能部门负责人与乡村干部同流合污。在长期的工作实践中，他们成为"老熟人"，结成利益同盟，共同腐败。三是乡镇职能部门创新制度的意愿低。在推进国家治理现代化的过程中，中国共产党逐步深化对制度防腐的认识，取得了许多重要成果，这些成果完全可以运用于乡村腐败防治。但有些乡镇职能部门不愿积极作为，对能够有效预防腐败的制度不积极采用，对一些制度性"天窗"和"暗门"不及时封堵，最终导致同类腐败问题反复发生。这从客观上带来了大量的腐败机会，在一定程度上纵容了乡村干部的腐败行为，成为一种共性现象。

（三）财务管理制度存在明显缺陷

现有制度仍处于"牛栏关猫"的状态，这些制度漏洞创造了大量的腐败机会。一是财务决策程序不规范。从样本情况看，绝大多数涉案村干部都没有严格执行集体讨论决定财务收支程序，而是由村党支部书记或村委会主任独自或共同做出。有的"一把手"往往是"先斩后奏"甚至"斩而不奏"。二是资金管理不规范。按照财务管理规定，乡镇政府有关部门负责履行村级公共开支的审批，银行按照财务程序完成公共资金的管理与支付。但在实际运行中，大量资金通过报账程序转入村干部个人的银行账户之中，成为乡村干部可以自由支配的"私人财产"，为乡村干部贪占和挪用公款提供了大量机会。三是资金支付制度不规范。很多乡村资金支付仍然沿用传统的现金支付方式，尤其是让乡村干部代为领取和发放钱款。这为乡村干部在银行支付后做出克扣、截留、贪占等腐败行为提供了机会和条件。有的地方虽然推行了银行支付制度，但银行和持卡人之间没有建立必要的信息沟通渠道，造成信息不对称，进而引发腐败。四是缺乏必要的大额资金使用监管程序。在现有财务管理程序下，村级资金使用由乡镇政府村级财务管理部门审批，对大额资金的使用没有更多的监管措施。这就导致大额资金被乡村干部转借或挪用，引发了腐败。村级财务管理制度漏洞为乡村干部腐败开启了大量"天窗"和"后门"，为乡村干部借用、挪用、克扣、贪污等腐败行为提供了大量的腐败机会。

（四）防止利益冲突制度不健全

利益冲突是农村"微腐败"久治不绝的根源。利益冲突是公职人员在履行公共权力的过程中出现的公共利益与其私人利益之间的冲突。"在本质上，这种利益冲突是公共权力的非公共性使用。"（庄德水，2013）从发生领域来看，"利益冲突总是发生在公共职责或公共权力与私人利益、私人身份关联度较高的区域"（减乃康，2013）。乡村干部虽然本质身份是农民，但在"双重委托"关系中，他们具有"亦官亦民"的双重身份。乡村社会是一个典型的以血缘家族为基础的社会，公共领域与私人领域的界限并不明显。在这种文化氛围中，社会公众对乡村干部"优亲厚友"等利益冲突行为保持较高的容忍度。从总体上看，我国在防止利益冲突制度的建立方面取得了重大进展，最重要的制度形式就是领导干部重要事项报告制度。回避制度，禁止领导干部本人及其配偶、子女经商，禁止直接插手工程项目，对领导干部在企业或社会组织中兼职取酬等做出了相应的制度规定，这些制度的不断完善，在防止利益冲突中发挥着重要作用。如何将这类防止利益冲突的制度用于乡村治理，防止乡村干部在履行职权过程中出现利益冲突行为，尚未破题。此外，国家帮扶对象（如困难户、贫困户等）的资格核查制度也不够完善，为优亲厚友等利益冲突问题的发生提供了制度性机会。防止利益冲突制度不完善使乡村干部始终游走在公共利益与私人利益之间，加剧了腐败风险。

（五）乡村干部待遇偏低

乡村干部待遇问题是乡村治理中始终没有得到有效解决的大问题。在村民自治制度中，乡村干部由村民选举产生，是不脱产的乡村社会管理者，只领取数量不等的误工补贴，没有工资（贺雪峰，2021）。近年来，乡村干部待遇有所提升，但始终没有取得实质性突破。首先是名称问题，乡村干部的报酬被称为"补助"而不是"工资"。村级补助的标准都比较低，主要由村集体自筹。随着乡村振兴的全面推进，乡村建设内容不断丰富，建设标准日益提高，乡村干部的工作任务也与日俱增，他们逐渐成为专职社会工作者。乡村干部薪酬制度创新落后于实践发展进程，这必然引发新的问题。从实际情况看，乡村干部尤其是"一把手"是各方公认的"能人"，是乡村的精英分子。但乡村干部的薪酬待遇并没有随着其角色的变化而变化，必然产生工作付出与收入回报之间的巨大落差，引发心理失衡，产生了一种强烈的"合理补偿"心理。贪占各种公共资源和公共资金填补这种落差就成为大多数乡村干部实现"按劳分配"的"最佳"方式。这种错误观念在一定程度上也被基层干部和群众接受，乡村社会因此对"微腐败"保持了较高的容忍度，在某种程度上纵容了这类腐败。

五 治理农村"微腐败"的对策建议

防治"微腐败"是全面推进乡村振兴的重要任务。习近平总书记指出，"乡村振兴不能只盯着经济发展，还必须强化农村基层党组织建设，重视农民思想道德教育，重视法治建设，健全乡村治理体系，深化村民自治实践，有效发挥村规民约、家教家风作用，培育文明乡风、良好家风、淳朴民风"（习近平，2022b）。这为防治"微腐败"指明了方向。贯彻新时代反腐败斗争的基本方针和全面从严治党的基本方略，"坚持不敢腐、不能腐、不想腐一体推进,同时发力、同向发力、综合发力"(习近平,2022c),完善乡村治理体系,提升乡村治理腐败能力,是必由之路。

(一)保持严惩腐败的高压态势,强化"不敢腐"

实践表明,没有进行"不敢腐"的重大斗争、"不能腐"的制度建设和"不想腐"的教育就无法取得预期成效。有效防治农村"微腐败",必须持续推进"不敢腐"的制度建设。一是始终保持惩治"微腐败"的高压态势。习近平总书记在十九届中央纪委六次全会上的讲话中指出:"只要存在腐败问题产生的土壤和条件,腐败现象就不会根除,我们的反腐败斗争也就不可能停歇。"(习近平,2022a)保持惩治农村"微腐败"的高压态势是农村社会"不能腐"和"不想腐"制度取得预期绩效的重要保障。二是充分发挥巡察的"利剑"作用。"巡察作为基层党内监督的重要战略性安排,是打通全面从严治党延伸至基层'最后一公里'的利器"(田雪梅、张旭,2020),是发现和解决"微腐败"的重要手段。必须建立巡视巡察联动机制,提高巡视巡察发现问题的能力,切实解决巡察工作中存在的官员避责、政策目标置换、巡察边界模糊、制度权威受损等突出问题(王庆华、高国宾,2020)。必须创新巡视巡察方式,强化巡视巡察发现问题的能力,深入做好巡察的"后半篇"文章,推动完善乡村预防腐败制度体系。三是建立信息收集与研判制度。围绕"关键少数"尤其是"一把手"做好各类信息的收集与研判工作,建立预警机制。首先是县乡两级党委、纪检监察机关、信访部门、审计机关都要建立对乡村干部信息收集和定期研判制度,关注民间舆情,以便及时发现和解决一些苗头性、倾向性问题。四是坚持用好监督执纪"四种形态"。这是对乡村干部违纪违法行为进行及时有效的干预,有效防范腐败的最佳方案。通过及时处置发现的问题线索,让"红脸出汗"成为常态,及时纠治乡村干部日常工作中出现的小问题,防止小问题拖成大隐患,这是有效防治"微腐败"的必由之路。

(二)创新基层治理,健全"不能腐"的制度体系

根据乡村全面振兴实践中出现的新情况和新问题,完善乡村管党治党制

度体系，提升防治腐败的能力。一是建立健全管党治党制度体系。围绕"增强党组织政治功能和组织功能"（习近平，2020）建立健全工作指引，落实落细党组织政治功能建设要求。建立并完善乡村干部发挥模范带头作用制度，细化发挥模范带头作用的具体情形和基本要求。建立由村党支部会议集体讨论决定事项清单制度，规范决策程序，强化民主决策。建立乡村干部准入和退出清单制度，及时清除不合格的乡村干部。二是创新村委会财务管理制度。完善乡镇政府统一管理乡村财务机构制度，要统一名称、职能、程序、要求，强化责任。健全村级财务决策制度，明确决策主体、决策程序、开支流程，规范财务公开。完善一卡通制度，各项资金支付全部进入一卡通，由银行统一发放，保障持卡人的知情权。建立大额资金使用监管制度，建立提级审批制度，防范腐败风险。完善乡村财务审计制度，强化审计监督。三是创新乡村小微公共工程管理制度。建立乡村小型公共工程信息库，公共资金支持的小微工程一律入库。明确乡村小型公共工程管理责任主体。完善乡村小型公共工程建设与管理制度。建立健全立项决策、工程预算、申报立项、工程发包、质量监督、项目验收、资金支付规范，建设阳光工程。建立防止乡村"一把手"直接插手工程制度。四是完善防止利益冲突制度。建立乡村干部的权力负面清单，明确权力边界。建立乡村干部家风建设制度，明确公共领域与私人领域的边界。建立各类帮扶对象资格公示制度，防范优亲厚友现象的出现。实现县乡党政干部下沉常态化，弱化血缘家族关系对乡村治理的影响。

（三）加强教育管理，增强"不想腐"的政治自觉

乡村干部既是乡村社会全面从严治党的主要对象，也是全面从严治党的行动主体。建立健全乡村干部教育管理制度体系是实现"不想腐"的关键。一是实施乡村"一把手"工程。必须按照"打铁必须自身硬"的要求，抓住管好"一把手"。这就是要将"五个过硬"要求贯穿于乡村"一把手"的选拔、任用、管理、监督、考核等各个环节。教育引导乡村"一把手"心怀"国之大者"，善于从政治上看问题，站稳政治立场，努力成长为乡村全面振兴的带头人。这是防治乡村"微腐败"的关键所在。二是严格落实乡村干部

学习培训制度。按照习近平总书记提出的"我们党既要政治过硬，也要本领高强"（习近平，2020：53）的要求，严格落实"三会一课"制度，加强党的基本理论、党内法规和社会主义法治学习教育，全面提升乡村干部的政治素质，强化政治身份和角色认同。加强业务能力培训，熟练掌握各项业务的主要内容和基本流程，掌握现代办公技能，全面提高服务群众能力。三是健全乡村干部薪酬保障制度。首先，合理确定乡村干部的薪酬标准。根据各地经济社会发展实际，参照基层一般公务员的薪酬标准建立乡村干部薪酬制度。其次，合理确定乡村干部薪酬统筹层次。针对乡镇政府财政能力不均衡的状况，应以县级政府为基础统筹乡村干部的薪酬支付。再次，建立乡村干部绩效工资制度。根据乡村工作实际建立绩效考核制度，根据绩效考核结果给予相应的待遇。最后，完善乡村干部社会保险制度。参照基层干部社会保险办法建立乡村干部的社会保险，解决乡村干部的后顾之忧。科学合理的薪酬制度既是全面从严管理乡村干部的物质基础，也是确保乡村防治"微腐败"长效机制持久有效运行的重要条件。

参考文献

贺雪峰，2021，《村干部实行职业化管理的成效及思考》，《人民论坛》第 31 期。

贺雪峰、郑晓园，2021，《监督下乡与基层治理的难题》，《华中师范大学学报》（人文社会科学版）第 2 期。

臧乃康，2013，《防止利益冲突的核心：权力与利益的阻断》，《理论探讨》第 6 期。

田雪梅、张旭，2020，《巡察治理"微腐败"的价值、困境及策略》，《中州学刊》第 10 期。

王庆华、高国宾，2020，《问题的巡察与巡察的问题——基于吉林省脱贫攻坚专项巡察实践的考察》，《吉林大学社会科学学报》第 4 期。

习近平，2017，《习近平谈治国理政》（第二卷），外文出版社。

习近平，2020，《习近平谈治国理政》（第三卷），外文出版社。

习近平，2022a，《习近平在十九届中央纪委六次全会上发表重要讲话强调 坚持严的主基调不动摇 坚持不懈把全面从严治党向纵深推进》，《人民日报》1 月 19 日，第 1 版。

习近平，2022b，《把提高农业综合生产能力放在更加突出的位置 在推动社会保障事业高质量发展上持续用力》，《人民日报》3 月 7 日，第 1 版。

习近平，2022c，《高举中国特色社会主义伟大旗帜 为全面建设社会主义现代化国家而团结奋斗——在中国共产党第二十次全国代表大会上的报告》，《人民日报》10月26日，第1版。

庄德水，2013，《防止利益冲突视角下的廉政风险防控机制创新研究》，《中共天津市委党校学报》第2期。

粮食购销领域腐败的特征、发生机理及治理策略
——基于103起典型案例的考察[*]

王 浩[**]

摘 要：粮食购销领域腐败不仅破坏政治生态，而且威胁粮食安全。梳理分析中央纪委国家监委网站公布的103起粮食购销领域腐败典型案例，结果表明：粮食购销领域腐败呈现国有粮食企业频发、手段隐蔽多元、遍及诸关键环节、窝案易发多发和惩处措施严厉的特征。涉粮公共权力、腐败动机以及腐败机会内嵌于多层级委托–代理关系架构，"串联"而诱发粮食购销领域腐败。为有效治理粮食购销领域腐败，应保持反腐高压震慑常在，推动治理重心向国有粮食企业倾斜，健全完善涉粮体制、机制、制度，坚持正向激励引导和反向警示教育并举并重，强化涉粮廉洁风险防控。

关键词：粮食购销领域；腐败治理；国有粮食企业；委托–代理理论

一 问题的提出

党的二十大报告指出："腐败是危害党的生命力和战斗力的最大毒瘤，反腐败是最彻底的自我革命。"（习近平，2022a：69）反腐倡廉关乎党和国家的生死存亡，必须永远吹冲锋号，坚决清除沉疴积弊、整治顽瘴痼疾，使我们党在革命性锻造中更加坚强有力。2021年8月，中央纪委国家监委开展了粮食购销领域腐败整治专项工作，并于此后陆续公布典型案例；十九届中央纪委六次全会明确提出对该领域腐败进行整治；2022年中央一号文件指出，"深化粮食购销领域监管体制机制改革，开展专项整治"（中共中央国

---

[*] 基金项目：本文为湖南省社科基金重大智库项目"如何有效治理公共资源交易中的腐败问题"〔湘社科办（2019）〕的阶段性成果。
[**] 作者简介：王浩，湖南大学法学院2021级硕士研究生，研究方向为纪检监察。

务院，2022）。仓廪实，天下安。粮食安全乃"国之大者"，关乎民生福祉、党和国家的根基命脉，是国家安全的重要基础。在世界百年未有之大变局加速演进的严峻复杂形势下，守好管好老百姓的"粮袋子"，就是维护社会和谐稳定这个大局，战略意义极为深远。粮食购销是产供销链条中保障和维护粮食安全的关键一环，其自身良性高效运转，方能推动全系统、全领域的有机循环。但从2021年11月30日至2022年5月31日中央纪委国家监委网站曝光的粮食购销领域腐败典型案例看，涉粮腐败问题较为严重，给粮食安全增加了不稳定因素，啃食了人民群众的获得感、幸福感和安全感。因此，粮食购销领域的腐败治理成为一项亟须认真探讨的理论和实践议题。然而，目前学界对该领域腐败的研究并不深入。有学者虽对该领域腐败的特点、成因以及惩治对策研究均有所涉猎（言实，2022），但其在论及成因时仅做了简要分析，并未运用相关分析框架进行详细论证和系统阐明，且缺乏理论支撑，研究的深度、精度有待进一步提升。仔细审度、反思该领域腐败研究及治理现状，不免会有以下一系列追问：该领域腐败究竟有何特征？如何发生？有何治理良策？本文拟以上述问题为切入点，试图进一步剖析涉粮腐败问题，以期对该领域腐败治理实践有所裨益。

二 文献回顾

（一）我国的粮食政策与粮食流通体制

有学者将新中国成立以来我国粮食政策的演进历程总体划分为四个阶段、五个时期，基于政策变迁遵循其内在的目标逻辑，以政府粮食政策目标为视角，主张粮食政策目标的多重性及其内在矛盾是诱发、催生政策变革循环的根源（周洲、石奇，2017）。而有学者的研究更为细化，提出粮食购销体制从改革开放至今共历经六个阶段、三个时期，并以制度变迁中的主体权责转移为视角，分析演变历程的内在逻辑，主张粮食购销体制改革在改革开放后屡次反复的关键因素是该体制存在的"主体权责扭曲"和"制度刚性"（钱煜昊、曹宝明、武舜臣，2019）。粮食流通体制改革最突出的问题是国有粮食企业资金管理混乱和经营效率低下（柯炳生，1998）。在非理性利益偏好作用下，路径选择的非理性偏差导致现行体制框架内中央与地方储备粮管理职能易形成无序堆叠，阻碍应有耦合效应的充分发挥（李全根，2009）。传统粮食流通体制带有高度计划性和垄断性，因此需要将粮食流通从有计划转变为市场化，将粮食经营从垄断性转变为竞争性，从而建立适应社会主义市场经济要求的粮食流通新体制（曹宝明、刘婷、虞松波，2018）。

（二）腐败的定义

目前学界关于腐败的定义仍存在较大分歧。有政治学者主张，腐败是公职人员为谋取私利而违反公认准则的行为，实现形式为政治权力与财富相交换（亨廷顿，1988：66）。经济学者吴敬琏主张，腐败系权力与货币的交换，其实质是权力寻租（克鲁格，1988）、以权谋私（陈可雄，1994）。上述学者关于腐败的定义，均认为腐败通过权钱交易方式实现，适用范围过于狭窄，无法有效囊括滥用职权等行为，不合理限缩了腐败外延。法学学者大多认为，腐败是违法且具有一定社会危害性的作为或者不作为。但这易将腐败行为等同于违法犯罪行为，难以涵盖违反道德规范、党纪等行为，亦使腐败的外延缩小。此外，一些国际组织也对腐败下了定义，如透明国际提出的"滥用受委托权力谋取私人利益"（波普，2003：5），在当前学界的共识度较高，该定义有效弥补了仅从单一学科视角研究腐败问题的局限性。粮食购销领域存在受委托涉粮公共权力恣意、滥用问题，故本文拟采用该定义。

（三）腐败的发生机理

有学者主张腐败条件论，即腐败＝垄断－问责度＋自由裁量权（Klitgaard，1988：1423）。这表明，限制垄断性权力、加大问责力度和规范自由裁量权，可以有效预防和控制腐败。有学者将制度分析、发展框架与建构主义框架相结合，构建了融合经济、政治和社会因素的制度选择分析框架，主张腐败是在金钱利益诱惑、监管缺失和特定社会文化环境的共同作用下发生的（Collier，2002）。而杰拉尔德·蔡登将腐败的影响因素进一步细化，主张经济、政治、社会文化、意识形态、技术和外来因素均有利于腐败的形成（王沪宁，1990：89~95）。委托－代理理论以理性经济人假设为基本前提，源于生产力发展和社会分工，在契约理论的基础上发轫于经济学领域。经济学意义上的委托－代理关系，阐明了在信息不对称条件下，委托人与具有信息优势的代理人之间的关系（张维迎，2012：238）。该理论的中心议题是在利益冲突和信息不对称极易导致道德风险和逆向选择等问题的情形下，委托人如何通过最优的契约设计来激励和约束代理人，从而实现委托—代理关系双方的激励相容。后来，该理论被引入政治学领域，用以阐释在代理关系失灵的情形下，公共权力异化所导致的腐败问题，从而为党风廉政建设和反腐败斗争研究提供了崭新的理论视角。

（四）国有企业腐败的发生机理及治理

在我国企业放权改革背景下，国有企业管理层的权力得到空前强化，并高度集中于企业"一把手"（徐细雄、谭瑾，2013），这是国有企业高管腐败的权力诱因。有学者采用实证分析方法得出：首席执行官权力越大，企业高管发生腐败的概率越大，在其他相应因素保持不变的情况下，政府实行的薪酬管制加剧了企业高管腐败（徐细雄、刘星，2013）。国有企业腐败比私营企业更严重，原因可能是国有企业所采用的行政化管理模式和非市场化激励机制加剧了其委托－代理问题（李连华、胡雪君，2017）。鉴于内部严重的委托－代理问题是国有企业腐败的根本原因之一，有学者采用强度 DID 模型检验国有企业外部监督强化后企业代理成本的变化，得出了直接与间接代理成本在进行腐败治理后，均显著下降的结论（应千伟、杨善烨、张怡，2020）。有学者则进行了更为深入、细致的研究，考虑腐败暴露概率和后果这两个深层次的变量，将"委托人－代理人－顾客"模型作为腐败生成逻辑的分析框架，运用收益－成本理论阐释了官员做出"腐还是不腐"决策前的理性选择过程（廖晓明、徐文锦，2021）。为了促进权力规范运行、优化委托－代理关系，基于国有粮食购销企业与政府形成的不完全信息动态博弈，应着力改善国有粮食购销企业的监督约束制度与激励机制（罗松远，2009）。

（五）系统性腐败

具有代表性的学者运用"结构－过程"分析框架指出，公权力授予、运行和监管的制度性短板是导致系统性腐败现象的根源，并阐释了系统性腐败所具有的显著嵌入性和组织性特征，以其构成要件和基本内涵为逻辑起点，厘清了确定共谋对象、渗透、扩散和形成同盟四个阶段的系统性腐败动态生成过程（王尘子，2021）。粮食购销领域腐败与系统性腐败存在一定程度的交叉、重叠，因此谙熟系统性腐败的特性，有助于粮食购销领域腐败的研究。

综上所述，目前学界对诸如我国粮食政策变迁历史考察和国有企业腐败等研究已颇为深入，且论证思路、方法深具启发性，值得本文借鉴。粮食购销领域具有如下特点：首先，专业性较强且相对封闭，外界难以介入，信息不对称严重，问题隐藏深，调查处置难；其次，涉粮公共权力资源配置链条较长，呈现多层级架构；再次，一定程度上存在职责交叉、监管合力不足问题；最后，涉粮补贴资金丰厚、利益关系复杂，涉粮行为主体往往面对较大利益诱惑。鉴于上述特点，委托-代理理论以及廉政学界普遍认可的"公共权力-腐败动机-腐败机会-腐败行为"分析框架，均具有适用性。本文认为，仅运用前述某一理论或者分析框架，恐难以系统性阐释该领域的腐败问题，如将二者有机结合，剖析该问题或许具有更为深刻的理论和现实意义。分析该领域腐败现象，须密切联系我国现阶段粮食购销体制改革不断深化的实际，细致考察涉粮体制、机制、制度的实践样态等，由简单向复杂递进、推演。故本文拟从典型案例入手，探求该领域腐败的特征，而后采用委托-代理理论与"公共权力-腐败动机-腐败机会-腐败行为"分析框架，并结合涉粮制度环境与贪腐内心起因等，对该领域腐败的发生机理加以阐释，最后提出相应治理对策。

三 案例选取

本文选取 2021 年 11 月 30 日至 2022 年 5 月 31 日，中央纪委国家监委网站中"群众身边腐败和不正之风问题"专栏[①]等公布的粮食购销领域

[①] "群众身边腐败和不正之风"专栏，中央纪委国家监委网站，https://www.ccdi.gov.cn/jdjbnew/fbhbzzf/，最后访问日期：2022 年 9 月 3 日。

腐败典型案例，保证了数据的权威性和可信度，案例共计122起。笔者考虑到部分案例所提供的有效信息较少，并未披露腐败细节，于是对案例进行整理和筛选，形成了由保留的103起案例组成的数据集，并以此为研究素材。该数据集包含主体职务信息、腐败手段、涉腐环节、处理结果等重要内容。

四 案例检视：粮食购销领域腐败的特征

基于对典型案例的梳理及分析，本文发现粮食购销领域腐败呈现以下五个方面的特征。

（一）国有粮食企业频发

首先，从涉腐单位总体情况来看，国有粮食企业的数量占涉腐单位总数的72.17%（见表1），是腐败的"高发区""重灾区"，而粮食行政管理部门、国有粮食事业单位和私营粮食企业的数量占比均相对较小。因此，该领域腐败治理重心应向国有粮食企业倾斜，本文亦对国有粮食企业腐败治理研究有所侧重。其次，从腐败行为主体的数量来看，典型案例共涉及122人，其中党员所占比例较高。最后，从腐败行为主体的职务分布状况来看，不同岗位均有所涉及，既有粮食企业董事长等单位"一把手"，又有会计等关键岗位，还有基层普通员工。其中，单位"一把手"的占比较高，为43.44%，表明"一把手"监督难问题仍有待进一步解决。

表1 涉腐单位类型和数量

单位：家，%

类型	数量	占比
国有粮食企业	83	72.17
粮食行政管理部门	14	12.17
国有粮食事业单位	12	10.43
私营粮食企业	5	4.35
其他单位	1	0.87

（二）手段隐蔽多元

在严峻复杂的反腐败斗争形势下，涉粮腐败手段由于专业化程度较高且经过腐败行为主体"精雕细琢"，不断翻新升级，富有隐蔽性。本文先对典型案例"靠粮吃粮"手法等在宏观上进行类型化梳理，勾勒出大致轮廓，然后再以此为基础，从微观上列举并详述具体的涉粮腐败手段。笔者在常见违纪违法类型的基础上，充分考虑该领域实际情况，对案例涉粮腐败行为类型做出相应界分，依次为截留侵吞、骗取套取、违规私分、吃拿卡要、挪用公款、违规经商、失职渎职、优亲厚友等。其中，吃拿卡要、失职渎职、骗取套取和截留侵吞较为频发（见图1）。

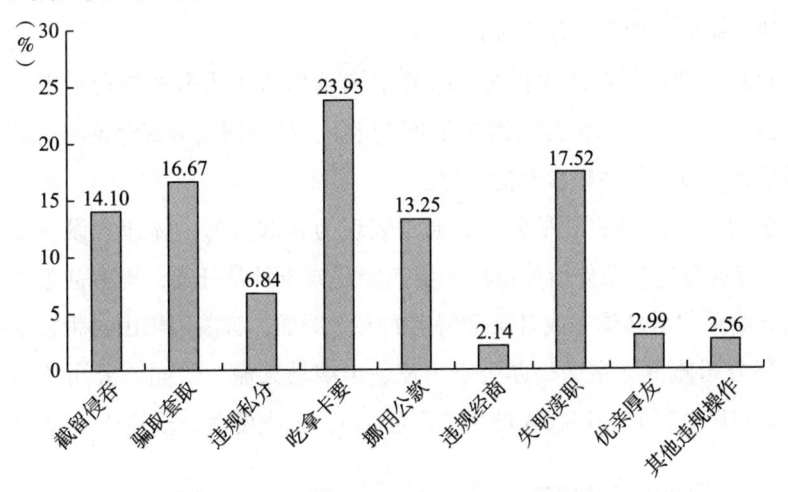

图1 案例涉粮腐败行为类型及占比情况

首先，吃拿卡要在粮食购销领域腐败中最为常见，占比为23.93%，其通常表现为腐败行为主体利用职务便利，在粮食购销、仓储设施建设、收储库资格审批以及资金拨付等方面为他人谋取利益，索取或者收受财物。另外，腐败行为主体利用农民等售粮者在粮食收购中处于弱势地位甚至无话语权的条件，对粮食压级压价，将本应归属于售粮者的该部分价差利益予以盘剥，系令人深恶痛绝的"坑农粮"，是老百姓身边的隐性腐败现象，应当坚决予以遏制，笔者亦将其归入吃拿卡要类型。例如，普洱市西盟县粮食购销公司原经理周某华在收购储备粮时，以粮食水分、杂质超标为由，克扣、私吞供应商粮食销售款3.9万元。①

其次，失职渎职的占比为17.52%，其通常表现为违规决策、失职失责或者滥用职权等。例如，原丽江市古城区粮油收储公司经理、丽江市军粮供应站站长和某建，在未经上级审批和委托评估的情况下，擅自决定将其管理的游客集散中心项目国有资产以低价处置，致使国有资产损失1509.19万元。②

再次，骗取套取的占比为16.67%，其主要表现为利用将商品粮伪装成托市粮进行交易等的"转圈粮"，签订虚假粮食购销合同或者伪造出入库单据等制造粮食交易、轮换假象的"空气粮"，抑或虚增粮食损耗的"损耗粮"等手段，骗取套取国家粮食补贴资金。

最后，截留侵吞的占比为14.10%，其通常表现为截留粮食销售款不入账、截留上级下发的粮食购销储存补贴资金、私自倒卖国家储备粮、高卖低买赚取差价以及侵吞粮食升溢款等。

值得注意的是违规私分，其通常表现为腐败行为主体违规设立"小金库"，将资金违规私分给单位用于生产经营或者日常开支，更有甚者直接将款项分给单位全体员工或者某些特定的人。例如，玉溪市峨山县粮食购销有限责任公司监事会主席、办公室主任、出纳马某丽，伙同该公司总经理等人，通过账外保管公司收入设立"小金库"，多次侵吞公款共计80万元。③

（三）遍及诸关键环节

典型案例涉粮腐败遍及收购和储存等一系列粮食购销关键环节（见图2）。发生于收购环节的腐败案件的占比为33.86%，主要表现为采用伪造粮食收购手续、少扣水分杂质、虚增粮食收购数量、以次充好、压低粮食收购

---

① 《云南通报8起粮食购销领域腐败问题典型案例》，中央纪委国家监委网站，https://www.ccdi.gov.cn/yaowenn/202112/t20211223_160104.html，最后访问日期：2022年9月3日。
② 《云南通报5起粮食购销领域腐败问题典型案例》，中央纪委国家监委网站，https://www.ccdi.gov.cn/yaowenn/202204/t20220425_188654.html，最后访问日期：2022年9月5日。
③ 《云南通报5起粮食购销领域腐败问题典型案例》，中央纪委国家监委网站，https://www.ccdi.gov.cn/jdjbnew/fbhbzzf/202204/t20220428_189515.html，最后访问日期：2022年9月5日。

价款、虚增运输装卸费等手段，骗取收购资金补贴或者违规报销；21.26%的腐败案件发生于储存环节，多表现为通过虚增保管费用、虚增粮食水分含量或者霉变率等方式变相骗取国家补贴资金，抑或在仓储设备设施租赁等方面进行权力寻租，以及擅自动用、盗卖政府储备粮；34.65%的腐败案件发生于销售环节，多表现为通过虚构交易合同、盗卖升溢粮等方式侵吞粮食销售款，或者将宜存粮食作为不宜存定向销售，以及空进空出、虚报损耗；10.24%的腐败案件发生于轮换环节，主要表现为提前或者超期轮换、未轮报轮和一粮两顶等。此外，资产运营和工程项目建设均为涉腐风险点位，其中工程项目建设方面的廉洁风险较为显著，表现为违规审批工程项目、支付工程款或者插手项目招投标等。例如，湖北省粮食局原党组成员、副局长费某平，在负责粮库监测建设项目招标工作期间，通过为某公司量身定制招标条件、更改评分标准、要求评委降低其他公司评分等方式，为其中标提供帮助。[①]

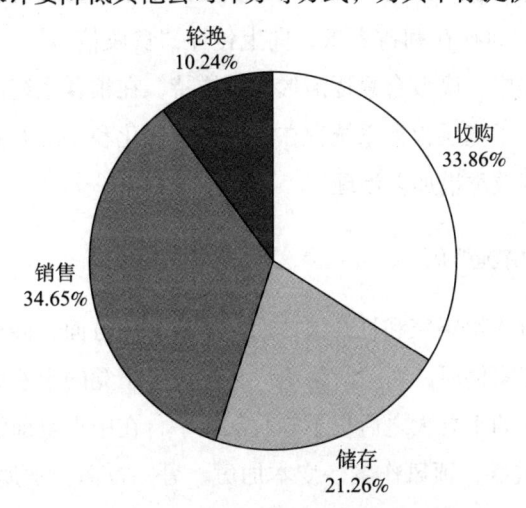

图2 粮食购销各关键环节腐败分布状况

（四）窝案易发多发

窝案具有群体性和团伙性特点，关系复杂，案情交叉，查办难度较大，

---

① 《中央纪委国家监委公开通报十起粮食购销领域违纪违法典型案例》，中央纪委国家监委网站，https://www.ccdi.gov.cn/jdjbnew/jdjbyw/202203/t20220330_183134.html，最后访问日期：2022年9月13日。

社会影响恶劣。粮食系统腐败分子易基于共同的利益诉求，捆绑成为紧密的利益共同体，合谋作案、成伙作势，进而引发窝案。权力过度集中是诱发窝案的关键因素。一些基层粮食单位"一把手"权力过大且腐败成本过低，可能会利用自身职务便利谋取私利，同时也易将其他工作人员带上腐败歧路和不归路。滁州市琅琊区粮食系统贪腐窝案①就是一个典型例证。滁州市琅琊区原粮食局局长何某山等搭建隐秘的利益输送链条，相互勾结捆绑、沆瀣一气，在粮食购销、工程项目建设等方面贪污、挪用公款和收受贿赂。其中，何某山利用职务之便大搞权钱交易，收取粮食局下属企业负责人的现金等财物，在日常工作、人事调动和工程承揽等方面对其给予关照。②该粮食系统贪腐窝案腐败合意的达成、发展及维持，主要由以下两方面因素推动。一方面，粮食行政管理部门主要负责人凭借手中的权力主动向下属企业寻租；另一方面，粮食行政管理部门下辖企业的负责人基于压力或者在职务升迁、工程项目建设等方面存在利益需求，向上传递"贪腐信号"。在"贪腐信号"的不断交互过程中，腐败合意逐渐形成并维持，在粮食系统内部产生恶性循环。该案件暴露了基层粮食系统存在管理体制僵化和缺乏有效监管等诸多问题，亟待采取有效举措加以治理。

（五）惩处措施严厉

涉粮腐败行为给国家和社会造成恶劣影响。一方面，涉粮腐败分子不收敛不收手。典型案例所涉腐败行为绝大多数发生于党的十八大以后，某些腐败分子甚至在党的十九大之后仍不知收敛收手，在中央空前强硬的反腐力度下，依然不知敬畏、顶风作案、变本加厉。另一方面，贪腐"积少成多"。粮食轮换周期长，加之该领域专业性较强且相对封闭，涉粮腐败难以被外界察觉，"潜伏期"较长，个别腐败分子从小贪小腐"日积月累"，最终演变为巨贪巨腐，成为危害国家和社会的"毒瘤"。

---

① 《安徽通报七起粮食购销领域违纪违法案例》，中央纪委国家监委网站，https://www.ccdi.gov.cn/yaowenn/202112/t20211221_159894.html，最后访问日期：2022年9月13日。
② 参见何某山受贿案，安徽省滁州市琅琊区人民法院（2014）琅刑初字第00105号刑事判决书。

从典型案例来看，盗卖储备粮、以次充好等现象较为普遍，一些地方粮食储备库竟然出现了亏库、空库现象。例如，鞍山市粮食集团原副总经理哈某，在担任鞍山市建国粮库党委书记、董事长期间，未经有关部门批准，在粮库的市储豆油轮换计划外，擅自动用剩余市储库存中的363.14吨豆油对外进行出售，以致市储豆油亏空。① 试想，如果发生自然灾害等突发事件，粮食等物资供应短缺、亏库甚至空库的后果将是灾难性的。

"严"是中国共产党的内在禀赋与独特优势。给予涉粮腐败分子严厉惩处，坚持了当严则严、过罚相称，有利于持续释放中国共产党严厉整治涉粮腐败的强烈信号，强化警示震慑效应。从案件处理结果来看（见表2）：首先，党纪处分有93人次，占处理总人次的37.05%，该种惩罚措施运用最广泛，其中开除党籍人次占党纪处分总人次的89.25%，充分彰显了中国共产党推进粮食购销领域党风廉政建设、打击涉粮腐败的坚定政治决心和强大定力；其次，组织处理有12人次，占处理总人次的4.78%；再次，政务处分有54人次，占处理总人次的21.51%，其中开除公职人次占政务处分总人次的87.04%，表明了中国共产党坚决清除害群之马、净化粮食系统的态度；最后，刑事处罚有37人次，占处理总人次的14.74%，其中被判处10年以上有期徒刑的占刑事处罚总人次的35.14%。

表2 案件处理结果

处理类型	人次
党纪处分	93
组织处理	12
政务处分	54
移送司法机关	55
刑事处罚	37

---

① 《辽宁通报8起粮食购销领域腐败问题典型案例》，中央纪委国家监委网站，https://www.ccdi.gov.cn/jdjbnew/fbhbzzf/202203/t20220330_183065.html，最后访问日期：2022年9月22日。

五 进阶探讨：粮食购销领域腐败发生机理阐释

涉粮公共权力、腐败动机和腐败机会处于多层级委托-代理关系架构之中，是粮食购销领域腐败得以发生的必备要件，三者相互影响，共同决定涉粮腐败行为的实施（见图3）。当前粮食购销体制仍不健全，多层级委托-代理下的涉粮公共权力可能会发生垄断、异化。行为主体在进行成本-收益分析后计划实施腐败行为，涉粮腐败动机就此生成。涉粮制度漏洞和监管、监督不力则为行为主体提供了腐败机会。在前述三要件齐备和共同作用下，腐败得以发生。此外，"腐败亚文化"对粮食购销领域的侵蚀和冲击，对腐败行为的实施起到催化作用。

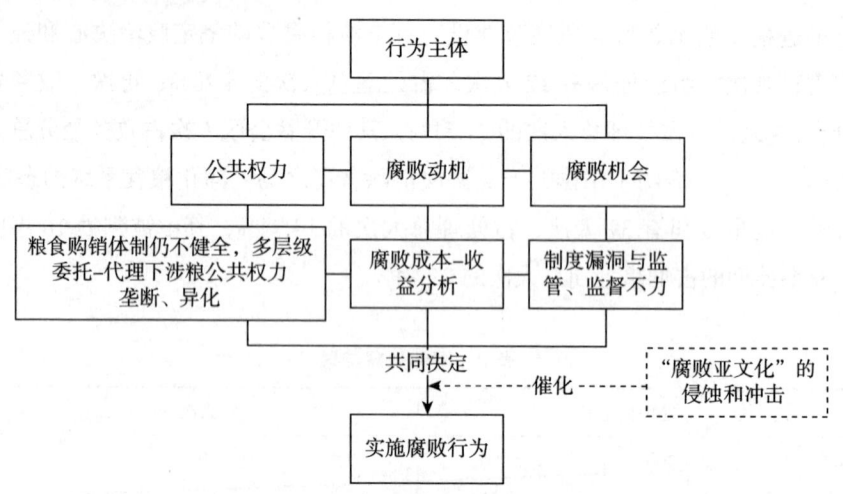

图3 粮食购销领域腐败发生机理

（一）涉粮公共权力运行失序

1. 粮食购销体制仍不健全

粮食购销涉及的环节多、链条长，而当前粮食行政管理部门与发改等部门合并与分设共存，管理体制混乱，以致行政管理、行业指导作用未能得到充分发挥。由于缺乏科学的部署统筹，目前粮食、财政和市场监管等部门分口管理效果欠佳，未形成齐抓共管的良好局面，阻碍储备粮安全管理机制应有效应的释放。

政企不分现象依旧存在。1994年5月9日公布施行的《国务院关于深化粮食购销体制改革的通知》载明,"各级政府必须有相应部门承担粮食行政管理职能,要精简机构,政企分开,提高效率"。有学者主张,我国粮食购销体制于2014年进入"以克服粮食结构性过剩为导向的供给侧改革阶段"(钱煜昊、曹宝明、武舜臣,2019)。但时至今日,一些地方的改革依旧迟滞,粮食行政管理部门和国有粮食企业不分家,用行政命令代替企业的自主经营权。这难以适应粮食购销市场化需求,与市场经济规律相悖,严重破坏了公平竞争的市场环境,带来了机制运行不灵活、人员相对固化冗余、经营决策效率低和经济效益低下等诸多问题。

某些国有粮食企业职能混同、界限不明。在政策性职能与经营性职能"双肩挑"模式下,国有粮食企业既应肩负政策性粮食储备重任,又应致力于推进粮食购销市场化。但某些地方储备粮承储企业的储备运营业务,在人员、实物、账务、财务管理上与商业经营业务混合在一起,职责、分工模糊不清,账务、财务管理混乱,出现推诿扯皮等一系列问题,制约两项职能的高效履行。粮食托市收购政策的目的本是稳定粮价、维护种粮农民利益,但某些党员干部千方百计地利用该政策谋取私利、大发横财,采用伪造购销合同、虚增交易等方式骗取国家粮食政策性补贴。

2. 多层级委托－代理下涉粮公共权力垄断、异化

首先,在权力关系方面,多层级委托－代理链条中,全体公民是终极委托人,处于链条末端的各代理人具体行使公共权力,决定权力的最终行使效果(见图4)。需要说明的是,由于中储粮实行"集团公司—分公司—直属库"的三级架构垂直管理,其自身派生出一支独立的委托－代理链条。其次,在权力属性方面,除粮食行政管理部门职权与国有粮食企事业单位职能所具有的公共属性外,随着我国粮食流通体制改革逐渐深化,国有粮食企业已经从以往单纯的国家粮食政策性任务执行者转变为独立的经济实体。代理人既行使公共决策权、维护公共利益,又追求自身利益的最大化,其公共权力兼具经济权利的属性。最后,在权力运行方面,代理人受委托行使公共权力,存在权力滥用的风险。"权力容易腐败,绝对权力绝对腐败。"(阿克顿,

2001：342）粮食购销领域本就相对封闭，加之一些地方基层党务、政务和财务的公开未能有效开展，群众监督举报也因信息不对称而流于形式，因此产生信息交流"梗阻"，极大地损害了群众利益，加剧了该领域的廉洁风险。处于委托－代理链条末端的代理人，可能会凭借自身在粮食购销领域的专业优势，利用信息不对称等条件垄断公共权力，造成委托－代理关系失灵、公共权力异化，进而滋生涉粮腐败。

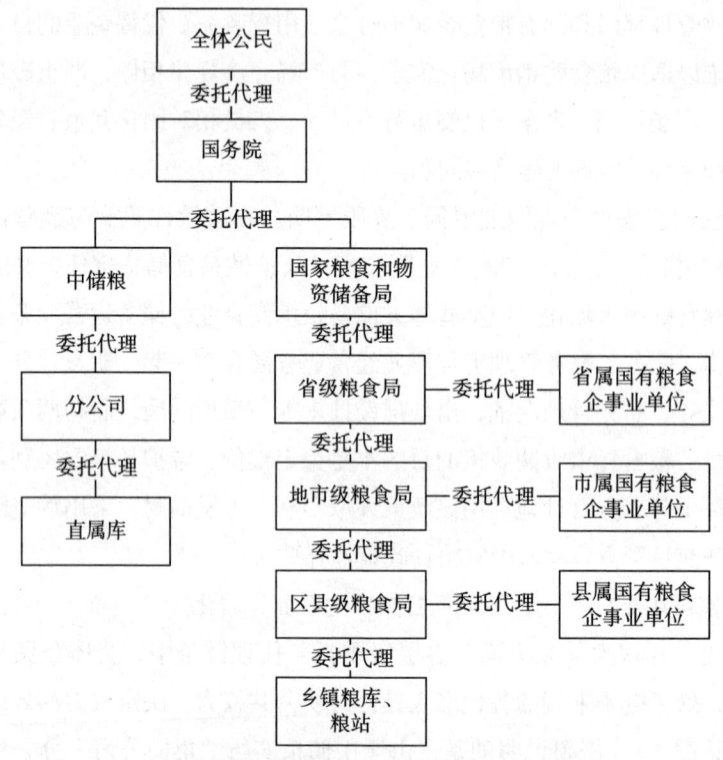

图4 粮食购销领域公共权力委托－代理关系

资料来源：罗松远，2009。

（二）基于成本－收益分析的涉粮腐败动机

1. 利益冲突下代理人的逐利心理

基于理性经济人假设的前提，任何人都兼具理性和逐利性的二维特征，委托人和代理人在决策行动前都会进行成本－收益分析，追求自身利益最大化。但代理人并非公共利益的天然维护者，其实际上扮演双重角色：一是公共利益代表，二是利益个体。代理人在管理和决策过程中，不可避免地会受到个人利益的影响。其在执行国家粮食政策性任务、维护社会公共利益的同时，也在积极寻求自身经济利益的满足。在所有权与经营权分离的条件下，具体负责经营管理的代理人并不对其决策后果承担完全责任，当公共利益与私人利益无法达成一致时，受机会主义和侥幸心理的驱使，其可能会利用信息优势地位谋取私人利益，根据自身利益最大化进行公共决策而牺牲委托人的利益。

2. 代理人或萌生涉粮腐败动机

代理人在面临是否利用公权谋取私利这一问题时，往往会运用理性思维审慎考量。一方面，预估实施腐败行为的风险和腐败行径暴露后所付出的经济成本、道德损失等；另一方面，估算腐败行为顺利实施为其带来的收益。一般情况下，当预期腐败成本远大于腐败收益时，代理人所能得到的是显著负收益，腐败心理被抑制，其往往选择不实施腐败行为。反之，其可能会选择冒险，实施腐败行为，追求自身利益的最大化。在预期腐败成本与腐败收益之间差异不显著的情况下，代理人的具体决策路径，以及如何实现涉粮腐败发生概率的精准量化等问题，仍有待深入研究。篇幅有限，本文在此处不做详细阐述。值得注意的是，"腐败行为的最终生成取决于个人利益驱动力与腐败成本 - 收益权衡结果之间的博弈"（廖晓明、徐文锦，2021）。代理人可能为满足基本生活需要而受个人利益驱动，即便腐败成本远大于腐败收益时也会选择铤而走险，实施腐败行为。国家粮食和物资储备局发布的有关统计数据显示，目前仍有大面积国有粮食企业处于亏损状态，企业的持续经营有赖于国家财政补贴资金加以维系。一些员工的薪资福利待遇水平较低，工作积极性不高，"廉动力"不足，易动"靠粮吃粮"的"歪心思"。另外，个别领导干部的责任和担当意识淡薄，在面对困难挑战时选择"躺平"，从而引发庸政懒政怠政的"软腐败"现象。

（三）涉粮制度疏漏与监管、监督不力而留有腐败机会

1. 涉粮制度存在漏洞和短板

在制度供给方面，地方储备粮管理的规范供给明显不足。自2003年

8月15日起施行的《中央储备粮管理条例》，对中央储备粮的计划、储存、动用和监督检查等事项做出了一系列完备规定。然而，相比之下，目前地方储备粮管理制度有待进一步健全。尽管多地相继制定出台了地方储备粮管理办法等规范性文件，但相关立法质量参差不齐，规范供给结构性失衡问题较为严重，为粮仓"硕鼠"伺机钻制度空子"靠粮吃粮"而实施暗箱操作、欺上瞒下等行为埋下了祸根。

在制度执行方面，某些粮食单位内部管理"宽松软"，制度"软执行"。首先，内部控制制度流于形式，会计和出纳实为一人担任，财务管理混乱。其次，党风廉政建设制度形同虚设，民主生活会和组织生活会只是走走过场、搞搞样子。再次，单位"一把手"话语权过大，内部管理搞"家长制"，挤压民主决策的生存空间，管理决策未能有效形成书面记录以留存备查，粮食安全党政同责、"三重一大"、重大事项请示报告和"一把手"末位表态等制度未能有效落实。最后，地方基层一些党员干部在执行制度时，胡乱打折扣、做选择、搞变通，甚至出现了"上面九级风浪、下面纹丝不动"的尴尬局面。

2. 涉粮监管、监督虚化弱化

粮食系统内部监管疲软。一方面，某些地方的粮食行政管理部门监管责任缺失、基层粮库粮站末端责任衰减，上对下指导监管力度偏弱；另一方面，粮食系统内部虽有相关监管人员，但由于人力物力有限、开展工作面临阻力重重等因素，重要岗位、关键人员和资金未能得到有效监管，甚至可能出现某些内部人员合谋私分、侵吞单位财产等情形。例如，菏泽市成武县粮食局九女集镇粮所原负责人李某亮，伙同两名粮所员工将粮所粮仓出租给他人，收取租金并予以私分。①

粮食系统外部监管力量分散，未形成强大合力。根据《粮食流通管理条例》第七条第二款的规定，国有粮食企业受卫生健康等多个部门的监管。然而，目前多头监管在实际运行过程中易出现多个监管主体各自为政以及相互掣肘等问题，监管合力不足。

外部监督力量难以介入该领域。尤其是中央储备粮垂直管理的体制安

---

① 《山东通报5起粮食购销领域腐败问题》，中央纪委国家监委网站，https://www.ccdi.gov.cn/jdjbnew/fbhbzzf/202203/t20220329_182626.html，最后访问日期：2022年9月24日。

排，形成了一套垂直控制且独立的中央储备粮管理系统，中央储备粮直属库不受地方粮食局等部门监管，社会层面的监督介入更难。而且多地业已实行省级储备粮垂直管理体制，这在一定程度上加剧了外部监督力量介入粮食购销领域的难度。

（四）"腐败亚文化"的侵蚀和冲击

"腐败亚文化"是指在腐败群体内部乃至全社会流行的各种引发腐败的潜规则、腐朽思想等，"包含着对腐败现象一定程度的容忍、羡慕甚至仿效的潜意识"（王向明，2016）。它是腐败的社会思想基础，具有极强的渗透性、侵蚀性和扩散性。其对社会公众的影响是潜移默化的，会让公众对腐败行为失去警觉，陷入腐败"闻起来臭吃起来香"的内心困境。近年来，粮食购销领域受到"腐败亚文化"的侵蚀和冲击，一些党员干部产生"离心力"，背离粮食人"守住管好天下粮仓"的初心和"宁流千滴汗，不坏一粒粮"的使命，在贪婪、攀比以及侥幸心理的驱使下，挖空心思大搞权权、权钱、权色交易，发展利益输送链条和裙带关系，肆意触碰中央八项规定精神这根"红线"，游离在全面从严治党的"边缘地带"，蚕食"政治生态林"。

六 实践路向：粮食购销领域腐败治理策略谋划

如前所述，粮食购销领域腐败呈现手段隐蔽多元等特征，尽管该领域的专项整治工作正有条不紊地开展，且已取得阶段性成效，但减存遏增任务依旧繁重，反腐败形势依然严峻复杂。因此，有必要根据该领域的腐败特征及发生机理，谋划治理策略，提升措施的科学性、针对性，精准靶向、直达病灶，铲除涉粮腐败滋生蔓延的土壤，从而修复、净化政治生态和维护粮食安全。

（一）促廉：规范约束涉粮公共权力

深入健全完善粮食购销体制，实现粮食购销领域公共权力资源的优化配置。各级粮食行政管理部门应当依法加强对粮食市场主体的指导、监督、检查和服务，但不得直接插手干预其日常经营活动，严格实行政企分开，真正实现政府粮食行政管理职能与粮食企业经营相分离，防止涉粮公共权力恣意、专断与滥用，搞活粮食流通市场，激发国有粮食企业发展内驱力。

深度推进国有粮食企业治理结构优化与职能转型升级。国有粮食企业应当坚持党的领导与公司治理有机统一，将党组织内嵌到公司治理结构中去，把党的领导融贯于公司治理全过程各环节；建立健全与业务专业化、精细化发展相匹配的组织架构和运行机制，突破传统思维定式，摆脱"等靠要"路径依赖，自主经营、自负盈亏、自我管理、自我发展，变"靠政策吃饭"为"挣钱吃饭"，稳步推进公司制改革，优化法人治理结构，培育和完善具有中国特色的现代化粮食企业制度；改革和创新市场化经营机制，严格执行"两分离""四分开"，全方位优化资源配置，促进企业发展提质增效，充分发挥在粮食流通中的主渠道作用；严格执行决策前置审核，提升决策的科学化、规范化水平；学习先进管理经验，探索多元化经营路子，在聚焦主责主业的基础上，适当拓宽经营渠道，增强企业发展活力和效益。

（二）养廉：抑制涉粮贪腐动机

构建约束与廉洁激励机制。第一，增加腐败成本。一方面，秉持对腐败"零容忍"的一贯态度，旗帜鲜明、立场坚定、决心不变、力度不减，持续释放强大震慑效应，将压力与责任层层传导至地方基层，对粮食购销领域的腐败分子严肃查处、绝不姑息，增加惩罚成本；另一方面，完善代理人市场竞争准入机制，凸显代理人信誉对其获取职位的重要性，增加机会成本。第二，形成廉洁正向激励，优化委托－代理链条。在名誉、社会地位和薪酬等方面，给予恪守廉洁的代理人一定奖励，激发其"廉动力"，使其自觉从内心深处抵制腐败、不想腐败，推动廉洁由被动形态转化为主动形态；可以对具有廉洁先进事迹的代理人进行宣传表彰，营造"尊廉、敬廉、爱廉"的良好社会氛围，增强廉洁的正效应；精简机构和人员，推行定岗定员、竞争上岗制度，实行全员绩效考核管理，建立科学的晋升机制，以更好地发挥员工的积极性、主动性和创造力，提升工作效率。

强化警示教育。通过召开警示教育大会以及开展廉政谈心谈话等活动，讲解我们党"惩前毖后、治病救人"的一贯方针和相关政策策略,防微杜渐,用"身边事"警醒"身边人",推动警事教育入脑入心。

充分发挥廉洁文化柔性沁润作用。涵养廉洁文化,不断汲取中华优秀传统文化的智慧和营养,发扬革命文化和传承社会主义先进文化的优良廉洁基因,深入挖掘和充分利用粮食购销领域廉洁文化资源。加大廉洁文化建设、宣传力度,弘扬崇廉拒腐的社会风尚,以润物细无声的方式,渗透到广大党员干部工作和生活的方方面面,使其在潜移默化中将廉洁自律内化于心、外化于行。常态化开展廉洁教育,推动廉洁文化进单位、进粮仓、进内心,实现以文化人、以廉润心。

粮食购销领域党员干部,应努力增强"粒粒皆辛苦"的爱粮节粮护粮意识,以及拒腐防变"免疫力""向心力",强化自身党性修养、思想觉悟,自觉抵制"腐败亚文化"的侵蚀和冲击,树立正确的金钱观、价值观和权力观,厚植"三农"情怀,始终牢记粮食人的初心使命,涵养正气,从思想上固本培元,忆苦思甜、居安思危,系紧"风纪扣",清白做人、干净做事,永葆清正廉洁的政治本色,守护粮食安全。

(三)固廉:织密织牢涉粮制度笼子

全领域全链条打造涉粮制度优势。"制度问题更带有根本性、全局性、稳定性、长期性"(中共中央纪律检查委员会、中共中央文献研究室,2015:124),应全方位优化粮食购销领域规范供给,加强制度建设,为粮食工作的有效开展奠定坚实制度基础,并着力推动制度付诸刚性执行,构建完整的制度运行闭环,保证制度的全过程高效运转,将制度优势更好地转化为腐败治理效能。

首先,建立健全地方储备粮管理制度,提升立法质量,保障储备粮的安全储藏、推陈储新,促进中央储备粮与地方储备粮管理相互协调、优势互补。其次,推进粮食单位建章立制及制度的刚性执行。营造良好的内部环境,健全完善内部控制制度,保证政策性粮食收购资金封闭运行、专款专用,落实粮食经营台账制度,确保记录的真实性、准确性和完整性,防止会计信息失真,保障资产安全,推动内部管理从"宽松软"真正走向"严紧实"；强化党的领导，落实粮食安全党政同责制度，扛稳扛牢粮食安全政治责任，扎实推进党风廉政建设和反腐败斗争；严格执行重大事项请示报告制度，推进决策民主化，构建权力运行清单制度，特别是"一把手"权力清单，明确权力边界，防止擅权妄为，提升粮食收购、储存、销售和轮换等环节决策的科学化、专业化水平；严格落实党务、政务、财务公开制度，提高信息的社会能见度，扩大公众参与，打通信息交流"梗阻"。最后，巩固落实典型案例通报制度。通报所报出的痛处和短处，能够起到良好的警示教育和督促作用。坚持以案为鉴、以案促改、以案促治，可以促进各地区、各部门、各单位强化责任担当，积极采取行动，增强工作的执行力和推动力。

（四）护廉：全周期运行涉粮监管与监督

"全周期管理"作为一种现代化、科学化的管理理念，注重全周期统筹以及全过程整合系统要素和运行机制等多个维度。应坚持"用'全周期管理'方式，推动各项措施在政策取向上相互配合、在实施过程中相互促进、在工作成效上相得益彰"（习近平，2022b）。

推动监管方式集成创新。粮食行政管理部门可以将"全周期管理"方式灵活运用于粮食购销领域，充分发挥技防的优势，利用大数据与人工智能技术为监管工作充分赋能，探索并建立可查询、可回溯、可共享，集数据分析运用和风险防控等功能于一体的粮食大数据智慧云监管平台，实现对粮食库存、权力运行轨迹和状况等的全过程动态监管。由粮食行政管理部门负责平台的日常维护，并赋予其他监管主体数据共同编辑权。运用平台，将大数据监管贯穿粮食购销的各个环节，打通粮食交易、物流等信息渠道，促进资源共享与高效协同，逐步拓宽信息交流互鉴范围，增强工作实效。在符合有关保密规定的前提下，监管平台的相关数据可供科研机构从事理论研究。科研机构在具备一定样本规模粮食数据的情况下，可采用数据比对、汇总分析，加强对涉粮腐败手段新特征等的分析研究，并形成大样本分析报告，为监管工作提供可资借鉴的意见和建议，提高腐败行为被发现、被查处的概率，进一步提高工作的科学性和专业性。相较于传统监管方式，监管平台可更及时、精准地识别亏库空库、账实不符等风险，而后对相关风险展开评估，提出科学应对的最优方案，从而进一步提升监管工作的科学性、系统性、综合性。

建立健全粮食购销有人抓、有人管、分工协作、共同治理的监管体制机制。促进粮食系统内部与外部监管联动贯通、协调衔接，同时同向综合发力。一方面，强化粮食行政管理部门对下属企事业单位的指导、监管，廓清、明晰监管人员的职责权限，深入开展自查自纠，形成内部监管长效机制。另一方面，压紧、压实各地党委政府、业务主管监管部门的责任，加强统筹谋划和工作部署，深化涉粮监管执法体制改革，有效构建协同联动监管新格局。组织召开涉粮监管工作联席会议，攥指成拳，增强监管合力，切实推动监管常态化、长效化。由发改部门负责牵头，会同国资、财政和市场监管等部门，成立监管联合执法小组，并选优配强执法检查力量。执法小组应将定期检查与不定期检查结合，采取机动灵活的方式开展工作，如预先不告知被监管单位时间、地点等，实施突击检查，增加监管工作的不可预见性，从而提升工作质效。

持续深入开展粮食购销领域腐败问题专项整治工作，坚持系统查、查系统的方式，推动专项巡视巡察工作高效开展。坚持将政治监督摆在首位，强化对习近平总书记关于粮食安全重要讲话、重要指示批示精神，以及中央相关重大决策部署贯彻落实情况的监督检查，层层传导全面从严治党压力，集中力量、重点突破，着力压责纠偏，紧盯粮食收购、储存和销售等关键环节，聚焦业务主管监管部门重要岗位、国有粮食企业领导班子成员以及经营管理关键岗位的重点人员。受理群众举报、来信来访，听取群众意见和建议，调查走访涉粮重点地区、单位，全方位、多渠道获取问题线索，可以采取巡视巡察与审计监督相结合的方式，充分发挥"利剑"作用，以巡视巡察上下联动促进发现、分析和解决问题，督促落实整改要求，并有效开展"回头看"工作，与被巡视巡察涉粮单位同题共答、同频共振，坚持把发现问题、督促整改和推动治理有机贯通起来，着力写好巡视巡察"后半篇文章"。

积极发挥纪检监察机关的职能作用。纪检监察机关应当始终坚持严的主基调不动摇，把目标导向、问题导向和结果导向有机统一起来，精准运用监督执纪"四种形态",紧紧围绕"管权、管人、管粮、管钱"展开深挖彻查,抓住领导干部这个"关键少数",给涉粮公共权力戴上"紧箍",重点查处"坑农粮""转圈粮""空气粮""损耗粮"等"靠粮吃粮"腐败问题,将监督工作真正抓深、抓细、抓实,消除权力监督的"真空地带"。纪检监察机关应当用好、用足纪检监察建议,在依法惩治涉粮腐败行为的同时,深入剖析涉粮腐败问题背后可能存在的体制性障碍、机制性缺陷和制度性漏洞,依法向有关机关、单位发放纪检监察建议书,切实增强粮食购销领域腐败标本兼治的综合实效。

七 结语

尽管现阶段反腐败斗争已取得压倒性胜利,但我们务必保持头脑清醒,时刻牢记习近平总书记指出的"四个任重道远",深刻认识到粮食购销领域腐败与反腐败仍在激烈较量,矢志不渝地把该领域的反腐败斗争向纵深推进。根治该领域腐败顽疾,须充分运用我们党科学灵活的反腐倡廉政治智慧,既采取一般性的惩治举措,又采取契合该领域腐败特征的治理策略。着力提高一体推进"三不腐"的能力和水平,通过强化对该领域的全要素统筹、全流程管控、全方位监督,增强党风廉政建设和反腐败斗争的系统性、整体性、协同性,凝聚治理合力,不断提升该领域正风肃纪反腐工作质效,确保涉粮公共权力始终在法治轨道上运行,从而营造海晏河清的政治生态,稳住粮食安全"压舱石",维护社会和谐稳定大局。

参考文献

阿克顿,2001,《自由与权力——阿克顿勋爵论说文集》,侯健、范亚峰译,商务印书馆。

A.克鲁格,1988,《寻租社会的政治经济学》,刘丽明译,《经济社会体制比较》第5期。

曹宝明、刘婷、虞松波,2018,《中国粮食流通体制改革:目标、路径与重启》,《农业经济问题》第12期。

陈可雄,1994,《反腐败必须釜底抽薪——访著名经济学家吴敬琏教授》,《新华文摘》第1期。

杰瑞米·波普，2003，《制约腐败——建构国家廉政体系》，清华大学公共管理学院廉政研究室译，中国方正出版社。

柯炳生，1998，《粮食流通体制改革与市场体系建设》，《中国农村经济》第12期。

李连华、胡雪君，2017，《企业高管腐败的特征、原因及治理对策》，《财会月刊》第14期。

李全根，2009，《试论深化粮食流通体制改革的目标和途径》，《管理世界》第8期。

廖晓明、徐文锦，2021，《腐败治理：解释框架、逻辑基础与制度设计》，《上海行政学院学报》第3期。

罗松远，2009，《基于博弈的国有粮食购销企业委托-代理关系的优化》，《经济经纬》第4期。

钱煜昊、曹宝明、武舜臣，2019，《中国粮食购销体制演变历程分析（1949—2019）——基于制度变迁中的主体权责转移视角》，《中国农村观察》第4期。

塞缪尔·亨廷顿，1988，《变革社会中的政治秩序》，李盛平、杨玉生等译，华夏出版社。

王尘子，2021，《"结构-过程"视角下的系统性腐败生成机理研究》，《中共福建省委党校（福建行政学院）学报》第3期。

王沪宁，1990，《腐败与反腐败——当代国外腐败问题研究》，上海人民出版社。

王向明，2016，《反腐败理念需有重大突破》，《人民论坛》第10期。

习近平，2022a，《高举中国特色社会主义伟大旗帜 为全面建设社会主义现代化国家而团结奋斗——在中国共产党第二十次全国代表大会上的报告》，人民出版社。

习近平，2022b，《习近平在中共中央政治局第四十次集体学习时强调 提高一体推进"三不腐"能力和水平 全面打赢反腐败斗争攻坚战持久战》，《人民日报》6月19日，第1版。

徐细雄、刘星，2013，《放权改革、薪酬管制与企业高管腐败》，《管理世界》第3期。

徐细雄、谭瑾，2013，《制度环境、放权改革与国企高管腐败》，《经济体制改革》第2期。

言实，2022，《粮食购销领域腐败现象及惩治对策分析——以电视专题片〈零容忍〉中粮食购销领域腐败典型案例为例》，《粮食科技与经济》第1期。

应千伟、杨善烨、张怡，2020，《腐败治理与国有企业代理成本》，《中山大学学报》（社会科学版）第6期。

张维迎，2012，《博弈论与信息经济学》，格致出版社。

中共中央国务院，2022，《中共中央国务院关于做好二〇二二年全面推进乡村振兴重点工作的意见》，《人民日报》2月23日，第1版。

中共中央纪律检查委员会、中共中央文献研究室编,2015,《习近平关于党风廉政建设和反腐败斗争论述摘编》,中国方正出版社。

周洲、石奇,2017,《目标多重、内在矛盾与变革循环——基于中国粮食政策演进历程分析》,《农村经济》第6期。

Collier, M. W. 2002. "Explaining Corruption: An Institutional Choice Approach." *Crime Law and Social Change*, Vol.38, No.1.

Klitgaard, Robert .1988.*Controlling Corruption*.Berkeley: University of California Press.

侗族文化融入基层廉洁文化建设的实践与探索
——以黔东南苗族侗族自治州为例[*]

李昕玮[**]

摘　要：党的二十大进一步强调要坚定不移地推进全面从严治党。加强新时代廉洁文化建设是一体推进"不敢腐、不能腐、不想腐"的基础性工程，也是为全面推进乡村振兴战略、营造良好环境的重要抓手。在少数民族地区，如何将民族文化中的廉洁文化内涵同民族地区的廉洁文化建设有机融合是一个值得探讨的问题。黔东南苗族侗族自治州是侗族的主要聚居地，侗族传统文化保存得较为完整，侗族传统文化具有鲜明的二元性和自律性特征，它所蕴含的自律精神、契约精神等丰富的精神特质为在侗族地区进行廉洁文化建设提供了坚实的基础。近年来，黔东南苗族侗族自治州大力挖掘和弘扬黔东南侗族廉洁文化资源，充分运用民族文化形式承载廉洁文化内容，推动基层廉洁文化建设，为营造风清气正的廉洁生态进行了积极实践与探索。

关键词：廉洁文化；侗族；侗族文化

一　侗族文化融入基层廉洁文化建设的必要性

习近平总书记在党的二十大报告中指出，要"坚决打赢反腐败斗争攻坚战持久战。腐败是危害党的生命力和战斗力的最大毒瘤，反腐败是最彻底的自我革命。只要存在腐败问题产生的土壤和条件，反腐败斗争就一刻不能停，必须永远吹冲锋号。坚持不敢腐、不能腐、不想腐一体推进，同时发力、同向发力、综合发力"。做好党风廉政建设的坚实基础是要坚持不懈地

---

[*]　本文是贵州省纪委党风廉政建设和反腐败斗争重要问题调查研究课题成果。
[**]　作者简介：李昕玮，历史学博士，凯里学院马克思主义学院讲师，黔东南少数民族廉洁文化研究中心副秘书长，研究方向为政治学、廉政学。

用新时代中国特色社会主义思想凝心铸魂，廉洁文化建设成了营造党风廉政良好环境的重要环节。

廉政建设是中国共产党执政能力建设的重要环节，"廉政建设指的是中国共产党和中国国家机关在廉洁执政方面所进行的思想、政治和法制建设，要求各级干部特别是领导干部清正廉洁、勤政为民，严守法纪、艰苦朴素，不贪污受贿，不以权谋私，不铺张浪费等"（辞海编辑委员会，1999）。在廉政建设的内容中，廉洁文化建设具有重要地位，培育与塑造廉洁文化、营造风清气正的氛围、起到教育警示作用是廉洁文化建设的核心。中共中央办公厅印发的《关于加强新时代廉洁文化建设的意见》指出，"把加强廉洁文化建设作为一体推进不敢腐、不能腐、不想腐的基础性工作抓实抓好，为推进全面从严治党向纵深发展提供重要支撑"。作为中华文化的重要组成部分，少数民族文化所具有的丰富内涵和鲜活的生命力能为廉洁文化建设提供坚实的基础。

以苗族和侗族为主的黔东南少数民族在长期的历史发展进程中，形成了形式独特、内容丰富的精神文化，其包含了符合本民族发展规律和实际的艺术、准则、信仰、风俗和习惯等内容。而这些根植于民族文化的朴素的道德观念和行为准则，在黔东南少数民族的生活当中发挥着有形与无形的规范作用，具有强烈的道德引导与示警惩罚的效力。其中值得注意的是，黔东南侗族文化带有明显的基层自治、民主公开、遵守契约与发扬监督的内容。而这些民族文化内容同当代廉洁文化建设的价值目标一致，对廉政制度建设具有重要的参考价值（钟敬文，1996：45）。因此，应当充分挖掘与实现黔东南侗族廉洁文化传统在当今廉洁文化与廉政制度建设中的时代价值。

二 黔东南侗族文化资源及其主要特征

侗族具有丰富多彩的民族文化，侗族大歌等民间艺术和月也、行歌坐月等民俗风情多样。在长期的生产生活实践中，侗族形成了兼具二元性和自律性的文化特征，这对侗族人民的道德规范、侗族传统习惯法等产生了积极影响，同时形成了黔东南侗族地区廉洁文化资源的基础。

侗族主要分布在贵州、广西、湖南等省，历史久远。根据史书记载，侗族先民在秦朝时期被称为"黔中蛮"，汉代被称为"武陵蛮"或者"五溪蛮"，唐代时被称为"僚浒"，直到明代才被称为"峒人"或者"洞蛮"（《侗族简史》编写组，2008），这时候族称才逐渐固定下来。侗族属于古代骆越人的一支，大概在唐宋时期发展成一支独立民族。除此之外，还有部分侗族人祖籍在江西吉安一带，因躲避战乱等而迁徙至湖南、贵州、广西和湖北等几个省份交界地区定居下来。因此可以说，侗族文化是古代骆越人和汉族等兄弟民族文化融合的产物，蕴含了各个民族文化的优秀成分。

侗族民族文化丰富，包括侗族大歌等民间艺术、《珠郎娘美》等民间文学和以"款约"为代表的传统习惯法等丰富内容。在长期的历史发展进程中，侗族民族文化逐渐形成了天人合一、人格协调、集体至上、敬畏自然等文化内涵，也拥有了鼓楼建筑、大歌艺术、"款约"规定、节庆活动等丰富多样的文化载体。这使侗族的文化深深地根植于侗族人民的衣食住行当中，形成了具有侗族特点的个体行为规范、社会组织形式和族群道德规范。

（一）侗族的传统社会治理体系

侗族的传统社会治理体系极具特点，"寨老""款约"共同构成了社会治理的基石。"寨老"指的是在侗族村寨中由各房族推举数位德高望重的长者组成的、自发的自治组织，声望是寨老推选当中最重要的条件。而"款约"则是侗族特有的文化现象，"款约"的核心是"款文化"现象，由侗款组织、款民自我管理和"款约"内容共同构成。侗款组织是侗族社会治理体系的基本组织形式，兼具社会治理、军事、治安联防等多种作用，并且根据地域范围和涵盖的村寨数量、人口多寡分为大款联合、大款、小款。从古至今，侗款组织都不属于正式的官府治理体系，而是典型的民间自治组织。侗款组织内部通过的、在"款"内实施的习惯法体系被称为"款"，而被推举出来负责制定、执行和监督"款"落实的"德高望重者"则被称为"款首"。由此可见，侗族具有较为严密且符合生产生活实践要求的传统社会治理体系。应当注意的是，侗族"款约"具有成熟的层级结构，由多个大款共同盟誓参加的大款联合通过的款约被称为"法岩",各"款"行事基本都应遵循"法岩"内容。各个款组织内部订立的"款约"属于"禁款",而各个村寨内部订立的"款约"则属于"岩规"。每年的农历三月和九月,各个村寨和款组织内部都会举行"讲款"活动,这个活动的主要作用是带领款民重复熟悉款约内容,使款民在日常生产生活中严格遵守款约要求。

(二)侗族文化中的二元性及其影响

所谓二元性,指的是少数民族社会中出现的传统社会治理体系和官方社会治理体系并存的现象。在很长的历史时期内,直至清朝康熙元年实施改土归流以来,侗族地区长期处于大小土司的管辖之下,虽然侗族地区名义上归属于中央王朝统治,但实际上官府对大小事务的治理能力仍然较弱。清朝实行改土归流之后,虽然清政府派出官员以"流官"的形式治理侗族地区,但各侗族村寨依然以寨老等头面人物为主,奉"侗款"为尊,因此,中央王朝派出的官员们就必须同侗族村寨的首领和头面人物合作,尊重"侗款"等习惯法的地位和作用,这样才能实现对侗族地区的有效治理。在此基础上,侗族地区形成了传统社会治理体系和官方社会治理体系并行不悖的现象。作为侗族传统社会治理的主要体系,款组织直至20世纪50年代依然在侗族社会中发挥强大作用。在一定程度上说,官方社会治理体系也需要与侗族传统社会治理体系合作,以获得民众支持,官员有时也会根据侗族传统风俗有所"妥协"。比如,侗族曾长期盛行"姑舅转亲"的婚俗,而清朝的《大清律例》规定了禁止姑舅转亲。但是在侗族地区任职的地方官员则根据民俗,"因俗制宜",予以承认。同时,若"款首""寨老"等侗族社会精英认为"姑舅转亲"这一风俗需要被破除而进行移风易俗,地方官员则予以大力支持。史料记载,清朝道光和同治年间,镇远府和黎平府的知府都曾经发布"禁革"政令,限制"姑舅转亲"的行为和彩礼,而这种"禁革"政令也得到了侗族传统社会的认同,并以"款约"习惯法的形式得到施行。因此,在侗族的历史发展沿革中,官方社会治理体系和传统社会治理体系相互配合,成为历史上侗族地区能够在一定程度上保持安定局面的基础。同时,这种文化特性也使得侗族民众不会对官方社会治理体系产生激烈的抵触感。应当说，在官方社会治理体系和传统社会治理体系并存的情况下，中原政治文化中的廉洁理念对侗族文化的影响也日益深厚。

（三）侗族文化中的自律性及其影响

自律性主要指的是侗族文化重视人际关系中的"名声"和"颜面"。侗族生活区域的自然环境相对温和，生产方式以稻田种植为主，属于典型的稻作文化。这种环境决定了侗族人民性格温和，崇尚人与人之间、人与自然之间的和谐关系，并且重视互帮互助。因此，人际关系在侗族社会占有重要地位。侗族传统社会对违背"款约"、有违社会公序良俗的行为给予的道德谴责和惩罚是受惩罚者难以忍受的。在长期的传统熏陶下，侗族文化具有极强的自律性。在黔东南侗族地区流传的一则真实事件说明了侗族人民在面对"款约"的惩罚和道德规范的约束下可能会做出的甚至有些极端的行为。1933年，在一处名为独洞的侗寨中，一名叫作吴宏庙的年轻侗族歌手因一时糊涂偷窃了本寨人的财物，被扭送至鼓楼，按照"款约"，他所犯的偷窃罪行应当被处以死刑。寨老和本寨其他人共同商议，认为吴宏庙平时知"歌"达礼，只是因为一时糊涂犯下此种罪行，他又是初犯，因此一致同意处罚四十两白银，而本寨中还有人愿意替他支付此笔罚金。但吴宏庙认为，犯下偷窃大罪，是"犯了祖宗的规矩"，必须用死才能赎清自己的罪愆。于是他在唱了一首绝命歌后，按照款约规定，由他的亲族叔伯兄弟将他活埋。从这首绝命歌的歌词中，我们可以看出他的心境："好心的朋友劝我改恶从善另做人，他们凑足四十两白银为我把罪来洗刷。好心的朋友越劝我就越难受呀，我的心好像那蓝靛桶越冲泡越多，因为我的过错把亲戚朋友脸面全丢尽，有如一处塌方捣浑了一条河。因为我的过错把父母爹妈也得连累了，有如一支粪蛆使一口井的泉水不能喝。"（邓敏文、吴浩，1995：15）这个例子虽然极端，但是从中能够看出侗族人民所具有的高度自律的品质，而自律性也是廉政建设的核心理念之一。

廉洁文化建设的基本要求是需要具有传承性和群众性，在黔东南苗族侗族自治州（以下简称"黔东南州"）的侗族聚居地区，侗族文化具有广泛的群众基础，已经根植于侗族人民生活中的方方面面，并且通过"讲款""劝世歌"等形式为青年一代所接受。因此，要充分挖掘侗族廉政文化的丰富内涵，发扬其在维护社会礼俗和道德风尚、移风易俗等方面的积极作用，就要充分认识到侗族文化所具有的二元性和自律性的特性以及这两种特性对廉洁文化建设所具有的重要意义。现今，侗族文化依然具有二元性和自律性。社会主义核心价值观作为当今主流意识形态，在侗族文化中扮演了"二元性"中的"一元"角色，其中的廉洁思想和理念同样根植于侗族人民的内心。同时，侗族文化的"自律性"特征完全符合廉洁文化的"自律"特点，使侗族党员干部在政治生活当中能够做到廉洁自律，这种文化特性应当被进一步发扬。

三 侗族民间社会组织及传统习惯法的影响

（一）侗族民间社会组织——侗款组织

在侗族的传统社会结构中，侗款组织和"款约"发挥着重要作用。传统侗族社会结构包括家庭、房族、村寨、大款和小款，其中"款"是侗族特有的社会组织（郭宇宽，2004）。"款"的意思是村寨间的联盟组织，同时兼具社会治理和军事自卫武装组织的性质。日常侗族的"款"主要是小款，而遇到外来入侵等严重威胁本地、本民族利益的情况时，各个小款会根据现实需要临时组织起来，没有特定的范围，实际上类似于原始社会末期的部落联盟形式。

侗款组织作为一种社会组织形式，有自身的组织形式与行为方式。第一，侗款组织有被称为"款首"的首领，款首由款内村寨头人推选产生，既没有设置专门的行政机关，也没有行政权力，日常仍然需要参加生产劳动，与其他民众相比没有特权。款首只在发生重大事件或者需要召开款组织会议时履行职责。在担任款首的条件当中，"为人正直，办事公道"是首要条件，而款首自身的社会经济状况则并非主要的考量因素。由此可以看出，在侗族传统社会结构中，"为人正直，办事公道"是衡量一个人人品的重要标准。可以说，侗族传统上具有朴素的廉洁文化思想。第二，款组织没有常设办事机构，但有办事人员，被称为"款脚"，主要负责传递命令、通知会议、看守鼓楼。款脚的社会经济地位较低，一般由没有依靠的单身男子担任，款内各户负责供给款脚衣食。第三，款本身兼具社会治理和军事自卫武装组织性质，因此有自己的武装组织，被称为"款军"，成员是"款兵"。款兵由普通农民组成，他们平时务农，一旦有事必须立即参加款军活动，不能无故不参加。在参加款军活动期间，款只需要自备干粮，勾结外部势力、充当奸细被称为"勾生吃熟"，是款约中的大罪。第四，款组织有专门的语体，称为"款词"。款词主要应用于款组织集合宣讲，是侗族的传统文学体裁之一。其中，专门用来发布惩治罪犯等命令的款词被称作"约法款"。款词形式丰富，音律优美，内容涵盖了侗族生产生活的各个方面，其中也包括处事公道、大公无私的内容。通过每年的款词宣讲活动——"讲款"，朴素的廉洁文化观念早已根植于侗族人民内心，做到了"内化于心，外化于行"。

（二）侗族的传统习惯法——款约

款组织当中最值得重视的部分便是其法律条文——款约。款约是侗族的传统习惯法，指的是通过款词的形式归纳整理并发布于款组织内部的相关规章制度。款约的突出特点是，其制定和执行处罚过程体现了较为原始的民主性和平等性。《约法款》是这样规定的："款首邀集寨老，款脚传报众人，大家相聚一坪，共同议定村规。杀牛盟誓合款，集体制定规章。"（湖南少数民族古籍办公室，1988：84）款约一旦制定，所有的款民都共同盟誓，遵守款约。但凡发生违背款约的情况，无论贫富和地位高低，所有的款民都要接受惩罚。即便是款首之子，也没有逃避惩处的特权，也要接受相应惩罚。款词中有歌词写道："山有山规，寨有寨约，不管谁人不听规约，大户让他家产光，小户让他家产落。"（吴大华，2004）从本质上来讲，侗款是一种典型的传统习惯法，是在漫长的历史发展进程和生产生活实践中逐渐发展与丰富起来的。因此，侗款的内容涵盖了侗族人民生产生活的方方面面，从农业耕种到山林土地等财产的分配与处置，从打击偷盗到处理人命官司，包括维护个人、宗族、村寨的合理权益等，对婚丧嫁娶、生老病死等都作出了具体的规定，其中自然也包括如何保障民众权益、监督款首等人物的权力使用。从传承性来讲，款约产生于生产生活实践，贯穿于侗族人民生产生活的方方面面，通过口语相传（讲款——三月约青、九月约黄）、石刻碑文、抄写书册等方式代代传承，早已是侗族人民生活中耳熟能详的内容。同时，款约内容具有与时俱进的特点，根据时代变化增减内容，或者是对已有款约内容进行改革。

四 侗族传统文化中的廉洁文化内涵

廉洁文化建设是廉政建设的重要组成部分。所谓廉洁文化建设，指的是执政党、政府以及民间社会，通过一定的载体、途径、方式和方法，有计划、有步骤地在全社会大力培育和弘扬廉洁价值理念并践行这一理念的过程。习近平总书记高度重视廉洁文化建设，对此进行了一系列重要论述，要求广大党员干部廉洁自律、廉洁修身、廉洁治家、廉洁奉公，明大德、守公德、严私德等。此外，习近平总书记关于推进廉洁文化建设的要求中还包括"弘扬忠诚老实、公道正派、艰苦奋斗、清正廉洁等价值观"①的要求。从这一角度而言，黔东南作为主要的侗族聚居区，侗款组织和款约中蕴含的优秀传统文化因素，能为民族地区廉洁文化建设添砖加瓦。

（一）公道与正派

侗族传统社会对人品的重视程度相当高，无论是选举款首还是寨老，最主要的标准都是此人为人正派、处事公道，职业背景、社会经济地位等并非主要考量标准。寨老在日常村寨管理、维护款约权威、组织"款"活动中起到重要作用。寨老制度实际上是自然形成的，并无特别的选举仪式，没有办事机构，不收取报酬，没有任职期限，唯一的条件是能保持声望，能够服众。如果一名寨老处事公道、为人正直、能力较强、声名远播的话，那么多个村寨会共同推举他成为款首，负责主持款组织大小事务。由此可以看出，侗族社会十分重视寨老等头面人物的公正性，这在款约中也有所体现。如黎平县保存的《茅贡乡寨母碑》中规定："寨长处理案件，务宜公

---

① 《【初心】坚守共产党人的价值追求》，共产党员网，https://news.12371.cn/2018/04/16/ARTI1523889930754691.shtml?from=groupmessage&isappinstalled=0，最后访问日期：2023年12月25日。

平,勿得徇情偏护,颠倒是非,小事酿成大事,违者公罚民(银)一两五钱。"(转引自徐晓光,2012)而同经济惩罚相比更严重的是,如果一名寨老不能秉公办事、判事不公的话,其声望将会受损,逐渐不会再有人找这名寨老判事,其威望不断下降,最终失去寨老地位。因此,公道与正派是侗族人评判一名社会权威人物的主要标准。在这样的社会环境中,掌握权力的人不得不考虑到名声,秉持公道的处事原则逐渐成为其为人处事的首要准则。而这一原则对于现今廉洁文化建设而言也具有极强的借鉴价值。习近平总书记曾指出,"全党上下,各级组织、全体党员和干部都要严格遵守党的组织制度和党的法规纪律,对党忠诚,光明磊落,公道正派"(习近平,2017)。无疑,侗族文化中对寨老和款首的"公道"要求,也符合当今对党员干部的廉洁要求。

(二)依法处事,不徇私枉法

侗族十分尊重款约。一方面,款约决定实施的惩罚措施,款民必须接受,无论是款首还是任何人都不可徇私枉法;另一方面,款约对款首徇私的惩罚也是十分严格的。新中国成立前,侗族款约中对抢劫偷盗、奸淫妇女等严重罪行的惩罚十分严格,根据《六面阴规》的规定,载入《六面阴规》的罪行都会被处以活埋等各种死刑。为避免出现"血亲复仇",由犯罪者的亲族叔伯兄弟对其执行死刑。因此,在执行过程中是否有徇私现象受到高度重视,如果犯罪者是款首或者寨老的亲戚族人则更是如此。在历史记载中,确实出现过亲族不忍执行死刑,私自释放犯罪者的事件,但是尚未发现此类情况出现在款首或者寨老身上。恰恰相反,多起记载表明,款首或者寨老在面对自己的亲戚族人违犯款约的情况下,仍然会秉持严格执法的态度。黎平县地亲大寨款首吴占玉在担任款首期间(1940年以前),其儿子吴本良曾经因偷牛而被处以砍头之刑,吴占玉并未有徇私现象。20世纪30年代同寨款首石金山、石明科的房族亲戚石开合私下贩卖房族山林,被处以尸首异地之刑。石金山和石明科身为款首,也没有徇私。不仅黎平县地亲大寨有这类记载,而且在黔东南侗族地区各处都有款首、寨老不徇私、严格执法的记载。

除了严格执法，侗族款约对款首徇私也有明确的惩罚规定。现存于广西三江县马胖村、立于清朝光绪三十年的《马胖永定条规碑》明文规定"头人受贿，公罚钱六千四百文；偏袒不公，公罚钱六千四百文"（邓敏文、吴浩，1995）。此碑文虽立于广西三江县，但黔东南侗族地区的款约对款首徇私也有类似规定。

侗族传统文化中的依法办事、绝不徇私枉法的原则是值得发扬和学习的。尊重法律、依法行政是廉政建设的主要内容，也是廉洁文化建设的基本要求。将侗族文化中的"依法"因素进行发扬，营造全社会共同遵循的法治观念，是黔东南侗族文化可以为廉洁文化建设提供借鉴的重要层面。

（三）提倡廉洁奉公、互帮互助的道德观念

侗族文化带有鲜明的稻作文化特色，注重集体协作精神、互帮互助，崇尚集体主义，具有很强的道德观念。这些理念在款约当中也有所体现。侗款的基本内容都依循《六面阴规》《六面阳规》《六面威规》的规定，这些规定在包括黔东南在内的各个侗族聚居区都同样盛行。其中，《六面阴规》主要涉及的是盗窃、抢劫、奸淫妇女等重大罪行，《六面阳规》主要涉及的是诋毁他人、悔婚等较轻罪行，《六面威规》则基本是调整社会道德规范的内容。《六面阳规》和《六面威规》都有涉及提倡廉洁奉公、互帮互助等优良道德风尚的内容。比如，《六面威规》提到"家中兄弟，千年磐石压不垮，万年砥柱冲不塌。金子不许私留一包，银子不许私藏一两，要让池塘越来越深，要让堤坝越来越宽"。这说明侗族具有集体至上、互帮互助、摒弃谋求私利的道德规范，形成了廉洁奉公的社会道德风尚。

（四）朴素的民主议事和监督机制

黔东南侗族传统社会结构的特点是"有教无官""有父母无君臣"，款首、寨老等首领人物没有世袭制，也没有特权，承担的只有为款众和村寨利益负责的责任。寨老的产生是自然形成的，而款首的产生则是由全体男性款众民主投票产生的。在侗族历史上没有产生君主制政权，"古无大豪长"是侗族传统社会的真实写照。而款组织内部、村寨内部的事务也需要召集款众

和寨内民众共同议决，鼓楼、款场等都是专门的场所。因此，侗族传统文化中形成了朴素的民主议事氛围，侗族人民在这种机制和氛围下，有效地形成了对款首和寨老的监督，防止他们滥用权力、徇私枉法。就算部分款首出现了收受贿赂、以权谋私的行为，这种机制也能在事后纠偏，使款组织基本能够维护多数民众利益。比如，在黔东南侗族地区流传甚广的民间传说《珠郎娘美》中，就有款首蛮恐收受银宜的贿赂，陷害珠郎致死，之后另一名款首太古公公主持正义，娘美最终得以报仇雪恨的内容。这也说明，就算出现了此类极端情况，徇私枉法、以权谋私的款首最终也会得到惩罚，大部分款民的利益能够得到保障。在廉洁文化建设当中，避免"一言堂"，形成民主的决策机制和氛围至关重要。在这一点上，黔东南侗族传统中朴素的民主议事和监督机制能发挥自身特有的作用。

（五）塑造勤俭朴素的家风和道德风尚

侗族崇尚勤俭朴素，不好奢靡，这是侗族传统中最突出的现象，而这种传统的形成同侗族款约的制约密切相关。在历史上，侗族地区曾经也盛行高彩礼，这使普通人家苦不堪言，甚至增加了许多家庭与社会矛盾。各个款组织有感于此，决定移风易俗，针对朴素婚俗设立专门款碑。现存于锦屏县边沙村、立于清朝道光十一年（1831年）的《八议款规》碑中规定了彩礼的上限，提倡简朴婚嫁，自此扭转了黔东南侗族社会中的铺张风气，从而使崇尚勤俭的家风和社会风气得以传承下来。在当今社会，推崇清简的生活方式和朴素的家风、社会风气，能为廉政文化建设营造良好的外部环境。侗族传统中的朴素风气，有助于弘扬勤俭朴素的美德，形成清简朴实的社会风尚。

五　黔东南州侗族文化融入基层廉洁文化建设的实践

近年来，黔东南州纪委监委坚持"关口前移"、教育为先，不断推动廉洁文化在干部群众中"入脑入心"。为弘扬好廉洁文化，做好廉洁社会创建，黔东南州纪委监委因地制宜，立足于本州丰富的侗族等民族文化资源，深入挖掘地方优秀民族文化中的廉洁因素，多层次全方位地开展廉洁文化建设，使群众能接受、爱接受廉洁文化宣传，极大地推动了黔东南州廉洁社会的建设。

（一）推进侗族文化融入基层廉洁文化建设的实践与成效

1. 坚持思想建党与制度建党相结合，涵养具有黔东南民族地区特质的廉洁基因

黔东南州纪委监委把习近平总书记关于全面从严治党、党风廉政建设、廉洁文化建设的重要论述、重要指示批示精神，纳入各级党委（党组）理论学习中心组学习、"三会一课"等的必学内容，推动党员干部以理论上的坚定保证行动上的坚定，以思想上的清醒保证用权上的清醒；同时，大力加强共同价值教育，深挖民族地区艰苦朴素、勤劳节俭、不贪不占等广谱性廉洁价值理念，将廉洁文化与"清廉村居"建设相融合，促进清廉向上民风的形成，取得了良好效果。

2. 充分挖掘侗族廉洁文化，打造廉洁文化中心

黔东南州纪委监委积极挖掘侗族廉洁文化资源，选取保留了侗族文化传统深厚、独具特色和旅游开发潜力的从江县占里村，以从江县纪委监委为主要力量，依托占里村流传至今的"六条款约"，在该村打造了从江县县级廉洁文化中心，并在从江县洛香镇和贯洞镇建设了2个廉洁文化场馆，以及在12个侗族聚居村寨中各建设1个廉洁文化示范点。这些廉洁文化阵地的建设都以侗族文化为依托，根植于当地群众的风俗习惯，将廉洁文化"润物细无声"地送进群众的心田。

3. 通过传统文化形式弘扬廉洁文化

在侗族聚居地区采用老百姓喜闻乐见的传统文化形式和民族语言来宣传廉洁文化，能使廉洁文化"入脑入心"，营造良好的文化氛围，打造"清廉社会"。黔东南州各级纪委监委充分运用侗族传统文化形式，结合传统文化中的廉洁因素和新时代对清廉社会的要求来宣传廉洁文化理念。比如，从江县纪委监委就运用了在侗族老百姓中流行至今的侗戏，录制了侗戏版的廉洁教育宣传片《党政廉洁树新风》和《良好家风》，由侗族地区知名歌师参与编写脚本和台词，请侗戏演员进行表演，在各侗族村寨的活动现场播放，取得了良好的效果，悠扬的侗戏歌声将廉洁文化的理念慢慢渗入侗族老百姓的内心。另外，从江县纪委监委还创作了一批廉洁文化踩歌堂、廉洁文化侗族琵琶弹唱等微视频作品，通过各级纪委监委的微信公众号、视频号、抖音等新媒体账号播放，使廉洁文化宣传真正贴近群众生活，走进人民群众当中。

4. 坚持党内主导与多方联动相结合，合力共建黔东南民族地区的廉洁文化理念

黔东南州纪委监委坚持把廉洁文化建设作为履行全面从严治党主体责任的重要内容，及时研究制定出台《黔东南州贯彻落实〈关于加强新时代廉洁文化建设的意见〉的工作措施》，推动黔东南州廉洁文化建设制度化、项目化、清单化。同时，黔东南州充分发挥纪检监察机关的组织优势和系统作用，推动形成纪检监察机关协助党委主抓主干，各职能部门各司其职、共同负责的廉洁文化建设良好工作格局。除此之外，黔东南州还以组织开展廉洁文化书画、新媒体作品征集展等为主载体、主抓手，全面发动社会各界踊跃参与廉洁文化建设、廉洁文化作品创作，推动形成共建共享格局。

（二）侗族文化融入基层廉洁文化建设的基本经验

1. 坚持阵地建设全覆盖，推动民族地区新时代廉洁文化建设有形化

第一，推进阵地建设全覆盖。以深入部署推进廉洁文化阵地"十百千+N"工程建设为契机，整合利用黔东南州各级各地现有硬件设施阵地和中央、省级支持民族地区高质量发展政策项目资金等，着力打造覆盖各级各相关行业系统的廉洁文化阵地集群，推动串点成线、连线成面。第二，丰富优质产品供给。积极引导高等院校、传媒机构、文化企业、民族文化学者、民间艺人等单位和个人，广泛参与廉洁文化建设理论研究、主题策划、活动组织、产品创作，推动实现资源共享、力量共融、机制共建、精品共创，不断提升廉洁文化的传播力、影响力、吸引力、感染力。第三，优化传播方式。统筹各级各类媒体资源，综合利用报纸杂志、电视电台、微信微博、视频平台、城市楼宇、户外大屏等多种载体渠道，广泛传播廉洁理念、廉洁思想。创新廉洁文化作品表达，努力把严肃的廉洁教育转化为形式活泼、群众喜闻

乐见、有共鸣能入心的产品。

2. 坚持教育管理全周期，推动民族地区新时代廉洁文化建设有感化

第一，讲理说事注重思想引领。找准民族地区党员干部群众普遍认可认同的价值理念共通点，通过身边人身边事、廉洁小故事等，将党倡导的廉洁从政、廉洁用权、廉洁修身、廉洁齐家的道理讲通讲透，推动廉洁教育由"大水漫灌"向"精准滴灌"转变。第二，教育资源注重本土本地。突出深挖民族地区本土本地文化蕴含的廉洁思想、廉洁理念、廉洁元素、廉洁基因，开发创作一批优质丰富、具有新时代廉洁文化共同价值取向、基于黔东南州情和自身特点的廉洁文化产品，促进廉洁文化教育教化与干部群众更贴合、更贴近，做到水土相服、触及心灵。第三，实施过程注重分类分众。坚持大众化与分众化相结合，针对不同群体、不同层级党员干部和社会群体的职能职责、认知能力，在产品供给、阵地布展内容、参展流线和时长上各有侧重地布置打造，做到共性与个性需求互补，更能引起受众群体的共鸣。

六 结语

作为侗族的主要聚居地之一，黔东南侗族传统文化和传统社会组织形式保存得较为完整，其中的优秀文化因素给黔东南侗族地区的社会治理、乡村振兴工作营造风清气正的良好氛围起到了很好的作用。比如，黔东南黎平县等积极探索通过寨老组织来对村"两委"的工作进行监督，尤其是在乡村振兴工作中，传统风俗和传统社会组织形式能够协助党和政府打通脱贫工作的"最后一公里"，更好地做到工作的精准化。与此同时，如何利用侗族廉洁文化因素，营造风清气正的社会和政治风气是值得进一步研究的课题。

参考文献

辞海编辑委员会编著，1999，《辞海》，上海辞书出版社。

邓敏文、吴浩，1995，《没有国王的王国——侗款研究》，中国社会科学出版社。

郭宇宽，2004，《大山深处的民间社会——对黔东南侗乡自治传统和寨老制度的田野考察》，《南风窗》第15期。

湖南少数民族古籍办公室编，1988，《侗款》，岳麓书社。

《侗族简史》编写组，2008，《侗族简史》，民族出版社。

吴大华，2004，《民族法律文化散论》，民族出版社。

习近平，2017，《在党的十八届六中全会第二次全体会议上的讲话》，《人民日报》1月1日，第1版。

徐晓光，2009，《读〈乐记〉，品侗歌——和谐语境下的侗族习惯法社会功能解析》，《原生态民族文化学刊》第4期。

徐晓光，2012，《款约法：黔东南侗族习惯法的历史人类学考察》，厦门大学出版社。

钟敬文，1996，《民俗文化学：梗概与兴起》，中华书局。

·纪检监察理论与实践·

礼尚往来中"情"与"纪"的界限研究

姬亚平 彭夏青[*]

摘 要：礼尚往来作为维系人与人之间情感关系的重要纽带，至今仍扮演着重要角色，具有深厚的历史文化基础，应当予以尊重。在市场经济背景下，人情与权力交织，异化的礼尚往来违背了礼尚往来的初衷和本质，其消极效应日益凸显。同时，规制礼尚往来的相关规定存在"情"与"纪"的界定标准模糊、"纪"与"法"的衔接冲突及地方的礼尚往来界定标准不合理等问题，这使一些官员对礼尚往来问题产生错误的认识甚至走向腐败。为此，面对新的社会环境，有必要厘清礼尚往来的界限，对非正常礼尚往来即腐败，在学理和党规党纪中予以严格界定与规制。本文认为，应通过设定"情"与"纪"相协调的礼尚往来参考原则，完善礼尚往来的识别标准，对收受礼金数额较大的，加大纪律整治力度等措施，重新划分"情"与"纪"的界限，使之成为党员干部辨明权力行使方向和预防惩治腐败的标尺与灯塔。

关键词：礼尚往来；"情"与"纪"；纪法衔接

一 问题的提出

从现实生活中的一则真实案例说起。某乡党委副书记、乡长孙某的儿子举办婚礼。婚礼前，纪委书记张某特意嘱咐孙某在操办婚庆事宜中不要违规，但孙某依然违反规定大操大办。经查，婚礼当日，孙某在当地某酒店置办宴席50余桌，组织迎亲轿车近百辆，宴请包括同事及亲朋在内共计500余人，孙某收受上述人员礼金达到41万元。其中，收取管理服务对象和行使职权有关人员的礼金21万元。乡党委书记李某当日也出席婚礼并随礼

---

[*] 作者简介：姬亚平，法学博士，西北政法大学行政法学院（纪检监察学院）教授，研究方向为行政法、党内法规；彭夏青，西安培华学院教师，研究方向为行政法、监察法。

1000元。后孙某及其上级李某均因违规收送礼金而被追究党纪责任。

该处理结果在社会上引起很大争议,一部分人认为,对像孙某和李某这样以风俗人情为借口、明知故犯、心存侥幸、无视党纪的党员干部应当予以严惩;而另一部分人抵触情绪强烈,为他们鸣不平。在他们看来,两人受到处分似乎有些冤枉,同事间的随礼属于正常的礼尚往来,尤其是上级领导参加下属婚丧宴席必然不是为了谋取利益,而且随礼的金额也符合常理,他们认为相关规定不通"人情"。这两方的说法似乎都有道理。要正确判断党员干部礼尚往来行为,就必然涉及礼尚往来中"情"与"纪"的界限。

一方面,受传统文化的影响,我国历来讲究三纲五常、仁义礼智信。远至古代的祭祀、给神灵献礼,近至现代的人与人之间为联络感情而互赠礼物,莫不如是。而在礼尚往来的过程中,礼金逐渐成为一种重要的文化载体。礼金包括亲朋好友之间,借助婚丧喜庆等重要节点,用"红包""贺礼""慰问金"等名义进行的各种交往。这些传统习俗对维系人与人之间的情感、维护社会团结与和谐具有正面意义。另一方面,对于国家公职人员而言,礼尚往来行为可能会产生利益冲突:将个人利益凌驾于人民利益之上、私心杂念置于公共权力之前,为亲徇私、为友谋利;将手中公权扭曲成利益输送的手段,危害公权的公正性、服务性和责任性。在法与情交融的背景下,如果不能正确识别礼尚往来的界限,及时剔除礼尚往来中"物"与"利"的消极因子,就会滋生腐败。

目前学界研究主要集中在人情与法律关系的规范分析方面,鲜有人研究人情与纪律之间的关系。伍德志(2023)认为,"人情观念会形成远超法律的巨大义务性压力,实现对违法行为的正当化,影响法律运作"。刘道纪(2011)认为,"情"可以分为"私情""世情""民情",法不容情主要指向私情,法要容情则主要指向世情与民情,"凡是违背人的正当情感与诉求的法,迟早要被修正或废止"。周安平(2008)认为,"法律制度在预先制定时,必须尽量排除面子与人情的运作空间"。王霞(2016)认为,人情是中国人在社会互动中的处事规范,适用于中国社会关系的方方面面,甚至已经形成了固定的思维方式。陈柏峰(2009)认为,在乡村社会治理中,"只有合适地运用人情和感情,才能调和官僚制度与乡土社会之间的矛盾冲突"。这些研究让人们认识到"人情"仍然是影响法治社会建设的重要因素，其对如何界分"情"与"纪"的关系具有一定的理论指导意义。

经过近几年的严查深治，治理党员干部违规收送礼金问题取得显著成效，但顽疾犹存。据统计，2022年1~11月，全国查处和通报违反中央八项规定精神的案件中，"违规的礼尚往来"在所列享乐主义、奢靡之风问题中位列第一，违规礼尚往来案件共17009件，占享乐主义、奢靡之风问题总数的38.5%。①礼尚往来与公款旅游、公车私用等明显违规行为不同，它是以感情为纽带、带有民俗色彩的婚丧喜庆等人情往来事宜。在人生的重要节点赠送礼物、设宴款待是人之常情，如果管得过严、过死，就会失去人情味，导致与社会习惯相违背，不利于社会和谐；如果管得过松，就会导致腐败异化。那么，面对治理的两难境地，是守纪律还是遵风俗？如何协调和处理游走在情、理、法之间的礼金往来？这需要我们探寻"情"与"纪"的边界，厘清哪些属于正常的礼尚往来，应予以保护；哪些属于违纪行为，必须坚决抵制。探寻既为"情"所容又为"纪"所容的礼尚往来，可以为党员干部提供规范的行为指引。

二 礼尚往来内涵解读

（一）何为礼尚往来

"礼尚往来"自古有之。礼是人们在日常生活中为表示敬意或传达情感所赠送的现金或者财物（孙国祥，2016）。事实上，礼尚往来的本质在于崇尚平等基础上的人情交往。这不仅是我国自古以来中华民族文明礼貌的象征，也是中华民族的传统美德之一。亲朋好友间送礼的本意在于表示友好、亲近之意，只要处理得合情、合理、适度，就无可非议，并且有益于双方建立融洽关系、沟通感情。在"礼多人不怪"的中国，人们普遍将礼尚往来视为一种纯粹的私人活动。

---

① 《2022年11月全国查处违反中央八项规定精神问题9301起》，中央纪委国家监委网站，https://www.ccdi.gov.cn/toutiaon/202212/t20221227_238461.html。

而对于握有国家权力的党员干部来说，礼尚往来被赋予公共性质，其行为极易因发生蜕变而出现偏差。他们的行为可以"来"的是他人私人利益而"往"的是自己私人利益，也可以"来"的是他人私人利益而"往"的是国家公共利益，甚至有来无往。前者确属一般的礼尚往来，后者却让礼尚往来变了味，偏离了应有含义，异化为腐败的"遮羞布"，为党规党纪所禁止。

（二）礼尚往来带来的效应分析

1. 积极效应

在"差序格局"的中国社会，礼尚往来有着深厚的文化底蕴，主要包含亲缘、血缘、伦理等内容，经过几千年延续，已经渗透到社会的各个方面。就社会功能而言，礼尚往来是一种有利于维护社会团结的机制（陈柏峰，2019），是维系社会人际交往的重要黏合剂。在我国封建农耕社会中，礼尚往来对维护社会正常秩序有着不可替代的作用，它强化了人们之间的情感联系，其蕴含的伦理在潜移默化中成为人与人之间为人处事的行为准则。礼尚往来的传统一直代代相传，并至今仍潜移默化地影响着我们的一言一行。它不仅丰富了人们的精神生活，也为我们构建协同互助的人际关系、营造和谐健康的社会风气起到润滑作用。

2. 消极效应

随着市场经济的逐步发展，人际交往中的感情因素不断被稀释，礼尚往来掺杂了功利的属性，更多表现为利益交换。同时，礼尚往来公私界定模糊，社会资源分配过度集中，人情与权力几乎融为一体，礼尚往来的互动关系更容易泛化甚至扭曲。由于"人们对直接影响他的事物的感受比对通过他人间接影响他的事物的感受更深"（唐斯，2017），也即，相比于对他人利益的关心，人们往往本能地更关注自身的个人利益，一旦党员干部将私人权力、职位晋升、金钱利益等诱因放大，并不加节制地加以使用，礼尚往来就会成为贪污腐败、权力寻租的"挡箭牌"和"隐形衣"，败坏党风政风，影响社会风气，其势必也会与党规党纪产生矛盾与冲突，危害公共权力的公正性和公共性。

三 关于礼尚往来治理规范和研究现状的检视

为了避免出现礼尚往来的消极效应，防止腐败行为的产生，改革开放以来，我党一直注重细化党规党纪，全方位将制度的笼子扎紧加固（邹东升、姚靖，2017）。关于礼尚往来的治理，由集中于制度设计本身的被动状态向制度设计和执行"双管齐下"的主动状态转变，制定了以事前预防和事后惩处两种处理方式为主的管理举措，在探索式改革中逐步完善。其中，治理主要分为国家和地方两个层面。国家层面的治理主要包括由党政机关或纪检监察机关制定的相关规定（见表1）和"自上而下"的礼品登记制度、月报制度。地方层面的治理主要包括廉政账户制度和各地根据自身实际制定的地方规范。虽然礼尚往来的规制取得了一定的成效，但是腐败问题依然层出不穷。

表1 改革开放以来中国主要礼金治理规定

颁布时间	规定名称
1980年8月	《中共中央关于禁止在对外活动中送礼、受礼的决定》
1988年12月	《国家行政机关及其工作人员在国内公务活动中不得赠送和接受礼品的规定》
1993年4月	《中共中央办公厅、国务院办公厅关于严禁党政机关及其工作人员在公务活动中接受和赠送礼金、有价证券的通知》
1993年12月	《国务院关于在对外公务活动中赠送和接受礼品的规定》
1995年4月	《中共中央办公厅、国务院办公厅关于对党和国家机关工作人员在国内交往中收受礼品实行登记制度的规定》
2001年3月	《关于各级领导干部接受和赠送现金、有价证券和支付凭证的处分规定》
2003年12月	《中国共产党纪律处分条例》
2015年10月	《中国共产党廉洁自律准则》

注：《中国共产党纪律处分条例》于2003年12月颁布，后历经2015年10月、2018年10月、2023年12月三次修订。

当前学界对礼尚往来纪法制度规范层面的研究较少，相关研究多集中于对礼尚往来异化原因及治理措施展开讨论。关于礼尚往来异化原因：一是意识信念方面，党员干部理想信念缺失，责任意识淡薄，受市场化意识影响，党内政治生态产生不良效应（任中平、马忠鹏，2018）；二是法律观念方面，基层农村法治现状相对滞后，"水土不服"现象存在，导致法律不能有效发挥其自身功效，也在一定程度上纵容了类似礼尚往来腐败的发生（刘涛，2021）；三是群众方面，基层尤其是村民对礼尚往来异化的容忍度较高，更有甚者想方设法以各种方式向村干部表达自己的"感谢"，通过人情投资，积攒人际关系，以便得到"特殊照顾"（邹东升、姚靖，2018）；四是监督监管方面，管党治党"宽松软"弱化了党内监督制度的执行力，党内"一把手"难以监督到位（卜万红，2021）。关于礼尚往来的治理措施多是从政治学和公共管理角度提出的，如建议强抓领导干部党风廉政教育，从意识形态上改进干部的从政理念，树立基层干部的廉洁价值观（孔继海、刘学军，2019）；还有建议从外部引入权威性规则，同时在村民自治组织主导下进行管理（杨华，2019）。另有学者通过分析礼尚往来的公共规范和传统习俗的互动融合类型，研究政府如何介入才能有效协助村民走出礼尚往来的怪圈（郑家豪、周骥腾，2020）。

可见，礼尚往来的研究已受到学者的重视和关注，但不足之处在于：一是在制度层面缺乏研究和论述，即未系统阐述微观党纪党规中由谁规制以及如何规制；二是缺乏对异化礼尚往来与正常礼尚往来间关系及边界的研究，即未能进一步从制度上揭示礼尚往来的界限所在；三是研究主要以报刊文章、具体个案的形式表现，系统的学术成果付之阙如。

基于此，本文将从顶层设计和地方规章制度层面对礼尚往来问题进行研究，并进一步提出完善措施，明确礼尚往来中"情"与"纪"的界限，促进党规党纪规则与正常礼尚往来的良性互动。通过对上述规范和研究现状的检视和梳理，规范层面存在的冲突和矛盾主要包括以下几个方面。

（一）"情"与"纪"的界定标准模糊

我国有关于礼尚往来的规范，如《刑法》中的贿赂罪、贪污罪，并且每逢重要时间节点，纪委监委官网都会通报违规收受礼金的案例信息。除此之外，地方针对礼尚往来颁布的专门规定也有不少。虽然上述规范对各级尤其是高级党政干部收受礼金作出了禁止性规定，但是正常礼尚往来与明显超出正常礼尚往来的违纪行为的区分标准仍然相对模糊，缺乏权威解释，这导致礼尚往来在实施过程中难以操作，使得领导干部对礼尚往来的行为难以准确甄别。

1. 正常礼尚往来的界定标准较为模糊

在法规和政策层面，我国为规范治理礼尚往来，颁布修订了多部党政、纪律规范文件。即便如此，相关规范性文件也并未绝对禁止党员干部正常的礼尚往来[①]，还对所涉日常交往中的普通礼尚往来设定了相应的标准，但现有规定还比较模糊，易引起认识偏差，在实践中难以执行。如《中国共产党纪律处分条例》第97条、第98条对普通礼尚往来进行了限制性规定，但内容较为笼统，流于形式，其中对"明显超出正常礼尚往来"的概念界定标准和参照依据没有具体规定，并且对"情节较轻""情节较重""情节严重"的评判标准，也没有具体规定，是依"量"还是依造成的社会危害后果，抑或有其他标准，不得而知。因而，该类限定往往流于形式，难以执行。

2. 违纪礼尚往来的界定标准存在漏洞

一个规范的界限设定方式，必然会影响该规范的有效实施。2018年第二次修订的《中国共产党纪律处分条例》增加列举了"有价证券、股权等财物"，虽然在一定程度上细化了"礼"的范围，但是在规范设定层面，内容仍然缺乏全面性，未对可能涉及的物质性、服务性利益进行区分；在设定形式层面，多采用列举形式，规制范围受限，列举事项之外缺乏兜底性条款，适用范围狭窄。故而，实践中关于礼尚往来的纪律规范及其他规范性文件多针对的是物质性利益，对在现实情况中大量存在的娱乐、健身等服务性利益的活动事项则鲜少涉及，从而为腐败留下操作空间。

（二）"纪"与"法"的衔接冲突

礼尚往来通常由党规党纪予以规制，但如果党员领导干部利用职务上的便利实施职务犯罪，则可能根据《刑法》中的贪污罪、受贿罪等追究刑事责

[①] 《国务院关于在对外公务活动中赠送和接受礼品的规定》第5条承认和允许公职人员拥有与普通公民相同的正常礼尚往来的权利。

任。《刑法修正案（九）》改变了定罪量刑模式，取消了贪污罪、受贿罪的硬性数额限制，将相对概括的数额和情节因素考虑进去，重新对定罪量刑进行分档规定[①]；最高人民法院、最高人民检察院颁布的司法解释也调整了贪污、受贿犯罪中挪用公款罪的起刑点。[②] 这样容易出现现实情况中收受礼金数额较大却仅追究纪律责任的现象，导致处罚过轻，党纪与国法脱节。比如，对于数额不满3万元且无其他较重情节的礼尚往来行为如何评价？若仅追究违纪责任是否合理？这是我们需要思考的问题。

（三）地方的礼尚往来界定标准不合理

中国社会是乡土性的（费孝通，2008），在乡土社会中，传统人情社会思想根深蒂固。党员干部作为一般社会成员，面对当地传统风俗压力时，也会陷入两难境地。为此，各地区应根据实际情况，积极探索，出台移风易俗的相关规定，减轻党员干部面临的风俗"枷锁"重压。这种规定多为地方政府主导下颁布的党员干部的行为规范。基层对礼尚往来的限定主要集中在参与人数和桌数、办理次数、金额上限、操办范围等。

同时，与国家层面相比，某些地区移风易俗的规定甚至比国家层面的更为严格。泉州市严格规定了宴请范围和规模，党员和公职人员只可就婚丧喜庆事宜设席宴请，并且严格规定单次举办的婚礼，宴席不得超过15桌（每桌限10人）。四川蒲江县将宴请的金额限定为，不得超过个人月工资（含津补贴）的10%。甚至有些地方规定，婚丧嫁娶禁止邀请同事、领导等其他利害关系人，禁止领导参加喜宴作证婚人。也有学者质疑，基层的这种治理方式过于"一刀切"，有些"不近人情"，对礼尚往来作出的强制性、禁止性限定，是懒政的一种表现。同时，全国各地经济发展水平不一，风俗人情各异，移风易俗设定标准不合理，将严重影响传统文化的传承，在基层具体实行过程中难以落实。

[①] 《刑法修正案（九）》对贪污、受贿犯罪的规定中，采取数额较大"（3万元以上不满20万元）、"数额巨大"（20万元以上不满300万元）、"数额特别巨大"（300万元以上），或者"较重情节""严重情节""特别严重情节"为定罪量刑的具体依据。

[②] 《最高人民法院、最高人民检察院关于办理贪污贿赂刑事案件适用法律若干问题的解释》也将挪用公款罪的起刑点调整为3万元。

四 探寻礼尚往来中"情"与"纪"的界限

礼尚往来，既是一种文明的文化传统，又是社会生活中的惯例。当然，这并不意味着中国社会在运行中没有制度，而是已将礼尚往来传统融入各项纪律规范之中。自古我国就是一个重视人情往来的国度。一般中国人在评判是非时，往往讲求"先情后理""情理交融""人情入理"，而不愿直截了当地讲道理、守规则。但我们要知道，礼尚往来中的"情"与"纪"并非水火不容、完全对立的，而是相互联系、协调发展的。好的纪律是保护人情的，以满足人的社会需要为前提。所以，我们在就礼尚往来这一传统制定党规党纪的同时，不能过度"一刀切"，不能将正常的礼尚往来传统全部抹杀，讲"纪"也要重"情"。因此，应划分"情"与"纪"的界限，使之成为党员干部辨明哪些是要积极倡导的，哪些是应该予以警醒的，哪些是必须抵制的标尺，从而实现礼尚往来中"情"与"纪"的协调统一。

（一）设定"情"与"纪"相协调的礼尚往来参考原则

面对当今社会礼尚往来的异化带来的负面效应，我们需要重新定义礼尚往来。礼尚往来需要同时满足以下四个原则。

1. 平等对等

礼尚往来应当以平等对等原则为前提。现实生活中多为下级向拥有权力的上级领导送礼，鲜有上级领导向下级回礼。正常的礼尚往来，送礼金额不大，与当地正常经济水平、生活水平、个人经济承受能力等相适应，且属于相互赠送，所送礼金价值大致相当。与此同时，还要考虑赠予方式、时间频率等因素。

2. 公私分明

除了要满足平等对等原则，从目的上看，普通的礼尚往来不具有具体的利益要求，而违纪行为中的礼尚往来则混淆了公私界限，送礼一方通常意图通过长期"感情投资"来获得相关利益，即便双方有来有往，目的不纯粹，也不是真正的礼尚往来，有悖于礼尚往来中"礼"的真谛。因此，礼尚往来必须公私分明。

3. 遵纪守法

天理、国法、人情的有机统一,是我国传统礼法所遵从的理想信念。这三个词的顺序本身也意味着三者的效力等级是不同的。总体而言,天理、国法高于人情。这意味着,人情应以天理、国法为本,也就是"以法制情""法制人情"。但在当今中国,部分官员打着礼尚往来的旗号徇私枉法、收受贿赂,以达到权钱交易、权力变现的目的。这种严重败坏社会风气的行为,大大超出了正常礼尚往来的范畴,显然并非"礼尚往来"。

4. 防止利益冲突

《中国共产党纪律处分条例》第97条规定,收受可能影响公正执行公务的礼品、礼金等财物会给予纪律处分,情节严重会开除党籍。此处的"可能影响"要求具有主观性和盖然性即可,不要求有确切的证据。因此,党员干部在执行公务期间,即使是正常的礼尚往来,在第三人看来就是会影响公正执行公务。基于防止利益冲突原则,在执行公务期间,党员干部要主动回避可能影响公正执行公务的礼尚往来,让当事人感受到执行公务的公平正义。

(二)完善礼尚往来的识别标准

礼尚往来的有效规制的实质在于明晰"情"与"纪"的边界。针对上文正常礼尚往来界定标准较为模糊、违纪的礼尚往来界定标准存在漏洞等问题,本文在制度层面上从以下两个方面来明晰标准。

1. 细化礼尚往来标准

一是进一步细化礼尚往来规范性文件中的定性和定量标准,使其在实践中更具针对性、可操作性。如实行"党员干部负面言行清单"制度,并纳入干部考评机制。二是明确公务员礼尚往来的行为边界,进一步细化《公务员法》中关于礼尚往来的具体情形和标准,提高公务员管理法治化程度。如借鉴新加坡的经验,细化收送礼金行为的具体情形,规定具体的限额标准,包括收送礼品的标准、范围,超过标准的申报、上缴、公示办法等,以完善纪律规范。三是将《十八届中央政治局关于改进工作作风、密切联系群众的八项规定》即"中央八项规定"中的内容放在与党纪、政绩同等重要的位置,如有违反，即行处分。

2. 填补违纪礼尚往来界定的漏洞

虽然制度规范在语言技术上具有局限性，但是精确的规范设定仍应作为立规者首要坚持的原则（陈光，2018）。为填补礼尚往来规范中服务性内容和规范设定方法方面的漏洞，一方面，不仅要将如礼品、有价证券等物质性利益，也应当将娱乐健身、特权福利等无形服务性利益列入管制范畴并加以明令禁止；另一方面，礼尚往来的禁止性规范设定中，可以采取概括式和列举式相结合的方式，在明确列举"礼品、礼金、红包、旅游"等禁止性事项外，为防止遗漏，采用兜底性条款，参照列举标准，以"其他获取的物质性利益和服务性利益"条款兜底，双管齐下，弥补规范的表述不全面问题。

（三）对收受礼金数额较大的，加大纪律整治力度

关于领导干部收受礼金数额较大的，应当在党纪范围内严惩。建议完善礼尚往来纪律处分标准，提高处分等级，防止收送数额较大的礼尚往来行为游离于法律边缘。同时，对于违规党员干部以案涉收送金额为基数，处以数倍惩罚性罚款。在这方面，我国可借鉴韩国《禁止不正当请托及公职人员利害冲突防止法》的规定，经查证，国家工作人员确因职务而收送礼金的，需承担刑事责任；若与职务无利害关系，即使能免于刑罚，也应接受政府内部惩处，具体表现为受到不超过最高收送财物5倍的罚款。

另外，治送与治收要同时进行。送礼和收礼两者具有双向互动关系，如果要从源头遏制异化的礼尚往来，必须从送礼和收礼两端同时治理。根据《刑法》对行贿罪与受贿罪双向惩治逻辑，在党规党纪层面，除严厉惩处收礼行为外，也要依规依纪对送礼行为坚决予以打击，特别是对公款送礼等性质比较恶劣的情形，在处理时应当采取从重原则，如涉及违法犯罪则根据《刑法》的相关规定追究责任，以实现党规与法律的有效衔接。如此一来，收礼送礼乱象的治理才能取得明显成效。

针对地方政府主导下的移风易俗，政府引导也要掌握尺度、注意方法，礼尚往来什么时候该管得松一些、少一些，什么时候该管得严一些、多一

些，应当根据不同的人际交往情形，有选择性地根据适宜的方式科学制定规范，要适当保留必要的礼尚往来项目，不能全盘否定，同时在不同的规则之间进行融合（郑家豪、周骥腾，2020）。乡镇（街道）作为国家的基层行政建制，在基层社会治理中，更应承担起指导和规范村民自治运作的重大责任（徐勇，2018）。因此，地方治理既要保证制度的严肃性，又要强调地区治理的灵活性。

五 结语

总之，尽管我国的人情文化有特殊性，但是现代社会人们对礼尚往来中"情"与"纪"的界限还是有基本判断和共同认知的，讲人情需要在制度和纪律的基础上，考虑到各个方面的因素来综合认定。厘清礼尚往来中"情"与"纪"的界限，探寻既为情所容又为纪所容的礼尚往来规范，是我们追求的目标。因此，设定正当的礼尚往来标准，首先应当同时满足平等对等原则、公私分明原则、遵纪守法原则、防止利益冲突原则；其次，针对礼尚往来制度上的冲突和矛盾，在制度优化层面，细化礼尚往来的原则性规定，明确具体情形，规定具体的限额标准，采用概括式与列举式相结合的规范设定模式，将服务性利益与财产性利益纳入量化标准；最后，针对"纪"与"法"脱节的现象，提高处分等级，在党纪层面采取对收送数额较大礼金的行为严惩等措施，这样才能实现礼尚往来中"情"与"纪"的协调。

与法律规范、纪律规定的刚性相比，人情显然具备更多的柔性，人情与规则协调共生，社会才能更加和谐。当下中央全面从严治党，对于如何礼尚往来，党员干部应当将公私界限和党纪国法内化于心，任何时候都应把纪律放在首位，自觉遵守廉洁纪律，时刻保持对"腐蚀""围猎"的警觉，将党纪和法律置于人情之上，做到在合法、守纪的范围内进行礼尚往来，切莫心存侥幸，为顾及礼尚往来而对党纪国法采取漠视的态度。

我们相信，只有一方面汲取礼尚往来的文化传统，另一方面优化自上而下的制度以及对领导干部自下而上的规制，才能有效地化解礼尚往来中

"情"与"纪"的冲突,斩断公共权力运作中的人情羁绊,实现依规治党与以德治党的协同。

参考文献

安东尼·唐斯,2017,《官僚制内幕》(中文修订版),郭小聪等译,中国人民大学出版社。

卜万红,2021,《全面从严治党视域下乡村"微腐败"的成因及其治理》,《学术研究》第3期。

陈柏峰,2009,《乡村干部的人情与工作》,《中国农业大学学报》(社会科学版)第2期,第187~192页。

陈柏峰,2019,《半熟人社会:转型期乡村社会性质深描》,社会科学文献出版社,第61~62页。

陈光,2018,《论党内立规语言的模糊性及其平衡》,《中共中央党校学报》第1期,第29~36页。

费孝通,2008,《乡土中国》,人民出版社。

孔继海、刘学军,2019,《新时代乡村"微腐败"及其治理路径研究》,《中共天津市委党校学报》第3期。

刘道纪,2011,《法律内的天理人情》,《政法论坛》第5期,第118~126页。

刘涛,2021,《农村"微腐败"的形成机理及治理对策》,《党政干部论坛》第3期。

任中平、马忠鹏,2018,《从严整治"微腐败"净化基层政治生态——以四川省基层党风廉政建设为例》,《理论与改革》第2期。

孙国祥,2016,《"礼金"入罪的理据和认定》,《法学评论》第5期。

王霞,2016,《自我、脸面与关系:中国人的权利心理图谱》,《法制与社会发展》第6期,第148~161页。

伍德志,2023,《"关系"影响法律运作的原理、机制与后果》,《法学》第1期,第17~31页。

徐勇,2018,《中国农村村民自治》(增订本),生活·读书·新知三联书店、生活书店出版有限公司。

杨华,2019,《农村移风易俗的重点在哪里》,《人民论坛》第29期。

郑家豪、周骥腾,2020,《农村人情治理中的行政嵌入与规则融合——以重庆市川鄂村整顿"整酒风"事件为例》,《中国农村观察》第 5 期。

周安平,2008,《面子与法律——基于法社会学的视角》,《法制与社会发展》第 4 期,第 89~98 页。

邹东升、姚靖,2017,《十八大以来党规党纪执行力影响因素分析——基于史密斯政策执行理论模型》,《重庆行政》(公共论坛)第 5 期,第 14~17 页。

邹东升、姚靖,2018,《村干部"微腐败"的样态、成因与治理——基于中纪委 2012—2017 年通报典型案例》,《国家治理》第 Z1 期。

金融纪检监察派驻制度的演进历程、影响因素与经验启示*

王　冠**

摘　要： 金融纪检监察派驻制度是纪检监察派驻制度的重要细分领域，是防控金融风险、维护金融安全、促进金融业高质量发展的重要制度保障。改革开放以来，金融纪检监察派驻制度受到金融体制改革和纪检监察机构改革的双重影响，始终与金融反腐败斗争形势相适应。金融纪检监察派驻制度演进的经验表明，必须强化党对金融纪检监察工作的领导，必须坚持"三不腐"一体推进，必须将政治监督放在首位，必须统筹衔接金融反腐败与金融风险防控，必须贴近金融监管与金融业务，必须加强各类监督协同，必须加强金融纪检监察队伍建设。

关键词： 金融；纪检监察；派驻制度

21世纪以来，党中央在金融领域的反腐败力度不断加大，极大地净化了金融领域的政治生态，有效地防范化解了金融风险，有力地保障了金融安全，金融纪检监察工作在其中发挥了独特的、不可或缺的重要作用。党的十九大以来，习近平总书记在十九届中央纪委三次全会、四次全会、五次全会上强调，要"加大金融领域反腐力度"[①]"深化金融领域反腐败工作"[②]"做

---

* 基金项目：国家社会科学基金重大项目"完善党和国家监督体系研究"（项目编号：21ZDA122）。
** 作者简介：王冠，博士，中国纪检监察学院副研究员、高级经济师，研究方向为纪检监察体制。
① 《习近平在十九届中央纪委三次全会上发表重要讲话》，中国政府网，https://www.gov.cn/xinwen/2019-01/11/content_5357069.htm，最后访问日期：2023年12月19日。
② 《习近平在十九届中央纪委四次全会上发表重要讲话——以贯之全面从严治党强化对权力运行的制约和监督 为决胜全面建成小康社会决战脱贫攻坚提供坚强保障》，中国政府网，https://www.gov.cn/xinwen/2020-01/13/content_5468732.htm，最后访问日期：2023年12月19日。

好金融反腐和处置金融风险统筹衔接"[①];在中央财经委员会第十次会议上强调,要"一体推进惩治金融腐败和防控金融风险";在中央全面深化改革委员会第二十四次会议上强调,"要高度重视防范金融风险,加强金融系统党的建设,强化全面从严治党严的氛围,把严的要求落到实处,加大金融监管力度,坚决惩处金融领域腐败,查处违纪违法人员"。第二十届中央纪律检查委员会第二次全体会议明确要求深化整治金融领域腐败,加强对中管金融企业深化纪检监察体制改革的指导,提高派驻监督全覆盖质量。[②] 这一系列要求,体现了以习近平同志为核心的党中央对金融领域全面从严治党一以贯之的高度重视,体现了对金融领域全面从严治党规律性认识的不断深化,也对金融纪检监察工作提出了新的更高要求,具有很强的指导性和针对性。

金融纪检监察是在金融系统执行党的纪律检查和国家监察活动的总称。从制度渊源上看,金融纪检监察派驻制度是中国金融监管制度与纪检监察制度交汇的产物,是纪检监察派驻制度的一个重要细分领域。从制度功用上看,金融纪检监察工作是进行金融反腐败斗争、防控金融风险、维护金融安全、促进金融业高质量发展的重要制度保障。在当前深入开展金融反腐败斗争和深化纪检监察派驻机构改革的大背景下,深入研究金融纪检监察派驻制度,总结经验,把握规律,对开创金融反腐败斗争新局面具有重要现实意义。

从现有研究成果看,国内外学者对纪检监察体制的研究很全面,对一些具体问题的理论分析、实践对策的思考也很丰富。然而,关于纪检监察制度的重要细分领域——金融纪检监察派驻制度的专门研究比较少,尤其是关于21世纪以来金融纪检监察派驻机构改革的研究几乎是空白的。侯颖(1989、1993)、赵凤祥(1998)、王洪章(2008)回顾与总结了金融纪检监察工作的开展过程;各级金融纪检机构(中央纪委驻金融系

---

① 《习近平在十九届中央纪委五次全会上发表重要讲话》,中国政府网,https://www.gov.cn/xinwen/2021-01/22/content_5581970.htm,最后访问日期:2023年12月19日。
② 李希:《深入学习贯彻党的二十大精神,在新征程上坚定不移推进全面从严治党——在中国共产党第二十届中央纪律检查委员会第二次全体会议上的工作报告》,中央纪委国家监委网站,https://www.ccdi.gov.cn/toutiaon/202302/t20230223_248739.html,最后访问日期:2023年9月16日。

统纪检组办公室，1993）的工作文章总结了本部门的工作并提出了建议；王冠、任建明（2019）系统梳理了纪检监察派驻制度的演进历程，并提出了一个普适性分析框架。这些资料为本文提供了重要参考和思路。在此基础上，本文系统梳理了改革开放以来金融纪检监察制度的演进历程，分析了影响因素，总结了经验启示，以期为金融纪检监察事业的发展提供些许参考。

一 金融纪检监察派驻制度的演进历程

党和国家对金融纪检监察工作始终高度重视。早在1954年9月，国务院监察部就将金融行业纳入监督范围。1954年7月，中国人民银行制定《人民银行监察工作条例》；1955年9月，其修改为《中国人民银行监察工作制度》，规定总行设监察局，总行管辖行及直属单位设监察室。此后，金融监察工作因故一度陷入停滞，直至改革开放后才逐渐恢复。改革开放以来，党和政府为加强对金融系统的领导和监督，因时制宜地对相关体制机制进行调整。因而，我们可以清晰地观察到，金融纪检监察派驻制度的演进呈现两条相对独立又彼此交融的发展路径：一条是党中央对金融系统的统一领导和中央纪委的纪律监督，另一条是国务院对金融系统的行政领导、行业监管和行政监察。

（一）改革开放初期（1978年12月至1989年6月）

1978年12月，党的十一届三中全会做出了改革开放的伟大决策——恢复重建党的纪律检查机关。1987年10月，党的十三大要求深化金融体制改革，以中央银行为领导、国家银行为主体，发展多种金融机构。[①] 随着市场经济的快速发展，金融业进入新的发展阶段。这一时期，国家外汇管理局（1979）、中国农业银行（1979）、中国银行（1979）、中国人民建设银行

---

① 赵紫阳：《沿着有中国特色的社会主义道路前进——在中国共产党第十三次全国代表大会上的报告》，中国政府网，https://www.gov.cn/test/2007—08129/content_730445.htm，最后访问日期：2023年9月16日。

(1979)、中国人民保险公司（1979）、中国国际信托投资公司（1979）、中国投资银行（1981）、中国工商银行（1984）、交通银行（1987）等一大批金融机构先后恢复和成立。党和政府对金融系统的领导在宏观上纳入国务院财政经济委员会（1979）以及取代它的中央财经领导小组（1980），具体管理依托人民银行，监督体制则适时调整以适应新的形势。1979年6月，国务院批复同意重建各级银行监察机构，人民银行总行设立党组纪检组和监察局。1985年5月，党中央批准中央纪委设立派驻金融系统纪检组，设在人民银行总行，统一负责金融系统党的纪律检查工作；人民银行党组纪检组合并到金融纪检组。[1]1987年7月，中华人民共和国监察部（以下简称"监察部"）正式挂牌办公，第二监察司负责金融监察。1988年7月，监察部派驻金融系统监察局成立，负责金融系统行政监察工作。金融系统监察局既是监察部派出机构，又是人民银行内设职能局，受监察部和人民银行双重领导，业务以监察部领导为主。[2]派驻金融系统纪检组作为中央各级纪委的派出机构，受本级纪委、上级金融系统纪检组和所在人民银行党组领导，代表派出机关执行任务，负责所在人民银行及本地区金融系统的纪律检查工作。其他各行、司及其分支机构分别设立党组纪检组，受同级党组、驻金融系统纪检组和上级行、司党组纪检组的领导。[3]

（二）党的十三届四中全会至党的十五大时期（1989年6月至2002年11月）

1992年10月，党的十四大确定中国经济体制改革的目标是建立社会主义市场经济体制，并要求进一步改革金融管理体制。[4] 随着改革开放步伐的

---

[1]《关于派驻金融系统纪律检查组的决定》，1985年5月25日。
[2] 1988年5月19日，国务院批准设立监察部派驻金融系统监察局（《监察部关于金融系统监察机构工作关系的几点意见》，1988年9月29日；《监察部关于监察部派出机构的领导体制及有关工作关系的几点意见，1988年10月24日》）。
[3] 2000年8月，国务院首次向16家国有重点金融机构派出监事会。同时，中央金融工委向与国家有关部门脱钩后移交中央金融工委管理的5家金融机构也派出监事会。
[4] 江泽民：《加快改革开放和现代化建设步伐，夺取有中国特色社会主义事业的更大胜利——在中国共产党第十四次全国代表大会上的报告》，中国政府网，https://www.gov.cn/test/2007-08/29/content_730511.htm，最后访问日期：2023年9月16日。

进一步加快，市场经济更加繁荣，金融业规模不断增长。这一时期，国务院证券委员会和中国证券监督管理委员会（1992）成立；三大政策性银行（1994）——国家开发银行、中国进出口银行、中国农业发展银行先后成立，实现了政策性金融业务与商业性金融业务相分离；原中国人民保险公司分设中保人寿保险有限公司（1996）。

1993年1月，中央对纪检监察体制进行了重大调整，决定"中央纪委、监察部合署办公，实行一套工作机构、两个机关名称的体制。合署后的中央纪委履行党的纪律检查和政府行政监察两项职能"（中华人民共和国监察部，1998：1404~1405）。1993年5月，中央纪委派驻金融系统纪检组、监察部派驻金融系统监察局实行合署。

1997年9月，党的十五大要求，依法加强对金融机构和金融市场包括证券市场的监管，规范和维护金融秩序，有效防范和化解金融风险。[1] 这一时期，中国保险监督管理委员会（1998）成立；中国出口信用保险公司（2001）成立；中国太平保险公司（2001）在境内复业。国务院为进一步加强监督、完善治理结构，成立国有重点金融机构监事会（2000）。

1998年5月，中央决定成立中共中央金融工作委员会（以下简称"中央金融工委"）和金融机构系统党委，对金融系统党组织实行垂直领导，对干部实行垂直管理。成立中央金融工委是加强金融系统党建的重要决策，也是深化金融体制改革、完善现代金融体系的重大举措。与此同时，中央决定撤销中央纪委派驻金融系统纪检组，成立中央金融纪律检查工作委员会（以下简称"中央金融纪工委"），设在人民银行；撤销各金融机构党组纪检组，成立纪委。中央金融纪工委是中央纪委的派出机构，在中央纪委和中央金融工委的双重领导下工作。人民银行、证监会、国有商业银行、政策性银行、交通银行和人民保险公司成立纪委，接受同级党委和中央金融纪工委的双重领导。[2]

---

[1] 江泽民：《高举邓小平理论伟大旗帜，把建设有中国特色社会主义事业全面推向二十一世纪——在中国共产党第十五次全国代表大会上的报告》，中国政府网，http://www.gov.cn/test/2007-08/29/content_730614.htm，最后访问日期：2023年9月16日。

[2] 《中共中央关于完善金融系统党的领导体制，加强和改进金融系统党的工作有关问题的通知》，1998年5月19日。

(三)党的十六大至党的十七大时期(2002年11月至2012年11月)

2002年11月,党的十六大要求,加强金融监管,防范和化解金融风险,使金融更好地为经济社会发展服务。^① 这一时期,中国银行业监督管理委员会(以下简称"银监会")于2003年成立,标志着"一行三会"金融分业监管格局正式形成。2003年3月,中央决定撤销中央金融工委和中央金融纪工委;成立银监会党委,调整证监会、保监会党委职责;人民银行总行保留纪委,"三会"纪委与本会监察机构合署,接受中央纪委和本会党委的双重领导。

2007年10月,党的十七大要求,推进金融体制改革,发展各类金融市场,形成多种所有制和多种经营形式、结构合理、功能完善、高效安全的现代金融体系。^② 这一时期,中国投资有限责任公司(2007)成立;四大国有保险公司明确为副部级单位^③。2006年,监察部派驻人民银行监察局实行统一管理;"一行三会"及各行、司的纪检监察体制保持纪委与监察局(部、室)合署体制。

(四)党的十八大至党的二十大时期(2012年11月至今)

2012年11月,党的十八大要求,完善金融监管,维护金融稳定。^④ 这一时期,在"一行三会"金融分业监管格局下,金融供给侧结构性改革不断深化;纪检监察派驻机构改革取得明显成效,实现全覆盖。2013年11月,党的十八届三中全会通过的《中共中央关于全面深化改革若干

---

① 江泽民:《全面建设小康社会,开创中国特色社会主义事业新局面——在中国共产党第十六次全国代表大会上的报告》,中华人民共和国科学技术部,https://www.most.gov.cn/zxgz/jgdj/xxyd/zlzx/200905/t20090518_69741.html,最后访问日期:2023年9月16日。
② 胡锦涛:《高举中国特色社会主义伟大旗帜,为夺取全面建设小康社会新胜利而奋斗——在中国共产党第十七次全国代表大会上的报告》,中国政府网,https://www.gov.cn/test/2012-10/18/content_2246548.htm,最后访问日期:2023年12月18日。
③ 2012年3月16日,中央组织部相关会议明确宣布,中国人寿保险集团、中国人民保险集团、中国太平保险集团、中国出口信用保险公司为副部级单位。
④ 胡锦涛:《坚定不移沿着中国特色社会主义道路前进,为全面建成小康社会而奋斗——在中国共产党第十八次全国代表大会上的报告》,中国政府网,https://www.gov.cn/ldhd/2012-11/17/content_2268826.htm,最后访问日期:2013年12月18日。

重大问题的决定》要求，全面落实中央纪委向中央一级党和国家机关派驻纪检机构，实行统一名称、统一管理。派驻机构对派出机关负责，履行监督职责。2014年6月，《党的纪律检查体制改革实施方案》再次强调实现派驻全覆盖。2014年3月，中央纪委调整内设机构，纪检监察室增至12个，第四纪检监察室负责联系金融系统。2014年12月，《关于加强中央纪委派驻机构建设的意见》对派驻全覆盖做出具体部署。2015年11月，中央纪委共设47家派驻机构，实现对139家中央一级党和国家机关派驻纪检机构全覆盖。①

2017年10月，党的十九大要求，健全金融监管体系，守住不发生系统性金融风险的底线。②这一时期，中央调整金融监管机构布局，加强统一领导；纪检监察体制改革持续深化。2017年7月，国务院为加强金融监管协调、补齐监管短板，成立金融稳定发展委员会。2018年3月，中央财经领导小组升级为中央财经委员会。2018年4月，银监会、保监会被整合为中国银行保险监督管理委员会（以下简称"银保监会"）。2018年3月，中华人民共和国国家监察委员会成立，并与中央纪委合署，构建了新的党和国家监督体系框架。中央决定进一步深化纪检监察派驻机构改革，完善体制机制。2018年10月，《关于深化中央纪委国家监委派驻机构改革的意见》要求，拓展派驻全覆盖范围，提高派驻监督全覆盖质量。③2022年6月，《纪检监察机关派驻机构工作规则》明确派驻覆盖至中管金融企业（见表1）。④2022年10月，党的二十大要求，深化金融体制改革，建设现代中央银行制度，加强和完善现代金融监管，强化金融稳定保障体系，依法

---

① 《关于全面落实中央纪委向中央一级党和国家机关派驻纪检机构的方案》，2015年11月20日。
② 习近平：《决胜全面建成小康社会 夺取新时代中国特色社会主义伟大胜利——在中国共产党第十九次全国代表大会上的报告》，新华网，http://www.moe.gov.cn/jyb_xwfb/xw_zt/moe_357/jyzt_2017_ztll/17ztll_yw/201710/t20171031_317898.ntml?eqid=aloef93300037le100000003643aae75，最后访问日期：2023年9月16日。
③ 赵乐际：《着力提高派驻监督全覆盖质量》，新华网，http://www.xinhuanet.com/2018-11/02/c_1123656159.htm。
④ 《纪检监察机关派驻机构工作规则》第六条规定："中央纪律检查委员会国家监察委员会向中央一级党和国家机关、中管金融企业派驻纪检监察组"。

将各类金融活动全部纳入监管，守住不发生系统性风险的底线。2023年3月，中央决定组建国家金融监督管理总局，不再保留银保监会。①

表1 中央纪委国家监委派驻金融监管机构和中管金融企业情况

时间	中央纪委国家监委内设机构	中央纪委国家监委派驻机构	
党的二十大时期（2022年10月至今）	第四监督检查室	派驻中国人民银行纪检监察组	
		派驻国家金融监督管理总局纪检监察组	
		派驻中国证券监督管理委员会纪检监察组	
		派驻中管金融企业纪检监察组15家	中国投资有限责任公司、国家开发银行、中国农业发展银行、中国进出口银行、中国工商银行、中国银行、中国农业银行、中国建设银行、交通银行、中信集团、光大集团、中国人民保险公司、中国人寿公司、中国太平保险公司、中国出口信用保险公司

二 金融纪检监察派驻制度演进的影响因素

改革开放以来，金融纪检监察派驻制度演进呈现明显的间断平衡特征②。间断平衡理论认为，长时间的只有微小变化的稳定或平衡被短时间内发生的大变化打断，也就是说，长期的微进化之后出现快速的大进化，渐变式的微进化与跃变式的大进化交替出现（谢平，2013：333）。以1979年的中国金融改革为起点，我们可以清晰地观察到金融纪检监察制度演进过程中的七个节点以及与之相伴的体制跃变。

1985年5月，中央纪委派驻金融系统纪检组成立，标志着金融系统纪检制度建立（节点1）。1988年7月，监察部派驻金融系统监察局成立，标志着金融系统行政监察制度建立（节点2）。1993年5月，派驻金融系统纪检组与派驻金融系统监察局合署办公（节点3）。1998年5月，中央金融工

---

① 《中共中央 国务院印发〈党和国家机构改革方案〉》，中国政府网，http://www.gov.cn/zhengce/2023-03/16/content_5747072.htm?dzb=true，最后访问日期：2023年9月16日。
② 1972年，古尔德（Stephen Jay Gould）和埃尔德里奇（Niles Eldredge）在《间断平衡：代替种系发生渐进主义》中提出该理论，强调生物的进化是渐变与突变、连续与间断的统一。参见夏征农，2003。

委和中央金融纪工委成立，标志着中央加强对金融工作的集中统一领导（节点4）。2003年3月，撤销中央金融工委和中央金融纪工委，"一行三会"成立纪委，标志着纪检体制适应新的金融分业监管格局（节点5）。2015年12月，中央纪委在"一行三会"设立派驻纪检组，标志着派驻全覆盖金融监管机构（节点6）。2019年1月，中央纪委国家监委在15家中管金融企业派驻纪检监察组组长开始到位，标志着深化派驻机构改革取得重要进展（节点7）。这七个节点，一方面大致勾勒出金融纪检监察派驻制度演进的走势；另一方面清楚地表明金融纪检监察派驻制度演进受到金融体制改革、纪检监察派驻机构改革的双重影响，并始终与金融反腐败斗争形势任务相适应。

（一）金融体制改革的影响

金融纪检监察派驻制度与金融体制在总体上高度契合，具体表现在以下三个主要方面。

一是与金融系统党的领导关系保持一致。改革开放初期，金融系统党的关系一直是属地管理。在中央层面，中央纪委设立派驻金融系统纪检组，监察部设立派驻金融系统监察局，以加强监督。1998年5月，中央改革金融系统党的领导体制，决定对金融系统党组织实行垂直领导，对干部实行垂直管理。这是金融改革迈出的重大而关键的一步。在机构设置上，成立中央金融工委和中央金融纪工委。中央金融工委的工作机构设在中国人民银行；中央金融纪工委是中央纪委的派出机关，接受双重领导，与人民银行纪委、监察部派驻金融系统监察局合署办公。①2003年3月，撤销中央纪委派驻金融系统纪检组。各金融机构党组改为党委，成立纪委，撤销党组纪检组。各金融机构纪委接受同级党委和中央金融纪工委的双重领导。

二是与金融分业监管体制相契合。现行的金融纪检监察派驻制度是按照金融分业监管架构，并根据纪检监察派驻工作的要求不断调整、完善的。随着改革开放后金融业的蓬勃发展，中央开始深化金融体制改革，加强金融监管。随着证监会、保监会、银监会的先后成立，"一行三会"金融分业监管

---

① 《中共中央关于完善金融系统党的领导体制加强和改进金融系统党的工作有关问题的通知》，1998年5月19日。

格局形成。中央适时调整金融纪检监察派驻体制，撤销中央金融工委和中央金融纪工委，对金融监管机构党的领导体制进行了调整，成立党委、纪委，负责本系统的纪检工作；对金融企业党的关系管理和纪检监察体制也做了相应的调整和改革。21世纪以来，金融纪检监察派驻制度与金融监管体制改革同步推进，同向发力。2015年12月，将"一行三会"纪委体制改为纪检派驻体制，由中央纪委派驻纪检组。2018年4月，银保监会成立，金融监管格局变为"一行两会"，中央纪委国家监委向银保监会派驻纪检监察组。2019年1月，中央纪委国家监委向15家中管金融企业派驻纪检监察组，在金融领域的派驻全覆盖进一步延伸。在监督实践中，派驻机构对综合性金融集团进行全口径监督，包括其所属的银行、证券、保险等所有业务板块。

三是与蓬勃发展的金融业相伴。改革开放前的中国金融体系，是与计划经济体制相适应的高度集中的单一的银行体制，既没有独立的中央银行，也没有商业性的金融机构。中国人民银行既代表国家负责金融管理和货币发行，也从事一般性的银行业务。金融业在国民经济发展中的作用不明显，因此金融纪检监察派驻制度也比较简单。随着改革开放的推进，1979年以后，中国农业银行、中国银行、中国建设银行、中国工商银行等专业银行先后恢复；股份制商业银行开始设立；三大政策性银行相继成立；保险、信托、证券、期货等各类非银行金融机构快速增长。时至今日，全国共有银行业金融机构4604家，保险机构232家，证券公司140家，期货公司150家。一个以商业银行为主体、多种金融机构分工协作的多层次金融机构体系基本形成，金融业支持经济社会发展的能力明显提高。与此同时，金融纪检监察派驻制度和蓬勃兴旺的金融业相伴相生，不断完善健全以更好地适应金融业发展的新趋势。

（二）纪检监察派驻机构改革的影响

金融纪检监察派驻制度是纪检监察制度的重要组成部分。因此，金融纪检监察派驻制度的演进受到纪检监察机构改革直接而深刻的影响。1985年5月，中央纪委派驻金融系统纪律检查组成立；1988年7月，监察部派驻金融系统监察局成立。这标志着金融系统纪检、监察双派驻体制建立。1993年

1月，中央纪委与监察部合署办公。1993年5月，为适应新体制，派驻金融系统纪检组与派驻金融系统监察局实行合署。党的十八大以来，中央纪委对中央一级党和国家机关实现派驻全覆盖；党中央分级分类推进派驻机构改革，在党和国家机关、国有金融企业等单位积极探索实践，形成了具有各自特点的经验做法。①2015年12月，中央纪委向"一行三会"派驻纪检组，改纪委体制为纪检派驻体制。2018年3月，国家监委成立后，派驻"一行两会"纪检组改为纪检监察组。2018年10月，中共中央办公厅印发《关于深化中央纪委国家监委派驻机构改革的意见》；同年11月，深化中央纪委国家监委派驻机构改革动员部署会要求，有序开展了向中管金融企业派驻纪检监察组的各项工作。2019年1月，中央纪委国家监委在15家中管金融企业派驻纪检监察组组长开始到位。至此，我国形成了"1+3+15"金融系统纪检监察派驻体制新格局——中央纪委国家监委第三监督检查室对口联系，3家金融监管单位派驻纪检监察组和15家金融企业派驻纪检监察组。改革开放以来，金融纪检监察派驻制度顺应党情国情的重大变化，因应党的纪检体制改革和国家监察体制改革要求不断调整派驻模式，从最初的单派驻到双派驻，再到派驻机构合署，然后到21世纪以来的派驻全覆盖，直到今天的派驻监管机构+派驻金融企业，其架构更加合理，监督更加有效。

（三）适应金融反腐败斗争形势

金融很重要，是现代经济的核心，金融搞好了，一着棋活，全盘皆活（邓小平，1993：366~367）。金融在经济体系中的作用十分关键，且资源与利益高度集中，因此金融腐败牵一发而动全身，影响金融市场稳定和经济发展，社会危害极大。改革开放以来，中央始终高度重视金融反腐败，并不断加强金融纪检监察派驻制度建设，以确保金融业和经济健康发展。自党的十五大时期查办了金德琴、王雪冰、朱小华、赵安歌等一批大案要案起，中央就始终保持对金融腐败的高压严打态势，并不断完善金融纪检监察派驻制

---

① 中央纪委国家监委法规室：《坚持职责定位 完善体制机制 推动纪检监察派驻监督工作高质量发展》，中央纪委国家监委网站，https://www.ccdi.gov.cn/toutiaon/202206/t20220628_201932.html，最后访问日期：2023年9月16日。

度。21世纪以来,党中央坚持反腐无禁区,进一步加大金融反腐败力度,在金融领域反腐成绩斐然,查处了一众金融监管官员和中管金融企业高管。党的十九大以来,习近平总书记多次强调金融反腐败的重要性,提出要"坚决打好防范化解包括金融风险在内的重大风险攻坚战,推动我国金融业健康发展""要管住金融机构、金融监管部门主要负责人和高中级管理人员,加强对他们的教育监督管理,加强金融领域反腐败力度"。[①] 正是在以习近平同志为核心的党中央的坚强领导和正确指挥下,金融纪检监察派驻机构改革才能始终循着不断加强党对金融反腐败斗争集中统一领导这条主线,纪检监察机关实现了对金融监管机构和中管金融企业的派驻全覆盖,有效加强了党对金融反腐败工作的集中统一领导,为防范化解金融风险、保障金融安全、深入推进金融反腐败斗争提供了坚强有力的制度保障。

三 金融纪检监察派驻制度演进的经验启示

(一)必须强化党对金融纪检监察工作的领导

首先,强化党对金融纪检监察工作的领导是取得金融反腐败斗争压倒性胜利的根本政治保障。金融是事关国计民生的关键领域,必须坚持党对金融反腐败斗争的集中统一领导,才能有效防范金融风险,保障金融安全。改革开放初期,金融纪检监察工作体制不顺,金融系统分支机构党的关系不在人民银行总行,但是金融系统的纪检监察工作由驻金融系统纪检组负责,与各地关系协调比较复杂。为此,中央实行金融系统党的关系垂直领导,建立中央金融工委和中央金融纪工委,加强领导和监督(侯颖,2008)。在金融分业监管格局逐渐形成后,金融监管机构成立纪委,负责本系统纪检工作。21世纪以来,面对"依然严峻复杂"的反腐败斗争形势,中央进一步加强党对反腐败工作的集中统一领导。随着纪检监察体制三项改革持续深化,中央纪委国家监委实现了对监管机构和中管金融企业的派驻全覆盖。从派驻纪检

---

① 《习近平主持中共中央政治局第十三次集体学习并讲话》,中国政府网,https://www.gov.cn/xinwen/2019-02/23/content_5367953.htm?eqid=eb00353f000170b4000000026462ded8&eqid=ef2adba50002a5d700000006648fbd1f,最后访问日期:2023年12月18日。

组,到中央金融纪工委、监管机构纪委,再到派驻纪检监察组,中央始终高度重视并不断探索有效开展金融反腐败斗争的纪检监察制度模式。四十多年的经验和实践表明,正是因为强化了党中央对金融纪检监察工作的集中统一领导,深化了金融纪检监察派驻机构改革,结束了长期以来的政出多头、各行其是的局面,新时代金融反腐败斗争才能取得重大突破和明显成效。

其次,强化党对金融纪检监察工作的领导有利于健全完善具有中国特色的公司治理模式。在现代企业管理中,只有形成经营权、收益权、监督权(控制权)平衡治理结构,才能发挥激励相容、信息对称、监督权威的共同作用,激发和锻造中国企业内生增长动力和能力。一方面,现行《中华人民共和国公司法》(以下简称《公司法》)对中国企业治理结构的导向,明显呈现以董事会为中心的倾向①,监事会职权有明显削弱。国有重点金融企业监事会制度建立以来发挥了一定作用,但党的十八大以来查处的大量金融腐败案件在一定程度上表明了监事会监督的局限性。监事会在治理结构中的进一步弱化,必须通过更加强有力的监督机制予以平衡。另一方面,中管金融企业的性质和其在中国经济中所扮演的角色决定了仅仅依靠《公司法》建构的公司治理结构开展经营管理是远远不够的。在中国情境下,"讲政治"应该成为国有企业公司治理结构的重要维度之一。因此,在中管金融企业治理中必须旗帜鲜明地突出党的领导,尤其是强化党对金融纪检监察工作的领导。将金融纪检监察机构与监事会相互配合,加强政治监督与业务监督的协同,才能实现更好的监督效果。

(二)必须坚持"三不腐"一体推进

"不敢腐、不能腐、不想腐"是一个有机整体,必须齐头并进一体建设,将"三不腐"一体理念贯穿于金融领域正风肃纪反腐全过程。"不敢腐"是实现"不能腐"和"不想腐"的前提,是构建体制机制的关键和基础;"不

---

① 2021年12月,《中华人民共和国公司法(修订草案)》提请第十三届全国人大常委会审议,并向社会公开征求意见。本次修订草案共15章260条,在现行《公司法》共13章218条的基础上,新增和修改约70个条目。从有关董事会的条款修订内容看,本次修订草案强化了董事会权力配置,呈现明显的董事会中心主义倾向。

能腐"是"不敢腐"和"不想腐"的制度保障;"不想腐"建立在"不敢腐"的基础上,受到"不能腐"制度保障,是一种理想状态。

首先,保持高压严打态势,强化"不敢腐"的震慑。办案是最严格的监督,办案没力度,监督就是"纸老虎"。只有始终将案件查办放在突出位置不放松,才能形成"不敢腐"的震慑。

其次,制度建设与执行并重,形成"不能腐"的动态机制。在完善制度体系的同时,必须着力抓制度的执行,正如我国清末法学家沈家本所说:"法立而不行,与无法等,世未有无法之国而长治久安也。"纪检监察组要根据金融系统实际,不断更新、完善具体制度,健全利益冲突防范机制,督促监督对象习惯在受监督和约束的环境中工作生活,防"腐"于未然。

最后,以润物无声的宣教,形成"不想腐"的自觉。通过警示教育以案说法、以案促改,实现查处一案警示一片的效应;通过正面宣传和党性党风党纪教育,突出价值引领,推动新时代廉洁文化建设,形成"崇廉"氛围。一体推进"三不腐"是反腐败基本方针的重大继承和创新,也是深入推进反腐败斗争的方法论和战略目标,具有普适指导性。因此,纪检监察组必须认真学习领会贯彻落实习近平总书记关于金融反腐败斗争的重要指示精神,将一体推进"三不腐"作为深化金融领域反腐、防控金融风险和构建系统良好政治生态的根本指引,将其全面落实到正风肃纪反腐当中,一体谋划、统筹推进、贯通协同,这样才能增强金融反腐败工作的系统性和实效性。

(三)必须将政治监督放在首位

首先,金融纪检监察的功能定位是政治监督。纪检监察机关是政治机关,中央纪委国家监委向金融监管机构和中管金融企业派驻纪检监察组,是要其发挥"探头"作用,强化政治监督,而不是越俎代庖进行业务监管。这就要求金融纪检监察工作从政治上看主责主业,而不是从业务上看主责主业,要透过业务抓政治,从政治上考虑问题,从政治上看工作,从政治上做判断,着力查找政治偏差。

其次,政治监督的核心就是坚决做到"两个维护"。派驻纪检监察组要以更强的政治判断力、领悟力和执行力践行"两个维护",充分发挥监督保障执行、促进完善发展的作用。在现阶段，"两个维护"具体表现为监督推动习近平总书记关于金融工作和金融反腐败斗争的重要指示批示精神落地见效。判断好不好、对不对的标准，要看是不是符合"三新一高"要义，是否有利于促进金融业高质量发展；是不是有利于防控金融风险，维护金融安全；是不是不折不扣地贯彻落实中央金融工作重大决策部署。历史经验表明，只有用党的路线方针政策、党中央赋予的职能和政治站位去做政治监督，才能看出业绩背后的政治偏差，看出是否做到了"两个维护"。

（四）必须统筹衔接金融反腐败与金融风险防控

改革开放以来，金融业伴随经济的高速增长而蓬勃发展。由于金融在现代经济中的核心地位，防范金融风险、维护金融安全的意义显得尤为重大。历史经验表明，金融风险往往会给一个地区、国家的经济发展带来灾难性破坏。对此，习近平总书记强调要统筹做好重大金融风险防范化解工作，一体推进惩治金融腐败和防控金融风险。①从金融反腐败和防控金融风险的关系看，金融腐败与风险往往相伴而生，腐败诱发并加剧金融风险；金融反腐败是防控金融风险的重要方式。从21世纪以来金融风险和金融反腐败斗争形势看，尽管防范化解重大金融风险攻坚战取得了重要阶段性成果，但是腐败存量尚未清底，增量仍有发生，任务依然艰巨。金融腐败除具有涉案金额大、窝案串案多、外溢性强等一般性行业特点外，还呈现政治问题和经济问题交织、传统腐败和新型腐败交织的新特点。金融纪检监察工作必须将金融反腐败与防控金融风险统筹衔接，只有牢牢守住不发生系统性金融风险的底线，才能促进金融业高质量发展。

（五）必须贴近金融监管与金融业务

金融业的特点决定了开展金融纪检监察工作必须贴近金融监管与金融业务，并根据不同时期的中央金融工作重大决策部署，不断调整工作思路和方式。金融业作为一个高度专业化的特许经营行业，金融机构牌照包括银保监

---

① 《习近平主持召开中央财经委员会第十次会议》，新华社，http://www.gov.cn/xinwen/2021-08/17/content_5631780.htm，最后访问日期：2023年9月16日。

会颁发的16类、证监会颁发的3类、人民银行颁发的3类，开展业务还需要若干类业务牌照。不同领域的金融监管，类型多样的金融业态，各有特点的金融业务，隐藏着不同类型的廉政风险。因此，纪检监察组驻到"一行两会"就要贴近金融监管开展监督，驻到中管金融企业就要贴近金融业务开展监督，不能搞成"两张皮"。贴近金融监管开展监督，就要加强对中央金融方针政策部署落实和贯彻新发展理念情况的监督检查，着力发现和解决本行业在党风廉政方面妨碍金融发展和存在金融风险的突出问题，确保金融宏观调控、改革与稳定、监管等重要职责的正确履行。贴近金融业务开展监督，就要加强对金融企业"关键少数"从严管党治企、依法合规履职、廉洁从业用权等情况的监督检查，着力发现和解决偏离主责主业方面的突出问题，促进金融企业治理能力提升，增强金融服务实体经济能力。只有因业制宜，形成纪检监察工作与监管、业务工作的良性互动、互相促进、协调发展的良好局面，才能做到有的放矢，取得更好的工作成效。

（六）必须加强各类监督协同

金融纪检监察是党和国家对金融业领导监督体系的重要组成部分。在四十多年的探索中，中央逐渐构建起一个多主体、多层次、各有分工、相互配合的金融业领导和监督体系。在这一过程中，纪检监察机构从未缺位，在各个时期都对规范金融管理、防范金融风险、保障金融安全发挥了不可或缺的重要作用。现行的金融纪检监察体系，由中央纪委国家监委直接派驻金融监管机构和中管金融企业两部分组成。由于金融业实行垂直管理，派驻"一行两会"纪检监察组既负责本系统机关及全国各地分支机构的监督，也负责由其党委管理领导的诸多金融机构的监督。派驻中管金融企业纪检监察组负责本单位所有分支机构的监督，中管金融企业多数是企业集团，分支机构众多，还包括海外机构。无论是哪种情况，纪检监察组都要实现对超大型组织的有效监督，除了发挥"派"的权威和"驻"的优势，还需要与相关部门加强配合，实现监督协同高效。一是与党委分工配合。明确主体责任和监督责任，强化政治监督。二是与金融监管机构加强协作，以强监督促进强监管。三是与巡视机构协同。巡视监督具有独立、机动、抗干扰的优势；派驻机构与驻在部门联系紧密，具有"驻"的优势。双方要发挥各自优势，在巡视工作全流程、各环节相互配合协同，提升巡视威慑力。四是与审计部门协同。提升对审计工作的重视，通过专项离任审计和复审抽查等方式，强化财经纪律执行，以专业主义提升监督质量。五是与企业监事会协同。在公司治理中，监事会的业务监督与纪检监察组的政治监督能够优势互补，形成监督合力。六是与地方纪委监委协同。通过"室、组、地"联合办案制度，纪检监察组能够借助多边合作形成监督合力，明显提升办案质效，取得"1+1+1>3"的效果。

（七）必须加强金融纪检监察队伍建设

政治过硬、本领高强的纪检监察干部队伍，是深入推进金融反腐败斗争的人才保障。一是选配优秀干部充实纪检监察队伍。纪检监察体制改革以来，金融纪检监察机构大幅扩容，干部队伍亟待充实更多政治素质高、专业能力强的干部。二是抓好抓实干部培训。在纪检监察体制变革期，面对新的形势任务，必须深化全员培训，分级分类培训，抓好纪检监察和金融业务两方面培训，努力提高理论水平和业务能力，这样才能胜任新时代金融纪检监察工作。三是从严从实加强自我监督和约束，做遵纪守法标杆。打铁还需自身硬，纪检监察干部必须坚定理想信念，牢记初心使命，深学细悟践行习近平新时代中国特色社会主义思想，以理论清醒保证政治坚定，提高政治判断力、领悟力和执行力；自觉接受严格监督和约束，严防"灯下黑"，始终保持忠诚、干净、担当的政治本色，永作党和人民的忠诚卫士。

参考文献

邓小平，1993，《视察上海时的谈话》，载《邓小平文选》（第三卷），人民出版社。

侯颖，1989，《关于加强金融系统检查工作的若干问题》，载侯颖主编《改革开放中的金融纪检监察工作》，中国金融出版社。

侯颖，1993，《坚决贯彻落实中央反腐败斗争工作部署和中央纪委二次全会精神进一步推进金融系统党风廉政建设》，载侯颖主编《改革开放中的金融纪检监察工作》，中国金融出版社。

侯颖，2008，《继承优良传统开创反腐倡廉建设新局面——中国人民银行召开纪念党的纪律检查机关恢复重建30周年座谈会发言摘录》，《金融时报》11月25日，第4版。

王冠、任建明，2019，《纪检监察派驻制度的演进、逻辑与改革建议》，《科学社会主义》第6期。

王洪章，2008，《以科学发展观统领人民银行反腐倡廉工作——纪念党的纪律检查机关恢复重建30周年》，《金融时报》12月5日，第2版。

夏征农编，2003，《大辞海（哲学）》，上海辞书出版社。

谢平，2013，《从生态学透视生命系统的设计、运作与演化——生态、遗传和进化通过生殖的融合》，科学出版社。

赵凤祥，1998，《中国人民银行党的纪律检查与行政监察工作五十年》，《中国金融》第12期。

中华人民共和国监察部编，1998，《中国监察年鉴》（1992年—1997年卷）（下册），中国方正出版社。

中央纪委驻金融系统纪检组办公室编，1993，《新思路探索——全国金融系统纪检监察工作理论研讨会论文汇编》，中国金融出版社。

监察体制改革背景下民营企业行贿犯罪合规制度研究
——以民营企业交往的监察对象为中心 *

王 刚 陈厚佚 **

摘 要：实证研究表明，我国民营企业行贿犯罪严重，行贿犯罪是民营企业发展过程中存在的重要刑事风险，同时也是受贿犯罪高发的原因。为契合监察体制改革背景下我国反腐败工作的整体策略，应结合贿赂犯罪的对合性特点，以与民营企业往来的监察对象为中心，构建民营企业行贿犯罪合规制度。首先，民营企业应结合行业特点、企业需求，对与监察对象往来的重点人员、重点岗位及重点领域的行贿犯罪风险予以准确识别；其次，民营企业可借鉴境外合规管理成熟经验，构建其与监察对象进行商业往来的义务清单；最后，大型民营企业可在构建和完善行贿犯罪合规制度的过程中加强与监察机关的配合及协作。以上措施的提出，有助于防范民营企业行贿犯罪风险，并进一步增强国家监察法治化工作的实效。

关键词：监察体制改革；民营企业；行贿犯罪；监察对象；合规制度

一 引言

刑事合规始于我国金融保险领域，而后延伸至一般经济性企业。民营企业作为我国重要的经济主体，在市场经济活动中面临的刑事风险不仅会对企业本身造成灾难性打击，还会给社会经济、公民财产等带来损失。党的十八大以来，我国反腐败工作呈现高压态势。在反腐败领域中，民营企业被动依

---

* 项目基金：国家社科基金重大项目"中国特色国家监察学学科体系建设研究"（项目编号：19ZDA134）、2022年江苏省研究生科研创新计划项目（项目编号：KYCX22_2145）。

** 作者简介：王刚，博士，南京审计大学法学院教授，研究方向为刑事法学；陈厚佚，南京审计大学法学院2021级硕士研究生。

附公权力与主动围猎公职人员所引发的权钱交易成了贿赂犯罪的两种主要模式，民营企业行贿犯罪的预防与国家反腐败行动产生交集。

民营企业与公权力的往来主要体现在国家机关、国有企业和事业单位与民营企业及其工作人员之间形成的行政管理关系或经营合作关系中，指向的具体对象多数具有监察对象的身份特征。因此，民营企业构建行贿犯罪合规制度，不仅能准确识别和有效预防民营企业行贿犯罪风险，还有助于规范相关公职人员的职务行为。本文通过分析我国民营企业的发展现状、主要刑事风险以及监察体制改革给民营企业合规制度构建带来的冲击，围绕监察对象这一监察法律规范的逻辑基点，探索其与民营企业行贿犯罪的关系。在此基础上，本文结合我国反腐败工作的现实需要，对民营企业如何以其交往的监察对象为中心构建行贿犯罪合规制度提出设想。

二 企业刑事合规的内涵及意义

"合规"一词源于英文 compliance，意为合乎法规、合乎规范。企业合规是英美法系国家创立的一种公司治理机制，后为大陆法系国家接受并使用（李永升、杨攀，2019）。根据我国 2018 年实施的《合规管理体系指南》，合规的"规"不仅包括国家的法律规范，也包括符合行业特点、行业要求的行业规范、商业道德伦理、企业内部预设的规章制度以及与交易相对方签订的协议等。①

关于刑事合规的内涵，理论界有不同看法。以构建刑事合规的主体或主导者为标准，分为侧重国家层面和侧重企业层面两种观点。前者认为，刑事合规即"为避免因企业或企业员工相关行为给企业带来的刑事责任，国家通过刑事政策上的正向激励和责任归咎，推动企业以刑事法律的标准来识别、评估和预防公司的刑事风险，制定并实施遵守刑事法律的计划和措施"（孙国祥，2019）。后者认为，刑事合规义务在我国公司法中有所体现，即公司从事经营活动，必须遵守法律法规（包括刑事法律规范），遵守社会公德、

---

① 参见《中华人民共和国国家标准 GB/T35770-2017〈合规管理体系指南〉》引言："合规意味着组织遵守了适用的法律法规及监管规定，也遵守了相关标准、合同、有效治理原则或道德准则。"

商业道德，接受政府和社会公众监督（李本灿，2020）。还有学者从企业犯罪预防层面分析了企业适法计划存在的理论基础与有效性，由企业适法计划的内涵可推知刑事合规是指"企业为预防、发现违法行为而主动实施的内部机制"（周振杰，2012）。

传统上，民营企业犯罪的侦查和预防主要由国家司法机关主导，但国家资源的有限性、企业运行的复杂性以及刑罚的事后追惩性使企业犯罪仅依靠外部力量监督难以实现"防患于未然"的目的。由此可知，高效的民营企业犯罪预防需要国家与企业合作进行，涉及职务犯罪的尤为如此。2020年初最高人民检察院开展涉案企业合规改革试点工作，2021年将"督促涉案企业合规管理，做好依法不捕、不诉、不判实刑的后续工作"写入其工作报告，体现了（民营）企业犯罪治理"国家－企业"合作模式的诞生。因此，笔者认为，将"刑事合规"界定为"国家－企业对犯罪预防的合作模式"更符合企业犯罪规律和企业治理发展趋势。在此意义上，企业刑事合规是指国家通过量刑减免、合规不起诉等激励方式，推动企业构建内部刑事合规风险的识别及预防机制，以达到犯罪预防的效果。

对于民营企业自身而言，构建刑事合规制度具有以下两方面重要意义。其一，赋予民营企业在刑事风险领域的积极管理义务，以遏制潜在的犯罪活动。民营企业通过建立能够预防犯罪的合规管理体系，采取有针对性的有效合规措施，能够以"低成本、高收益"的方式预防经济犯罪活动，以消除或者减轻潜在的刑事处罚风险（孙国祥，2019）。其二，构建刑事合规风险的识别与预防机制，形成反腐败的企业文化。企业文化指"为企业员工所共享并对之行为与选择产生影响的一系列价值观、信仰以及行为规则"（周振杰，2012）。民营企业刑事合规的最终目的并不在于对行为的规制，而在于通过一种"规制了的自制"①理念强调企业所应承担的社会责任，这种社会责任的最

---

① "规制了的自制"理念来源于"文化责任原则"。该原则认为在单位犯罪中，企业内部成员的主观意志以及企业活动的具体组织方式都不是判断企业存在故意或者过失的基础，只有组织内部存在的企业文化才是判断企业具有故意或者过失的标准。该原则强调用"规制了的自制"理念改造预防单位犯罪的方式，传统的依靠扩大犯罪圈和加重刑罚的方式已经不足以应对单位犯罪的发展。"规制了的自制"实际上指的是"公私共制"，立法机关作为国家公权力的代表，通过立法的方式为企业的自我约束创制了框架，赋予约束力，（转下页注）

终落实则取决于企业员工内心的自我约束并外化为具体的客观行为。

在我国市场经济体制中，民营企业不同于国有企业，存在一些先天性结构缺陷，更易触及贿赂犯罪。将民营企业刑事合规与反腐败相结合，不仅能防范民营企业行贿犯罪风险，还能有效遏制公职人员的腐败犯罪，具有双重犯罪预防效果。梳理民营企业面临的刑事风险，分析其中的行贿犯罪风险特征，是开展有效的行贿犯罪合规计划的基础。

三 我国民营企业的发展状况和刑事风险

民营企业在运营过程中面临诸多刑事风险，行贿犯罪是最常见的刑事风险。中央纪委国家监委于2022年4月25日通报的十起案件中，接受调查的公职人员均涉及收受民营企业贿赂，且都是通过如安排旅游、接受宴请（食用高档食物）等给付非财产性利益方式完成利益输送。① 民营企业涉嫌行贿犯罪之状况，由此可见一斑。

（一）我国民营企业发展现状及困境

改革开放以来，民营企业逐渐发展为国民经济的重要组成部分。2018年，习近平总书记在民营企业座谈会上提出："民营经济具有'五六七八九'的特征，即贡献了50%以上的税收，60%以上的国内生产总值，70%以上的技术创新成果，80%以上的城镇劳动就业，90%以上的企业数量。"② 在实现全面建成社会主义现代化国家的伟大征程中，民营企业不仅不能缺席，而且应发展壮大。

在国内外不利因素的综合影响下，当前民营企业发展面临诸多困境，出现资金短缺、成本增加、融资困难、运营不规范等风险。其中，刑事法律风险不

（接上页注①）并且为企业自治设定了基本目标以及激励机制，企业在立法机关创制的框架内有相对自由空间。参见李永升、杨攀，2019。

① 《中央纪委国家监委公开通报十起违反中央八项规定精神典型问题》，中共中央纪律监察委员会、中华人民共和国国家监察委员会官网，https://www.ccdi.gov.cn/toutiaon/202204/t20220425_188556.html，最后访问日期：2022年4月27日。

② 《习近平：在民营企业座谈会上的讲话》，中华人民共和国中央人民政府官网，http://www.gov.cn/xinwen/2018-11/01/content_5336616.htm，最后访问日期：2022年5月20日。

仅给企业自身的存续带来巨大威胁，而且会导致社会经济的损失、公民信任感的降低，甚至损害公民的生命权、健康权。根据中国企业家犯罪研究中心发布的有关报告，在企业家犯罪的样本数据中，国有企业家犯罪数约占7.21%，民营企业家犯罪数约占92.79%。从具体罪名来看，民营企业家触发频次较多的为行贿罪、单位行贿罪、重大责任事故罪、非法经营罪等（张远煌，2021）。

（二）我国民营企业面临的刑事风险类型

根据民营企业的特点、企业性质及企业内工作人员职责属性的不同，可将民营企业面临的刑事风险分为"基于企业性质而产生的经营性犯罪风险""因企业内部工作人员利用职务便利条件而产生的犯罪风险""因权钱交易而产生的行贿犯罪风险"三种类型。

1. 基于企业性质而产生的经营性犯罪风险

民营企业在生产经营过程中，同其他市场主体一样需要通过公平竞争实现自身发展。发展的途径便是经营、投资。在经营、投资的过程中产生的刑事合规风险因企业类型不同而有所区别，比如，食品类民营企业涉及的犯罪主要为生产、销售有毒、有害食品罪等；药品类民营企业多涉及生产、销售、提供假药、劣药罪等；建设施工类民营企业在安全生产方面可能触及重大责任事故犯罪，在招投标活动中可能涉嫌串通投标罪等；保险金融类民营企业可能触及非法吸收公众存款罪；等等。上述在经营、投资过程中发生的犯罪与民营企业决策机构或直接负责人为单位谋取非法利益有直接且紧密的关系。

2. 因企业内部工作人员利用职务便利而产生的犯罪风险

此类犯罪风险主要是指民营企业里具有一定职务身份的工作人员，利用其职务形成的便利条件所实施的犯罪。在《刑法》分则中主要体现为职务侵占罪、挪用资金罪、背信损害上市公司利益罪等。此类犯罪不同于公职人员实施的职务犯罪[①]，区别在于主体的身份差异和职务的性质差异，民营企

---

① 最高人民检察院将"职务犯罪"定义为，国家机关、国有公司、企业事业单位、人民团体工作人员利用已有职权，贪污、贿赂、徇私舞弊、滥用职权、玩忽职守，侵犯公民人身权利、民主权利，破坏国家对公务活动的规章规范，依照刑法应当予以刑事处罚的犯罪，包括《刑法》规定的"贪污贿赂罪""渎职罪"和国家机关工作人员利用职权实施的侵犯公民人身权利、民主权利犯罪。

业工作人员的职务行为更缺乏约束性、规范性。管理松懈和操作违规、制度缺失和监督乏力、机制不健全和权力失控分别成为企业基层、中层及高层利用职权实施犯罪的主要诱因。因此，针对此类刑事合规风险，企业应"加强对重大决策的监督，强化财权、物权和人事权的管理"（刘艳红、杨楠，2019），提高职权运行的透明度。

3. 因权钱交易而产生的行贿犯罪风险

民营企业在生产经营过程中会对外交往，而对外交往的对象包含《中华人民共和国监察法》（以下简称《监察法》）规定的监察对象，具体为国家机关及其工作人员、国有企业管理人员、事业单位中从事管理的人员。国有企业在垄断性行业准入、稀缺资源获取、筹资融资等方面拥有巨大的先天性、结构性优势。与之相对，民营企业则在市场准入、资格认定、审批检验、税收融资等方面面临公权力过度干预或歧视性对待的困境（张远煌，2014）。为弥补这种先天性、结构性的企业运营缺陷，民营企业往往会通过行贿这一最为普遍的利益输送方式寻求公权力的"庇护"。同时，许多大型民营企业在保障国家税收、提供就业机会等方面贡献颇大，甚至已成为大而不倒、能够影响政府决策的非公共部门。与被动依附式民营企业相比，其与公职人员之间基于生产关系、交换关系、人情关系而形成利益链，利益集团围猎（行贿）与公职人员被围猎（受贿）成为双方贿赂犯罪的主要表现形式（崔会敏、张雪斐，2021）。以上现象的实质在于"权钱交易"，这也正是导致民营企业产生行贿犯罪风险的现实原因。

根据实证研究数据分析，在由企业家实施的所有行贿犯罪中，国有企业家只实施了其中的6.0%，另外94.0%的行贿犯罪均为民营企业家实施，且民营企业家实施的行贿犯罪占民营企业家贿赂犯罪的比例高达88.9%（赵军，2019）。即绝大部分企业家行贿犯罪都是由民营企业家实施的，民营企业家实施的贿赂犯罪大部分是行贿犯罪。民营企业家行贿犯罪与民营企业行贿犯罪的关系在于，两者都以增进企业利润为导向，因而具有利益趋同性。此外，企业家犯罪并不仅限于在企业中掌握实际控制权的个人犯罪行为，还包括由董事长、经理、财务总监等企业管理人员组成的经营团队实施的犯罪行为（张远煌、龚红卫，2017）。因此，企业家的意志往往能代表企业整体意志，且企业犯罪的成立离不开企业家犯罪意志的形成以及个人犯罪行为的实施。

（三）我国民营企业行贿犯罪风险突出

在上述三类刑事风险中，行贿犯罪风险最为突出。由于客观现实原因或主观不良动机，民营企业被动依附于公权力或主动围猎国家公职人员而进行各种形式的利益输送，成为当前贿赂犯罪的主要表现。行贿犯罪不仅导致民营企业及相关责任人员面临刑事处罚，还会助长公职人员权力运行失范，从而引发公职人员受贿犯罪。因此，本文以行贿犯罪为对象构建刑事合规制度。民营企业行贿犯罪风险不仅是企业自身发展经营过程中的阻碍，而且是监察体制改革背景下滋生公职人员受贿犯罪的温床。而贿赂犯罪的对向性决定了行为双方形成共同的利益链，他们围绕权力与金钱相互依赖、相互利用、相互包庇，这非常不利于我国反腐倡廉工作的顺利开展。将构建与完善民营企业行贿犯罪合规制度置于监察体制改革视域下予以考量，从贿赂犯罪的对合型犯罪属性出发探索合规路径的意义不仅在于帮助民营企业准确识别和预防自身行贿犯罪风险，而且在于从源头上扼制公职人员受贿犯罪的发生，助力构建不敢腐、不能腐、不想腐的长效机制，从而推进国家反腐倡廉工作的持续深化。

四 监察体制改革背景下民营企业行贿犯罪合规制度的原理

构建和完善民营企业行贿犯罪合规制度的首要任务在于探求民营企业行贿犯罪的生成原因。针对内在原因寻求破除桎梏的路径，不仅有助于民营企业准确识别和预防企业在生产经营过程中可能产生的行贿犯罪风险，而且能在一定程度上防范因公权力庇护而引发的关联性犯罪，如重大责任事故罪、非法经营罪等。此外，通过厘清民营企业行贿犯罪风险与监察对象职务违法和职务犯罪间的伴生关系，探求构建和完善行贿犯罪合规制度的具体措施，从而倒逼公职人员廉洁从业，对反腐败工作的持续深化具有重要意义。

（一）民营企业行贿犯罪风险的成因

就企业类型而言，我国企业主要包括国有企业、外资企业与民营企业。国有企业受国家的直接领导，企业管理人员的选任、培训和考核都有一套严格的标准与程序，同时在企业内部党组织、工会组织以及外部纪检监察机关的双重监督下，拥有较为完善的合规管理制度，因此其面临的刑事法律风险较低。由于受域外资本控制，外资企业的组织结构和管理体系借鉴域外企业，且受域外较为成熟的合规管理经验的影响，诸多外资企业已经具备较好的刑事合规意识（陶朗道，2021）。与国有企业、外资企业相比，民营企业行贿犯罪的生成原因主要有两个方面：一方面，由于受到经营规模、市场环境、国家政策等诸多因素的影响，许多企业尚未形成符合行业特点及企业发展需求的合规管理制度，这导致民营企业在识别和预防企业刑事合规风险上存在短板；另一方面，政商关系异化导致民营企业家与公职人员勾结，企业为谋取不正当利益给予公职人员财产或非财产性利益，公职人员进行权力寻租从而出现权力资本化现象。例如，广东省某公司的负责人陈杰昌为谋取项目承建权，向广东中旅（南海）旅游投资有限公司副董事长李伯石等人贿送人民币900万元；① 芜湖县某公司法定代表人陶小霞为工程顺利审批，先后送给原规划建设科科长董某等人共计177.8万元人民币。②

根据某针对民营企业家行贿犯罪的实证研究数据分析，对非国家工作人员行贿罪只占民营企业家行贿犯罪的4%，这意味着民营企业家行贿的主要对象是国家工作人员。在民营企业家向国家工作人员行贿的案件中，61.8%的行贿对象是国家机关工作人员；31.7%的行贿对象是国有企业中的国家工作人员，6.5%的行贿对象是事业单位、人民团体中的国家工作人员（赵军，

---

① 广东省高级人民法院，（2019）粤刑终124号，中国裁判文书网，https://wenshu.court.gov.cn/website/wenshu/181107ANFZ0BXSK4/index.html?docId=FWAurA1NokE.zba6pYk0YR2FozbtopFMdvTGD/LLcgI5WuPPA4YcdV5/dgBYosE2gKSr+xl4XvtJPgVPIIzAkgLmJzqL+hogz./vUBTDgquCXyIVwyCISDinDN5/gUNpM4，最后访问日期：2023年4月18日。
② 安徽省高级人民法院，（2018）皖刑终112号，中国裁判文书网，https://wenshu.court.gov.cn/website/wenshu/181107ANFZ0BXSK4/index.html?docId=wC+7+HE7zay75884Slusc4C3UnmKKPXf7EwtHz62FkkfBMvAFom1GZ/dgBYosE2gKSr+xL4XvtJPgVPIIzAkgLmJzqL+hogz/vUBTDgquCU/gXVPzMCOd9rxkdNuxb4O，最后访问日期：2023年4月18日。

2019）。由此可见，国家机关工作人员是民营企业家行贿的主要对象，其次是国有企业管理人员，权力相对较弱的事业单位、人民团体中的公职人员则是较为次要的行贿对象。因此，民营企业向什么人行贿取决于行贿对象所掌握的公权力大小和类型。

以 2019 年"3·21 响水化工企业爆炸事故"为例，在该事故中，江苏天嘉宜化工有限公司（以下简称"天嘉宜公司"）长期违法储存危险废物导致自燃从而引发爆炸，造成了巨大的人员伤亡与经济损失。从表面上看，这是一场由企业自身违规经营以及相关监管部门履职不力、失职渎职引发的重大责任事故犯罪，但在对事故全貌进行梳理后发现，天嘉宜公司正是借助"行贿"这一手段，通过给付财产性利益或非财产性利益寻求公权力的"庇护"，从而使得收受贿赂的公职人员在履行监管职责时对企业的违规经营行为视而不见，最终导致危害结果的发生。因此，贿赂犯罪是该事故发生的深层次原因，其与后续认定的污染环境罪、重大劳动安全事故罪等罪名具有内在关联性。这一点亦为《监察法实施条例》第 30 条、第 31 条规定监察机关有权管辖除职务犯罪之外的重大劳动安全事故犯罪及其他犯罪的现实原因之一。

（二）民营企业行贿犯罪风险与监察对象的关系

民营企业在经营活动中会与国家机关、国有企业及事业单位等主体进行交往，这种交往一般有两种关系：一种是与国有企业、事业单位之间正常的商业往来，另一种是企业作为行政相对人与国家机关产生的行政管理关系。前者如医疗民营企业向医院推销医疗器械和药品、建设工程民营企业参与政府工程项目招标，后者如市场监管部门对民营企业日常经营的管理、海关对民营企业出口货物的通关管理等。下文通过对民营企业行贿犯罪的典型案例进行简单梳理，探讨民营企业行贿犯罪与监察对象的内在联系。例如，1995~2002 年，丁杉在担任阜阳人民医院副院长、院长期间，利用职务之便，收受医疗器械和药品采购单位贿赂，丁杉与相关单位分别构成受贿罪、单位行贿罪（李松涛，2006）。2006~2008 年，国美公司法定代表人黄光裕为给公司谋取不正当利益，给予相怀珠等 5 名国家工作人员款物合计 456 万余元，并于 2010 年被法院判处单位行贿罪。2007年，河北丰宁金某钼业有限公司（下称金某钼业）法定代表人王某某为使金某钼业能被江西稀有金属某某集团公司（国有企业，下称江某公司）高价收购，向江某公司总经理钟某请托并给予钟某感谢费500万元，王某某与钟某分别被判处行贿罪、受贿罪。①2008~2010年，山西女企业家丁书苗先后两次请托原铁道部部长刘志军并给予后者钱款共计4900万元，两人分别被法院判处行贿罪、受贿罪（何靖，2013）。

由上述案例可以看出，民营企业在与国家机关、国有企业及事业单位进行交往的过程中，其刑事合规风险在于民营企业行贿犯罪与监察对象职务犯罪之间的内在关联性，即在监察对象职务犯罪的背后，往往隐藏着民营企业利益输送的推波助澜；而在民营企业行贿犯罪及次生犯罪的背后，往往存在公权力的支撑与庇护。具体而言：一为民营企业与国家机关之间的行政管理关系所引起的企业违规经营、商业贿赂风险以及公职人员实施收受贿赂、权力寻租、玩忽职守等职务违法与职务犯罪；二为国有企业管理人员利用对国有资产的监督、管理、处置职责，收受民营企业贿赂，从而构成民营企业与国有企业管理人员之间的贿赂犯罪；三为民营企业与事业单位基于商业合作关系所导致的企业为寻求交易机会而与事业单位管理人员之间的贿赂犯罪，事业单位管理人员亦为监察对象。由此可见，民营企业在构建行贿犯罪合规制度时，除了考虑到对企业内部人员的行为予以规制，还应考虑到我国反腐败工作的需要，制定与监察对象交往时的风险注意义务与限制措施。

（三）监察体制改革背景下民营企业行贿犯罪合规制度的变化

党的十八大以来，以习近平同志为核心的党中央认识到我国反腐败工作面临的严峻形势，采取了一系列强有力的措施，全面从严治党，健全国家监察组织架构，着力构建"集中统一、权威高效、全面覆盖"的监察体制，从而使我国反腐败工作取得明显成效。2021年最高人民检察院等九部门联合发布的《关于建立涉案企业合规第三方监督评估机制的指导意见（试行）》

---

① 《国家监察委员会、最高人民检察院关于印发行贿犯罪典型案例的通知》，中共中央纪律监察委员会、中华人民共和国国家监察委员会官网，https://www.ccdi.gov.cn/yaowenn/202204/t20220420_187588.html，最后访问日期：2022年4月21日。

第19条指出，纪检监察机关认为涉嫌行贿的企业符合企业合规试点以及第三机制适用条件的，可以向人民检察院提出建议。企业合规作为一项综合治理工程，不仅涉及公、检、法三机关分工负责，而且在反腐败领域需要纪检监察机关的参与。纪检监察机关督促企业合规建设，一方面，有利于充分发挥市场对资源配置的决定性作用，优化营商环境；另一方面，有助于从行贿的角度反向治理对合犯罪，规范政商交往行为，塑造"亲""清"政商关系（秦前红、李世豪，2023）。

实践中，"各级纪检监察机关立案查处和移送司法机关的涉嫌行贿人数总体呈增长趋势。以甘肃省为例，2018年至2020年，该省纪检监察机关对234名涉嫌行贿犯罪人员采取留置措施，截至2021年5月已依法移送检察机关审查起诉151人"（李靝，2021）。在监督全面覆盖的监察体制之下，监察机关越来越多地参与行贿犯罪的治理以及督促涉案企业合规整改工作，监检衔接体现了国家对行贿犯罪的"零容忍"，同时亦符合"坚持受贿行贿一起查"政策的内在逻辑。民营企业构建行贿犯罪合规制度应顺势而为，即不仅应从风险控制角度结合行业与企业特点实现行贿犯罪的前端识别和预防，而且应重视现有行贿犯罪治理政策革新（如行贿人"黑名单"、行贿人联合惩戒机制）带来的挑战，围绕监察对象构建行贿犯罪合规制度。这一方面有助于促进企业自身健康发展，另一方面有利于我国公职人员秉公用权，从而推进我国反腐倡廉工作顺利开展。

1.打破民营企业对公权力的依赖，增强国家机关工作人员职务行为的廉洁性

理论上，民营企业行贿犯罪有权力依赖型和主动围猎型两种生成模式，实践中以前一种行贿犯罪生成模式为主。例如，在某实证研究统计的民营企业家行贿犯罪中，有42.9%发生在日常经营环节，33.9%发生在工程承揽环节，两者合计占全部民营企业家行贿犯罪的76.8%。相对于产品生产等其他环节，这两个环节最明显的特点就是更多地受到公权力的制约，或更多地由公权力进行资源或商业机会的分配（赵军，2019）。民营企业与国家机关工作人员之间的行政管理关系使企业在商业活动和生产经营中为了"走后门""搞擦边球""搞关系"而通过行贿"收买权力"，并且企业在与国家机

关工作人员长期交往过程中将利益输送手段升级，如以"安排旅游""高价购买物品"等方式代替传统的财物给付，这不仅使贿赂在形式上更为隐蔽，而且增加了监察机关、司法机关对行为性质予以法律认定的难度。因此，民营企业制定并有效执行符合行业特点、企业需求的行贿犯罪刑事合规制度，不仅能打破自身对公权力的依赖，也能倒逼国家机关工作人员秉公用权，防止其以权谋私，从而增强其职务行为的廉洁性。

2. 提高民营企业风险识别和预防能力，深化对国有企业管理人员的反腐败治理

作为市场经济主体，民营企业与国有企业可能基于合作关系共谋实施经济型犯罪。国有企业管理人员亦可能凭借其职务行为的公权性以及国有企业在垄断性行业准入、稀缺资源获取等方面所具有的优势而与民营企业及其人员形成贿赂犯罪。国有企业及其人员犯罪除给国家、社会造成经济损失之外，在垄断性、关乎国民经济与民生的支柱性产业中的直接破坏性和间接影响巨大（杜方正、刘艳红，2021）。因此，民营企业通过规范、限制与国有企业管理人员的商业往来行为，不仅能够在经营活动中准确识别和预防行贿犯罪风险，还能反过来影响国有企业管理人员的职务行为，从而提高对此类监察对象的反腐败程度。

3. 完善民营企业刑事合规制度，保持事业单位管理人员的廉洁作风

事业单位管理人员作为监察对象，其职务犯罪涉及行业领域广泛，涵盖医疗卫生、教育、文化、科研、体育等，而这些领域在我国经济体制中占有重要地位。在与此类人员进行商业往来的过程中，民营企业及其人员为进行推销、获得更多的交易机会而给予其一定比例的佣金、回扣，这就会触发与贿赂有关的刑事风险。因此，民营企业在与事业单位及其人员进行交往时亦应注意其行为界限。将此类交往纳入刑事风险的防控范围内，不仅有助于完善民营企业刑事合规制度，还有助于保持事业单位管理人员的廉洁作风。

五 监察体制改革背景下民营企业行贿犯罪合规制度的构建

民营企业构建行贿犯罪合规制度有助于国家监察工作的顺利开展。首

先，民营企业应准确识别企业内与监察对象进行商业往来的重点人员、重点岗位及重点领域。其次，民营企业可借鉴域外规定，针对与监察对象的商业往来行为制定义务清单。最后，大型民营企业可参考中央企业、国有企业的合规管理体系，在构建与完善行贿犯罪合规制度的过程中加强与监察机关的配合与协作。

（一）准确识别涉监察对象的重点人员、重点岗位及重点领域

民营企业行贿犯罪形成的主要原因在于依附公权力和围猎公职人员，具体表现为民营企业及其工作人员在与国家机关、国有企业及事业单位内监察对象的交往过程中直接或间接给付财产或非财产性利益。因此，民营企业识别和预防行贿犯罪风险的前提在于落实到具体个人及场景，准确识别企业内与监察对象往来的重点人员、重点岗位及重点领域。

1.明确国家机关、国有企业和事业单位内监察对象的具体范畴

民营企业及其工作人员应知悉国家机关、国有企业和事业单位内监察对象的具体范围。民营企业由于长期受到公权力的管制，对国家机关内监察对象的范畴已形成较为准确的认识。国有企业内监察对象即国有企业管理人员，包括国有企业中负有组织、领导、管理、监督等职责的人员以及代表国有企业从事国有资产管理、监督、处置活动的其他人员。具体则为《监察法实施条例》第40条、第43条第3款、第4款[1]所列举的监察对象。根据《监

---

[1] 《监察法实施条例》第40条规定："监察法第十五条第三项所称国有企业管理人员，是指国家出资企业中的下列人员：（一）在国有独资、全资公司、企业中履行组织、领导、管理、监督等职责的人员；（二）经党组织或者国家机关，国有独资、全资公司、企业，事业单位提名、推荐、任命、批准等，在国有控股、参股公司及其分支机构中履行组织、领导、管理、监督等职责的人员；（三）经国家出资企业中负有管理、监督国有资产职责的组织批准或者研究决定，代表其在国有控股、参股公司及其分支机构中从事组织、领导、管理、监督等工作的人员。"
《监察法实施条例》第43条规定：下列人员属于监察法第十五条第六项所称其他依法履行公职的人员：（三）在集体经济组织等单位、组织中，由党组织或者国家机关，国有独资、全资公司、企业，国家出资企业中负有管理监督国有和集体资产职责的组织，事业单位提名、推荐、任命、批准等，从事组织、领导、管理、监督等工作的人员；（四）在依法组建的评标、谈判、询价等组织中代表国家机关，国有独资、全资公司、企业，事业单位，人民团体临时履行公共事务组织、领导、管理、监督等职责的人员。

察法实施条例》第 41 条①的规定，事业单位内的监察对象指内部从事组织、领导、管理、监督等工作的人员，如公办医院院长、副院长（若设党委则还应包括党委书记、副书记）②，公办学校校长、副校长，公办图书馆馆长、副馆长③，等等。

2. 识别企业内与监察对象往来的重点人员、重点岗位及重点领域

本文通过检索民营企业及其工作人员实施单位行贿罪、行贿罪的典型案例，并结合民营企业行贿犯罪的成因，分析民营企业及其工作人员行贿犯罪的场域及规律，从而对民营企业内与监察对象往来的重点人员、重点岗位及重点领域予以识别、判断。

案例一：2014 年 8 月，在山东省沂水县中小学信息化设备采购项目招标中，被告人薛某某与四川虹某软件股份有限公司投标负责人刘某某，伙同沂水县财政局原副局长丁某某，违法违规串通投标，事后薛某某给予丁某某人民币 15 万元。2020 年 12 月，薛某某被判处串通投标罪、行贿罪。④

案例二：2013 年 10 月至 2019 年 4 月，被告人高某某（河南双某药业有限公司业务员）向南阳市方城县某某医院配送其任职公司生产的"大输液"产品。为谋取不正当竞争优势，高某某向该医院院长化某、该医院药品

---

① 《监察法实施条例》第 41 条规定："监察法第十五条第四项所称公办的教育、科研、文化、医疗卫生、体育等单位中从事管理的人员，是指国家为了社会公益目的，由国家机关举办或者其他组织利用国有资产举办的教育、科研、文化、医疗卫生、体育等事业单位中，从事组织、领导、管理、监督等工作的人员。"

② 以安徽省某医院原党委书记、院长金某某涉嫌受贿罪为例，2007~2018 年，金某某在担任安徽省某医院党委书记、院长期间，利用职务上的便利，为请托人在承建工程项目等事项上提供帮助并非法收受他人财物。参见《第二十批指导性案例》，中华人民共和国最高人民检察院官网，https://www.spp.gov.cn/spp/jczdal/202007/t20200721_473570.shtml，最后访问日期：2022 年 8 月 1 日。

③ 以浙江省某县图书馆（全额拨款的国有事业单位）涉嫌单位受贿罪为例，2012~2016 年，经该图书馆管理人员集体讨论决定，该图书馆通过在书籍采购过程中账外暗中收受回扣的方式，收受他人所送人民币共计 36 万余元等。参见《第二十批指导性案例》，中华人民共和国最高人民检察院官网，https://www.spp.gov.cn/spp/jczdal/202007/t20200721_473570.shtml，最后访问日期：2022 年 8 月 1 日。

④ 《国家监察委员会、最高人民检察院关于印发行贿犯罪典型案例的通知》，中共中央纪律监察委员会、中华人民共和国国家监察委员会官网，https://www.ccdi.gov.cn/yaowenn/202204/t20220420_187588.html，最后访问日期：2022 年 4 月 21 日。

科科长张某某给付金钱。2019年，高某某被判处行贿罪。①

案例三：2005~2012年，长沙申奥房地产开发有限公司法定代表人刘光辉向省国土资源厅建设用地处处长孙敏提出请托，并累计送给孙敏财物共计一百余万元。孙敏利用职务便利为该公司开发的项目在建设用地审批、办理土地变性手续等事项上提供帮助。2020年12月，长沙申奥房地产开发有限公司、刘光辉被判处单位行贿罪。②

案例四：昆明开尔科技有限公司自2002年成立以来，为扩大公司业务，在总经理郑少峰的授意下，在公司财务处存放一张送钱专用银行卡，从总经理郑少峰到副总张学奎，以及殷永平、张家勇等多名业务员，靠送钱拿项目，累计行贿涉及公职人员多达105名（薛鹏、管筱璞，2021）。

结合上述案例及民营企业行贿犯罪风险的成因可知：民营企业内部涉监察对象的重点人员为与国家机关、国有企业和事业单位进行业务往来的人员，而企业的法定代表人、实际控制人则是行贿犯罪的高发人群；重点岗位除董监高及中层管理岗外，还应包括与国家机关、国有企业和事业单位密切往来的招投标岗、工程建设岗、市场销售岗、公关岗、财务会计岗、法务岗等；重点领域集中在生产经营、工程建设、项目审批、公共资源交易等资金密集、资源集中的环节（柴雅欣，2022）。此外，除应严格预防民营企业对监察对象行贿所涉嫌的行贿罪、单位行贿罪等刑事风险之外，还应注意：一为生产经营环节多发的因企业与行政监管部门建立的利益输送关系致使企业怠于履行安全生产义务以及相关政府工作人员不作为所诱发的重大责任事故罪等；二为业务承揽过程中民营企业与国有企业共同违反市场竞争规则及经济、刑事法律规范而实施的犯罪，此类犯罪多分布于《刑法》分则第三章破坏社会主义经济秩序罪；三为国家机关、国有公司、企业、事业单位委派到民营企业从事公务的人员所涉嫌的职务犯罪，如贪污罪、受贿罪等。对此，民营企业应结合行业特点及自身发展需

---

① 《国家监察委员会、最高人民检察院关于印发行贿犯罪典型案例的通知》，中共中央纪律监察委员会、中华人民共和国国家监察委员会官网，https://www.ccdi.gov.cn/yaowenn/202204/t20220420_187588.html，最后访问日期：2022年4月21日。

② 《湖南通报8起行贿典型案例》，三湘风纪网，http://www.sxfj.gov.cn/news/222250614.html，最后访问日期：2022年8月8日。

求进行综合考量，根据财务风险、市场风险、运营风险、法律风险等不同风险类别，对不同岗位的职责要求和合规责任予以准确划定，逐渐形成企业内部的岗位风险责任清单。

（二）构建民营企业与监察对象进行商业往来的义务清单

此设想来源于欧盟反洗钱指令的规定。欧盟2005年颁布的《反洗钱第三号指令》以及2006年颁布的执行指令的核心是在保险金融市场法领域，通过一个以风险为基础的方法（risk-based approach），针对金融服务商及其他行业制定一个全方位的义务列表。洗钱和恐怖主义融资往往会通过和政治人物合作的方式进行，所以该指令特别规定了企业在与政治敏感人物（Politically Exposed Persons）进行商业往来时所必须注意的内容，包括通过适当程序来确认该客户是否为政治敏感人物，与该政治敏感人物进行商业往来前应取得领导层的同意，持续对该商业往来进行监管等（李本灿等，2018）。欧盟2015年通过的《反洗钱第四号指令》对政治敏感人物的范围进行了扩充，强调对其进行额外的尽职调查，并重申以风险为本的关键性。欧盟2018年颁布的《反洗钱第五号指令》要求各成员国发布公共职能清单，以准确定位政治敏感人物的具体范围，《反洗钱六号指令草案》要求各会员国加大对公职人员洗钱犯罪的惩罚力度（李静，2020）。

欧盟的反洗钱指令作为合规计划，不仅规定了企业内部的预防措施、尽职调查义务以及向主管部门的报告义务等，还强调了与政治敏感人物进行商业往来的注意义务与限制措施。其将企业合规与反腐败紧密结合，这一点值得我国借鉴。在我国监察体制改革背景下，反腐败斗争呈现常态化趋势，将构建民营企业刑事合规制度与反腐败相结合，不仅贴合现实需要，也符合单位犯罪与公职人员职务违法、职务犯罪的内在逻辑（两者都具有逐利性的特点）。随着社会法治化水平的提高，尤其是反腐败时代的到来，民营企业应尽快摆脱对公权力的依赖，借鉴西方企业合规管理的成熟经验，通过将企业及其工作人员与监察对象进行商业往来的义务清单纳入企业行贿犯罪合规制度中，预防生产经营中的行贿犯罪风险。由于民营企业类型多样，笔者仅就普遍适用的义务清单的具体内容提出如下设想。

①对象识别。在与相对方进行商业往来前，应对企业内涉及对外交往的重点岗位的工作人员开展行贿犯罪合规制度的基础培训，警示其风险注意义务以及具体业务开展过程中的禁止行为，并要求其利用建立在行贿犯罪风险基础上的识别程序判断交易相对方是否属于监察对象。

②尽职调查。民营企业工作人员在与国有企业及其工作人员进行商业合作前需报单位领导层同意，并由相关部门负责人及企业风险控制部门或合规管理部门工作人员对合作方予以尽职调查，尽职调查应输出书面报告，主要内容包括业务真实贸易背景以及国有企业的股权结构、资金来源、合同履行能力、融资信息、涉案风险、资产状况、商誉、腐败记录或不利新闻报道等。

③禁止给予回扣、手续费。[①]民营企业工作人员在与监察对象及其所属单位进行经济往来时，若涉及产品推销、商业宣传等营销活动，可经相关部门负责人同意后给予合作相对方商业折扣，商业折扣需明示收受并如实入账。禁止在经济往来中给予相对方回扣、手续费。

④禁止给予财产性利益或非财产性利益。国家机关及其工作人员对民营企业的市场准入、生产许可、交易环节、规范运营等进行行政管理时，禁止民营企业工作人员向公职人员给付现金、财物、股权等财产性利益，或以人情往来为由以请客吃饭、安排住宿等形式给付非财产性利益。

⑤持续监管。若经过尽职调查后仍决定与相对方进行合作，则需要在合同中加入反腐败条款。企业合规管理部门及相关部门负责人应持续对涉监察对象的商业往来进行监管，监管应覆盖客户准入、业务交易、定期回溯等多个环节，确保交易相对方信息的真实性以及业务的透明性，并针对监管过程中可能出现的刑事风险予以识别和预警，若发现重大刑事合规风险则应及时介入并纠正。

[①] "回扣"是指在商品或劳务活动中，由卖方从所收的价款中，按照一定比例扣除一部分返还给买方或者其经办人的款项。"手续费"是指在经济活动中，除回扣以外，其他违反国家规定支付给公司、企业或者其他单位的工作人员的各种名义的钱，如信息费、顾问费、辛苦费、好处费等。

（三）在构建和完善行贿犯罪合规制度的过程中加强与监察机关的配合及协作

此条主要适用于我国大型民营企业，如百度、阿里巴巴、腾讯等，其内部管理相对于中小型企业而言较为成熟和规范，对风险的控制意识较强，如腾讯设立风险管理和内部控制部、审计监察部，分别负责在腾讯集团范围内建立与完善风险管理和控制工作以及对集团风险管理和内部控制体系的完善性和有效性进行独立客观的评价和确认。根据某全国性抽样调查报告的数据，在1000人及以上的大型企业，表示"有专门合规部"的受访者达到64.4%；在300~999人的中型企业，这一比例为37.0%；在不到300人的小型企业，该比例为23.8%。① 此外，大型民营企业往往也是声誉卓越的企业，其与中小型企业相比需要承担更多社会责任，与国家机关、国有企业、事业单位的联系也更为紧密，故其犯罪对社会经济、公民财产、企业信用等无疑会造成更大的打击。因此，构建和完善行贿犯罪合规制度对于大型民营企业而言更为必要和紧迫。根据《监察法》第12条规定，监察机关仅有权向辖区内国有企业派驻或派出监察机构、监察专员，故在监察机关难以直接管辖民营企业的前提下，大型民营企业应主动加强与监察机关的联络。大型民营企业在人员层级、岗位设置等方面与国企、央企具有相似之处，故可借鉴《中央企业合规管理办法》的规定构建制度，在构建制度的过程中注重与监察机关的配合、协作。

①行贿犯罪合规风险现状评估及合规实施方案拟定。民营企业合规管理部门在研究起草行贿犯罪刑事合规管理计划、设定基本制度和具体制度前应主动征求对应行政区域内监察机关的意见，并形成书面文件。经过对企业内行贿犯罪风险现状的评估，结合合规管理体系的内容要求，输出一套针对行贿犯罪的刑事合规管理计划、基本制度和具体制度，并形成能覆盖未来2~3年的合规实施方案。

②涉及行贿犯罪合规风险的业务流程梳理与合规义务识别。对于业务流

---

① 《中国反贿赂合规调查报告》，法学学术前沿微信公众号，https://mp.weixin.qq.com/s/7mPULsFqx4tgduFanIoyRA，最后访问日期：2022年9月20日。

程梳理，可按部门进行拆解。民营企业内涉及行贿犯罪风险的部门主要为营销部门、公关部门、财务部门，涉及行贿风险的人员主要为企业管理层等。以营销部门为例，可进一步分为营销模式、市场宣传、合作营销等模块。对于合作营销，又可分为合作模式、合作协议、款项回收等二级模块。这些模块均可作为行贿犯罪风险评估工作的对象。对全部的业务模块（行为）熟悉后，便需要对行为应适用的合规义务进行梳理，这就是合规义务识别。基于现实能力和需求的考虑，合规义务识别主要是识别业务行为应当遵守的具有强制约束力的法律、法规及监管规定，以及识别业务过程中应当遵守的廉洁、诚信行为准则。[①] 而经过这一步的工作，输出的成果便是上文提及的业务人员的义务清单。

③涉及行贿犯罪合规风险的举报系统及内部调查制度构建。举报是发现内部不合规风险的重要途径。根据2022年发布的《中国反贿赂合规调查报告》，有70.1%的受访者所在企业设有举报渠道，但仅14.9%的受访者所在企业设有举报渠道且有人曾遭举报，而29.9%的受访者所在企业没有设置举报渠道。[②] 这表明，我国大多数企业在反贿赂合规管理上都已具备投诉举报渠道，但实际效果仍有提升空间。因此，民营企业合规管理部门应畅通违法违规行为举报渠道，如设置举报热线等，并针对反映的问题和提供的线索，及时开展内部调查。举报与调查，不仅可以处理不合规的情形，而且可以起到震慑作用，将一些不合规风险的苗头扼杀于萌芽状态。此外，在举报系统上，还需要特别设计举报鼓励机制以及举报人隐私保护措施，从而为举报人提供充分的保障以提升举报制度实效。

④行贿犯罪刑事合规管理评估与刑事合规考核评价。民营企业合规管理部门应定期开展行贿犯罪专项刑事合规管理评估，对重大或反复出现的行贿

---

① 目前，许多企业与相对方签订的合同中都会包含廉洁合同，廉洁合同主要条款为合同当事人应当遵守的廉洁行为准则及诚信行为准则。例如，中国第一汽车集团有限公司纪委联合审计、法务、采购、营销等部门共同研究制定廉洁合同，通过对以往案件进行系统分析，研究确定向甲方人员行贿、赠送礼品礼金、报销费用、提供影响公正执行公务的宴请等16项不廉洁行为，围标串标、提供虚假材料、无故不履行合同约定等11项不诚信行为，并将上述行为列入失信情形，作为廉洁合同主要条款。参见薛鹏、韩亚栋，2021。

② 《中国反贿赂合规调查报告》，法学学术前沿微信公众号，https://mp.weixin.qq.com/s/7mPULsFqx4tgduFanIoyRA，最后访问日期：2022年9月20日。

犯罪刑事合规风险，深入查找根源，完善相关制度，并形成评估结果及改进措施。评估结果可作为刑事合规考核评价的参考依据，将评估结果、合规经营管理情况及监察机关对涉嫌贿赂犯罪相关人员的调查、处置结果（若有）纳入对各部门和所属企业负责人的年度综合考核，细化评价指标。

⑤行贿犯罪刑事合规管理信息化建设及刑事合规报告制度构建。对于大型企业尤其是互联网企业而言，强化企业内部信息集成及监管能力是企业合规管理建设的重要环节。民营企业通过运用大数据等工具，加强对企业高层、中层和基层管理人员及重点岗位工作人员履职行为的依法合规情况的实时在线监控和风险分析，实现涉嫌行贿犯罪等违法违规行为的信息集成与共享。刑事合规报告制度是指，对于可能发生的较大行贿犯罪刑事合规风险事件，合规管理部门和相关部门应当及时向合规管理负责人、分管领导报告。重大行贿犯罪合规风险事件还应当向对应行政区域内监察机关以及有关部门报告。

⑥行贿犯罪刑事合规风险专项培训机制常态化建设。监察机关可以向行政区域内大型民营企业开展行贿犯罪及其他贪腐犯罪刑事合规专项培训，对企业高层、中层和基层管理人员以及重点岗位工作人员的职务行为的风险予以警示。民营企业合规管理部门应建立制度化、常态化培训机制，并将培训内容编制为员工合规行为准则，以员工手册、义务清单等形式形成书面文件，确保员工遵循企业合规要求、了解企业合规目标。

六　结语

民营企业行贿犯罪既是企业自身经营发展过程中的一大阻碍，又是滋生公职人员受贿犯罪的温床。在监察体制改革的背景下，民营企业以与其交往的监察对象为中心，构建和完善行贿犯罪合规制度，不仅能够有效预防企业及其工作人员行贿犯罪风险的产生，而且能够倒逼公职人员廉洁从业，推进我国反腐败工作持续深化。民营企业准确识别企业内与监察对象往来的重点人员、重点岗位及重点领域后，借鉴域外合规管理成熟经验，通过义务清单的形式对工作人员的职业行为予以约束和限制，从而自上而下实现企业内部行贿犯罪风险的管理和防控。大型民营企业通过参考《中央企业合规管理办法》的规定，在构建和完善行贿犯罪合规制度的过程中主动加强与监察机关的配合与协作，进一步实现企业合规体系的规范和完善。以上措施的提出，一方面能够为民营企业构建刑事合规制度提供符合自身经营需求以及新时代市场经济发展要求的思路和路径，另一方面能够为党中央坚持不敢腐、不能腐、不想腐一体推进的总体方针提供支持和动力，从而进一步加强我国监察法治化工作的实效。

参考文献

柴雅欣，2022，《2021 年全国纪检监察机关留置行贿人员 5006 人、处分 4806 人、移送检察机关 2822 人——让行贿者寸步难行》，《中国纪检监察报》2 月 28 日，第 4 版。

崔会敏、张雪斐，2021，《"围猎"与"被围猎"利益链的表现形式及斩断对策——基于 86 份判决文书的分析》，《廉政文化研究》第 4 期。

杜方正、刘艳红，2021，《国有企业刑事合规制度的法理重塑》，《南京社会科学》第 3 期。

何靖，2013，《丁羽心涉嫌行贿、非法经营案开庭》，《人民法院报》9 月 25 日，第 1 版。

李本灿，2020，《刑事合规制度的法理根基》，《东方法学》第 5 期。

李本灿等编译，2018，《合规与刑法：全球视野的考察》，中国政法大学出版社。

李静，2020，《最新欧盟反洗钱指令解读》，《中国市场》第 11 期。

李松涛，2006，《15 起商业贿赂典型案例被曝光》，《中国青年报》8 月 1 日。

李菁，2021，《斩断"围猎"与甘于被"围猎"的利益链——党的十九大以来纪检监察机关坚持受贿行贿一起查的实践与思考》，《中国纪检监察》第 21 期。

李永升、杨攀，2019，《合规计划对单位犯罪理论的冲击与重构》，《河北法学》第 10 期。

刘艳红、杨楠，2019，《企业管理人员刑事法律风险及防控路径——以 JS 省企业管理人员犯罪大数据统计为样本》，《武汉大学学报》（哲学社会科学版）第 6 期。

秦前红、李世豪，2023，《监察合规：企业合规的反腐败之维》，《华东政法大学学报》第 1 期。

孙国祥，2019，《刑事合规的理念、机能和中国的构建》，《中国刑事法杂志》第 2 期。

陶朗道，2021，《民营企业刑事合规的解构与展望》，《浙江工商大学学报》第 1 期。

薛鹏、管筱璞，2021，《开尔公司行贿案涉及 105 名国家公职人员 公司年营销 2 亿的秘诀是送钱——破除"围猎"与甘于被"围猎"的同盟》,《中国纪检监察报》8月9日,第4版。

薛鹏、韩亚栋,2021,《〈关于进一步推进受贿行贿一起查的意见〉明确重点查处多次行贿等五类行为——精准有效打击行贿》,《中国纪检监察报》9月9日,第4版。

张远煌,2014,《民营企业家腐败犯罪的现状、危害与治理立场》,《河南大学学报》(社会科学版)第6期。

张远煌,2021,《企业家刑事风险分析报告(2020)》,《河南警察学院学报》第4期。

张远煌、龚红卫,2017,《论企业家精神在民营企业职务犯罪预防中的功能、作用及限制》,《净月学刊》第5期。

赵军,2019,《权力依赖型企业生存模式与腐败犯罪治理——以民营企业行贿犯罪为中心》,《江西社会科学》第5期。

周振杰,2012,《企业适法计划与企业犯罪预防》,《法治研究》第4期。

论纪检监察学的研究对象与学科体系建设*

熊明明**

摘 要：纪检监察学作为学科交叉的产物，不是纪检学与监察学的简单叠加，而是有着独立研究对象的法学门类一级学科。从知识谱系上说，狭义的纪检监察学是关于履行纪检监察专责的学问，研究内容以监督为主线，囊括党内监督与国家监察的有机衔接、相关制度、运行机制等。贯彻纪检、监察融合的思维，纪检监察学的研究对象除了纪检监察的理论、制度、规范、行为以及承载它们的廉洁文化，还应包括纪检监察主体和纪检监察的内外部关系。纪检监察学科的独立性决定了其专业建设和课程建设的多元面向，它一方面需要回应我国纪检监察体制改革实践，另一方面需要致力于推动纪检监察工作高质量发展的目标实现。但是，当前纪检监察的基本理论研究与实践需求的互动性不强、纪检与监察融通性的研究不足等现状不同程度地阻碍纪检监察学的发展，在学科建设的探索上亦存在整体规划不足的问题，其中过分依赖传统法学学科、师资力量不足、课程开发滞后、课程设置缺乏体系化的倾向尤为明显。因此，基于学科建设与专业建设的辩证关系，纪检监察学的学科建设需将学科和专业作为有机整体进行"一体化"顶层设计：一方面，在国家层面强化学科建设指引、加大课程开发力度，在凸显纪检监察学科独立性的前提下制定严格的学科体系考评标准，以高起点和后发优势推动学科建设高质量发展；另一方面，在专业设置和教学上，要紧扣纪检监察人才培养需求，强化学科建设的实用价值，探索多元的"校－地"合作范式。

关键词：纪检监察；研究对象；一体化建设

党的十八大以来，围绕着廉洁政治的建设目标，反腐败工作已非一般意义上的惩治和预防腐败，而是蕴含着深刻的政治发展内涵。党的二十大明确

---

* 基金项目：云南师范大学博士科研启动项目"预防性反腐中的纪法衔接研究"（项目编号：2021SK036）、云南省铸牢中华民族共同体意识研究基地项目"少数民族廉洁文化与铸牢中华民族共同体意识研究"（项目编号：FS20230101）。

** 作者简介：熊明明，法学博士，云南省反腐倡廉研究中心成员，云南师范大学云南纪检监察学院讲师、硕士生导师，研究方向为纪检监察学。

指出，反腐败是最彻底的自我革命，并要求加强反腐败的长效机制建设和新时代廉洁文化建设，以筑牢"廉洁从政、拒腐防变"的堡垒。随着我国反腐败工作的持续推进，纪检监察学科建设作为一项战略工程，意义重大。它不仅是推动纪检监察工作高质量发展的现实需要，而且是党长期执政条件下推进自我革命、自我净化的迫切要求。

近年来，党和国家对纪检监察的学科建设和人才培养越发重视。2021年8月20日通过的《中华人民共和国监察官法》首次在立法中明确监察学科建设，鼓励高校设置监察专业或开设监察课程。此后不久，中共中央印发的《中国共产党纪律检查委员会工作条例》亦将该学科建设写入党内法规中。上述立法规定，凸显了纪检监察学科建设的紧迫性。2022年初，教育部下发了《关于公布2021年度普通高等学校本科专业备案和审批结果的通知》，正式将纪检监察学确立为法学门类下的一级学科。据此，长期的学科定位之争获得了权威性的回答，理论界关于纪检监察的学科定位争议暂时得以平息。与此同时，纪检监察学的学科体系化建设这一基础性课题被提上日程。基于此，本文在分析相关概念范畴的基础上，结合教学实际对纪检监察学的研究对象与体系化建设提出粗浅的看法，以求教于方家。

一 纪检监察学的概念范畴厘清

（一）纪检监察学的概念争议

毋庸置疑，纪检监察概念内涵的回答是学科建设的首要任务和逻辑起点。在《辞海》中，学科指一定科学领域或一门科学的分支。从字面意思上看，纪检监察学由"纪检"和"监察"两个不同属性的核心概念组成，前者指党的纪律检查，后者指国家监察[①]。因此，纪检监察学在形式逻辑上可以表达为关于纪检和监察领域的知识体系，诚如有学者所言，纪检监察学是研究纪检监察一般理论和规律的学科（杨永庚，2016：58）。然而，作为

---

① 此次纪检监察体制改革扩大了监察对象范围，将原来的行政监察转变为国家监察。根据《中华人民共和国监察法》第11条、第15条的规定，监察是指监察机关对所有行使公权力的公职人员和有关人员依法开展的监督、调查、处置活动。

一个新的学科类别,纪检监察学目前在理论界尚未形成共识性的概念内涵。更有甚者,纪检监察学在客观上还存在与"廉政学""廉政管理学""监督学""纪检学""监察(法)学"等相关概念混用的风险。

在传统纪检监察学的概念中,以下四种观点较有代表性。

第一种观点是"违纪行为认定、惩处、预防说",认为纪检监察学是研究违纪行为认定与处理、违纪行为惩治与预防的学问(蒋熙辉,2012:46)。对此,杨永庚亦持相同观点。[①] 该观点把纪检监察学的研究对象限定在违纪行为上(包括违反党纪和政纪),将研究的内容聚焦于对违纪行为的认定、惩处和预防上,虽较为贴近当时的纪检监察实践,但随着国家进行监察体制改革以及监察范围扩大——由之前的行政监察转变为国家监察之后,上述观点的缺陷越发明显。首先,为了实现对公权力监督的全覆盖,国家监察的范围远超行政监察的范围,就所评价的行为而言,在纪委监委合署办公后,纪检监察涉及的领域不仅有违纪行为,还有职务违法和职务犯罪;其次,从内容来说,基于评价行为的广泛性,纪检监察学囊括的知识必然具有广泛性,除了对违纪行为进行定性量纪评价、惩戒处理预防等而形成的有关规律性知识体系,显然还包含监委履行监察专责时关于监督、调查、处置方面的学问,这其中不仅有制度、规范,还有相关的权力运行机理和基础理论的探讨。因此,本文认为,论者对纪检监察学进行前述界定是不全面的。

第二种观点是"纪检学与监察学的叠加说",认为中国纪检监察学指向违反纪律行为及对其的惩治和防范,内容主要包括纪检学和监察学(蒋熙辉,2012:46)。该观点中,虽然论者对纪检监察学的内涵做了精简的描述,但并未将纪检监察作为一个有机整体进行阐述,存在学科研究的割裂风险。同时,论者在这里所提的监察学显然也主要指行政监察。

第三种观点是"廉政学附属说",论者在主张廉政学建设的同时,认为廉政学还包括对纪检监察类业务工作等进行的理论概括。例如,王希鹏(2014:7)曾指出,廉政学不仅需要解释和阐述现行廉政制度规范,还应研

[①] 杨永庚(2017:74)不仅认为纪检监察学是一门关于违纪行为认定与处理、违纪行为惩治与预防的学问,还认为纪检监察学要综合地研究从严治党。

究反腐败策略、权力配置与制约、党的纪律检查、行政监察工作等。对于论者的上述观点，笔者认为值得商榷。尽管从反腐的视域出发，"廉政学"和"纪检监察学"学科建设的探索历程一脉相承，但是二者的内涵终究不同，将纪检监察学附属于廉政学，与当前纪检监察学独立的学科定位不符，因此，以"附属说"的观点进行学科建设显然不利于纪检监察学的发展。

第四种观点是"监督学替代说"，认为在党和国家监督体系不断完善的背景下，纪检监察学应服务于监督体系建设，其本质是关于监督的学问。据此，有学者主张将纪检监察学科的名称确定为"监督学"（李永忠、董瑛，2011：97）。对于这一观点，虽然论者抓住了纪检监察学的核心和关键，但笔者认为"监督"显然不是纪检监察的全部，用"监督学"这一概念无法诠释纪检监察活动的全部内容。

不难看出，由于传统纪检监察学的概念受到行政监察的时代背景的限制，以及对纪检监察学科的独立性认识不足，前述学者的观点通常具有一定的局限性，其内涵界定并不符合当下的纪检监察改革实践和学科独立发展的实际需要。特别是在教育部将纪检监察学确定为法学门类下独立的一级学科后，有关新时代纪检监察学的概念内涵引发了学术界的激烈探讨。

（二）新时代纪检监察学的内涵梳理

纪检监察体制改革背景下，关于纪检监察学概念内涵的探索，较有代表性的观点是"纪检监察制度及相关活动说"。持该观点的学者主张，纪检监察学是研究纪检监察制度及相关活动的学科（王冠、任建明，2022：76）。王希鹏（2021）在其专著《纪检监察学基础》一书中亦有相似的观点，认为纪检监察学科是关于纪检监察制度及其运行发展规律的系统知识体系，是中国共产党纪律检查活动和中华人民共和国国家监察活动实践经验的总结和概括。褚宸舸（2022）亦认为，纪检监察学所研究的现象包括纪检监察工作、纪检监察制度和纪检监察文化。无疑，持有该观点的学者将研究视域聚焦于当下的纪检监察体制改革实践和纪检监察现象，主要限定于纪检监察制度、纪检监察活动等对象的描述来界定纪检监察学的概念内涵，在强调纪检监察作为一个有机整体的同时，凸显制度载体和纪检监察活动在纪检监察学科中的重要地位，有利于概念定义的简洁化，但是，这一定义又引发了另一个逻辑漏洞，即概念科学与否取决于所确定的纪检监察学研究对象全面与否。如果研究对象仅限于纪检监察制度和纪检监察活动，那么这一概念界定就是全面的，否则就会引起对该学科概念的质疑。

尽管当前纪检监察学科的研究主要集中在反腐败、廉政和监督等领域，但是纪检监察学作为一个新的交叉学科，显然应有自己的概念内涵，在党内监督和国家监察职责的指引下，纪检监察学应研究党内监督与国家监察的有机衔接、相关制度、运行机制等内容。同时，该学科强调纪检与监察的融通性，决定了所囊括的纪检学与监察学之间并非简单的叠加关系，也非零和博弈的关系，而"是中国特色监督体制下的一体之两面"（刘怡达、张文博，2022：41）。所以，纪检监察学在指向纪检、监察各自运行规律的同时，还应基于纪检监察的有机整体视角，研究"纪、法"衔接以及纪检与监察的贯通机制等问题。

结合前述诸观点中的缺陷或不足，笔者尝试从广义和狭义两个维度阐释纪检监察学的概念内涵。广义的纪检监察学涉及的内容较为广泛，包括中共纪律学、廉政学、监督学、监察法学，以及它们彼此融合的理论或有关制度机制的研究等内容。狭义的纪检监察学则是关于履行纪检监察专责的学问，是以纪检监察机关的监督为主线，以党内监督与国家监察的有机衔接、相关制度、运行机制等为研究内容的科学。从纪检监察理论体系构建而言，纪检监察学又可细分为三个层面：宏观层面，探讨纪检监察的政策、原理，回答哲学命题——为什么需要纪检监察学科；中观层面，探讨纪检监察的一般规律，解决规范制定、制度构建及运行、"三不"一体推进的反腐长效机制建设等问题；微观层面，主要探究纪检监察业务实践的一般理论，包括监督检查、审查调查、审理、纪检监察规范的适用、责任配置等相关实体和程序知识体系。

（三）纪检监察学的学科外延

在前期的学科探索实践中，许多高校将纪检监察作为法学或者法学门类下其他专业的一个方向进行建设，这足以说明纪检监察学与相关法学一级学科之间具有天然的紧密联系。基于此，从学科的独立性概念范畴出发，厘清纪检监察学与相关学科的外延便显得极其重要。

就纪检监察学与法学而言，它们在客观上存在很大交集，二者的研究领域均属于法治中国实践的重要内容，监察法规和党内法规的相关知识体系既是纪检监察学的重要内容，也是法学的重要内容。然而，二者的差异也很明显，从研究内容上看，纪检监察学既要研究"纪"，也要研究"法"。和法学一级学科相比，纪检监察学研究的党纪问题是法学所不涉及的内容，而其所研究的"法"又集中在反腐败相关的法律规范之中，与法学中的"法"所要求的广度和深度有着明显不同。

纪检监察学与政治学虽然均涉及反腐败和监督等话题，但是二者聚焦的层次不同。相较于政治学研究的宏观性，纪检监察学更注重监督、反腐活动的微观制度设计。当然，纪检监察学除了研究监督职责，还研究纪检监察机关的调查和处置职能。

就纪检监察学与马克思主义理论的关系来说，虽然前者的许多理论源于后者，且我国的纪检监察制度和理论是马克思主义中国化的体现，但是纪检监察学凸显纪检监察机关对公权力的监督、调查、处置职能的制度设计，涵盖实体、程序、组织等多方面内容。

此外，纪检监察学虽然与公安学都有调查、取证等服务于查清案件事实的技能学习和训练，但是纪检监察学中的监察权不同于侦查权，其重心在于对公权力的监督，而且在概念上，监察调查也不同于侦查，二者不能混用。

总之，纪检监察学作为一门"规范科学"，虽与法学门类下诸多一级学科存在交叉，但其独立的一级学科定位有着自己的概念外延、研究领域、学科理论和话语体系，并区别于其他一级学科。当然，纪检监察学也应当自觉加强与这些学科的交流和对话，从中汲取有益的研究成果和理论资源，以便形成新时代中国特色的纪检监察学科理论体系。

二　纪检监察学的元问题：研究对象的追问

无论学界是否对纪检监察学的概念内涵达成一致看法，纪检监察学作为一门新的学科已成为既定的事实。根据国务院学位委员会、教育部发布的《学位授予和人才培养学科目录设置与管理办法》的有关规定，设置一级学科须同时具备以下四个条件：有确定的研究对象、有若干可归属的二级学科、已得到学术界的普遍认同，以及有一定规模的稳定的学科人才需求。在这些需要具备的条件中，有确定的研究对象是前提条件。从逻辑上看，纪检监察学作为获批设立的法学门类下的一级学科，必然具备上述四个条件。那么，需要进一步思考的是，纪检监察学的研究对象究竟有哪些？

在学界，研究对象的问题被称为一个学科中最根本的元问题，也是学科研究的出发点和落脚点。就一门学科而言，其研究对象客观上是最先确立的范畴，也是学科基础理论部分的关键内容，其他如研究内容、学科性质等理论问题的探讨均以研究对象的确立为基础。从系统论的角度看，一般认为不同层次和维度的研究对象彼此独立且相互联系，共同构成一个系统。具体到纪检监察学来说，纪检监察学科的其他研究活动都发源于、聚焦于和服务于研究对象这一元问题。在一定意义上，研究对象范畴决定了纪检监察学的独立学科地位，也是纪检监察学区别于其他学科的显著标识所在。

然而，关于纪检监察学的研究对象这一元问题的回答，目前可谓众说纷纭、各表不一（李永忠、董瑛，2011：98）。有学者认为，纪检监察学的研究对象可简化为纪检监察制度和纪检监察活动，并认为"纪检监察理论"和"纪检监察机关"均包含于纪检监察制度之中，前者是对纪检监察制度认识成果的理性化，后者是纪检监察制度的具体组织载体（王希鹏，2021：5~7）。有学者认为，纪检监察学的研究聚焦于反腐败和权力监督，确保有效的纪律、从严治党等均是纪检监察学的研究对象（杨永庚，2017：71~74）。还有学者认为，纪检监察学的基本范畴主要包括以纪检监察主体为内容的主体论范畴、以党风廉政建设和反腐败为内容的客体论范畴、以纪检监察行为为内容的手段论范畴、以纪检监察规范体系为内容的依据论范畴和以清廉中国为内容的价值论范畴（喻少如、许柯，2022：18）。此外，亦有学者把纪检监察学的研究对象确定为纪检监察现象，并认为其具体指向纪检监察工作、纪检监察的制度和文化（褚宸舸，2022：26）。

客观来说，将纪检监察学的研究对象概括为纪检监察现象是较为准确的，但是"现象"这一概念的广泛性、模糊性使其无法表述具体所指，不利于学科的研究和建设。因此，清晰界定纪检监察学的研究对象对学科建设大有裨益。综合前述几种观点，笔者认为，纪检监察学的研究对象除了纪检监察理论、纪检监察制度、纪检监察规范、纪检监察行为以及承载它们的廉洁文化，还应有纪检监察主体以及纪检监察的内外部关系。

第一，相较于"纪检监察活动"的表述，笔者认为，将纪检监察行为作为学科的研究对象在表述上更为清晰。因为"纪检监察活动"是一个模糊化的表达，在实践中，纪检监察机关的活动并非都与纪检监察有关，且与纪检监察相关的活动最终也会表现为具体的纪检监察行为。从权力属性上说，尽管纪检监察权是约束或监督权力的权力，纪检监察学的研究也应主要集中在反腐败、监督和廉政建设上，但反腐败、监督、廉政建设等均属于纪检监察学的研究内容而非研究对象，因为它们最终都通过纪检监察行为来实现。因此，纪检监察行为应毫无争议地被纳入纪检监察学的研究对象范畴。当然，广义的纪检监察行为不仅包括监督、调查、审理、处置等纪检监察业务行为，还包括与业务行为相关的管理、考评、考核行为等。

第二，纪检监察制度作为纪检监察工作的制度依据和人类文明活动的重要载体，必然承载和反映了纪检监察活动的方方面面。不仅如此，纪检监察工作的法治化、规范化也必定会体现在纪检监察制度的构建上。基于此，纪检监察学的研究对象无论如何都少不了纪检监察制度。从表现形式上说，纪检监察制度包括党风廉政建设、反腐败、监督等方面的所有制度，不仅表现为具体的制度规范、理论知识，还包括抽象的或宏观的政策、文件精神和重要指示等，这其中涵盖了党和国家领导人关于纪检监察工作的论述和重要会议报告。从内容上说，纪检监察制度不仅包括监督保障类的党内法规制度、纪律制度，还包括有关反腐败、廉政方面的法律制度、伦理制度等。

第三，廉洁文化作为一种客观存在，不仅促进了廉洁奉公的权力观的形成，还承载了纪检监察实践和相关制度运行的文化基础，是建设廉洁政治不可或缺的重要元素，通常被视为摧毁腐败的力量之源。如果纪检监察活动强调对公权力的约束和反腐败，那么廉洁文化建设必然是一个绕不开的话题，也是一体推进"不敢腐、不能腐、不想腐"长效机制建设，夯实"不想腐"

的基础。诚如有的学者所言，一部中国共产党的历史也就是一部反腐倡廉的历史，它具有丰富的廉政教育思想资源和纪检监察学学科建设的理论资源（杨永庚，2017：74）。因此，廉洁文化应属于纪检监察学的研究对象。

第四，从反腐败来说，腐败的治理和预防不仅需要查处腐败，还必须力求解开"腐败之谜"，营造良好的反腐环境。于是，纪检监察学需要研究廉洁文化的传播教育、廉洁文化产品的服务供给，正如有关规范所要求的那样，纪检监察部门要发挥腐败典型案例的警示与宣传作用，加强对党员、公职人员的思想道德教育、法治教育、廉洁教育，引导他们担当作为、依法履职。

第五，纪检监察主体和纪检监察的内外部关系应属于纪检监察学的研究对象。前者除了纪检监察机关，还可以衍生出对纪检监察干部群体的研究视域。基于此，笔者不认同前述论者在阐述研究对象时将"纪检监察机关"纳入"纪检监察制度"之中的观点。即便认为"纪检监察机关"是纪检监察制度的具体组织载体，也很难类推到具体的纪检监察干部群体身上，诸如纪检监察干部的群体特征、成长规律等显然也应属于学科的研究范畴。就"纪检监察的内外部关系"这一研究对象而言，虽然纪检监察学与法学门类下其他一级学科的关系研究能使学科边界更加清晰，但是基于纪检与监察的不同属性，纪检监察学的深入研究亦需要先研究纪检学、监察学二者的关系，并衍生出一系列问题，如纪检监察中的"纪法"衔接等。显然，关系问题已超出了制度本身的范畴。因此，本文不赞同将"纪检监察的内外部关系"这一研究对象包含在"纪检监察制度"之中的观点，恰恰相反，同纪检监察制度一样，纪检监察内外部关系应作为一个独立的研究对象范畴。

概言之，在纪检监察学定位于独立的一级学科背景下，学科的发展需要以及对其独立性的不懈追求必然倡导可以区别于其他学科的明确研究对象，避免与其他学科"纠缠不清"。因此，基于学科发展的一般规律，明确纪检监察学的研究对象是学科建设的前提和基础，其有利于研究领域的分层化，也必然有利于该学科的精细化发展，特别是对其二级学科的建设大有裨益，有利于二级学科设置的科学化。换言之，在研究对象所提供的方向的指引下，纪检监察学的学科体系得以呈现，这一学科体系以纪检监察制度为逻辑起点、以党和国家的监督体系为基础范畴、以纪检监察权力的行使为核心内容、以纪检监察理论为基础支撑（张震、廖帅凯，2022：16）。除此之外，纪检监察学的学科体系还应以纪检监察人才培养为目标导向，从纪检监察队伍自身建设和人才培养需求出发，重视学科建设与人才培养的互动，特别是要注重对纪检监察人才的思想政治教育和相关技能素质的训练。

三 纪检监察学的学科建设探索与困境

（一）纪检监察学的学科建设探索述评

尽管纪检监察学获批成为一级学科发生在2022年初[①]，但是我国关于纪检监察学科建设的实践探索可追溯至20世纪80年代中期[②]。不过，在这段相当长的时间内，纪检监察学在学科和专业目录中没有"名分"，学界称这个时期为"前学科"阶段[③]。其间，关于纪检监察的学科建设探索较有代表性的有：2002年，解放军西安政治学院在军队政治工作学下开展军队纪检工作方向的硕士、博士研究生教育；2013年，云南师范大学开始在法学专业下招收纪检监察方向本科生，西安文理学院在思想政治教育专业下招收纪检监察方向本科生。实践证明，"前学科"阶段诸多高校开展的纪检监察学科建设实践为当下纪检监察学的一级学科建设提供了丰富的经验借鉴，为今后独立的学科体系建设打下了坚实的基础。

然而，回顾"前学科"阶段，各高校进行纪检监察学科建设不得不面临"归属不清"的尴尬。诚如学者所言，这一时期，纪检监察人才培养和这一学科在整体性的学科构建中没有自己的实际地位之间一直都存在着一种张力（杨永庚，2017：72）。从学科建设的模式看，"前学科"阶段的纪检监察学

---

① 2022年2月，内蒙古大学成为教育部批准设立纪检监察学一级学科后全国首个设置纪检监察本科专业的高等学校。
② 我国纪检监察学科建设以20世纪80年代中期北京大学、广州大学开始反腐倡廉研究工作为标志，并逐步扩展为多所高校的探索实践，这些高校分别在马克思主义理论、公共管理、政治学、法学、历史学或行政管理、中共党史等一、二级学科中设置学科点和研究方向（李永忠、董瑛，2011：98）。
③ 一般认为，在教育部正式公布纪检监察学作为一级学科名录之前的学科探索期均属于"前学科"阶段，但杨永庚（2017：72）认为，2008年1月中国方正出版社出版的《纪检监察概论》被看作纪检监察成为学科的滥觞，因此其所界定的"前学科"阶段以此时间为分界点。

科探索没有统一的模式，且依附其他学科建设的特征明显，通常表现为以下一些共性：作为其他学科的一个方向，如法学（纪检监察方向）；归属于其他学科，如归属于马克思主义理论、政治学、管理学等一级学科；成为其他学科的二级学科，尤其表现为在法学一级学科下设立监察法学二级学科。

不难看出，在"前学科"阶段，纪检监察学科的教学和研究主要依托其他学科进行，各高校呈现"自发性、多样化但学科独立性不足"的特征，整体而言，无统一规划的顶层设计是这一阶段纪检监察学科建设的明显表征。此外，值得一提的是，虽然在"前学科"阶段的具体探索实践中，已有高校将监察法学作为一门独立的法学二级学科，并进行了相关体系化的课程设置，但是其与当下教育部对已作为一级学科的纪检监察学的独立学科建设要求之间还有很大差距。诚如有学者描述的那样，从纪检监察学的学科建设探索看，我国在"前学科"阶段进行的纪检监察学科建设处于"初步形成"阶段，尚未开展完整的、体系化的学科建设。[1]

（二）作为一级学科的纪检监察学建设困境

如前所述，目前纪检监察学已成为一个独立的一级学科，纪检监察学科的独立性决定了其专业建设和课程建设不同于法学一级学科，而是有着自己的学科属性。不仅如此，在宏观层面上，该学科的建设需要回应我国当下的纪检监察体制改革实践，同时，它还需要与纪检监察工作实践形成互动关系，致力于推动我国纪检监察工作高质量发展目标的实现。

然而，当前纪检监察学科建设存在的纪检监察本科特色课程供给不足、学科理论体系建设有待加强以及在顶层设计中缺少学科建设整体规划等问题，不同程度地阻碍着纪检监察学的可持续发展。"零敲碎打式"的研究范式和"各行其是"的专业建设范式显然难以维系纪检监察学作为独立的一级学科的建设需要。前者使纪检监察研究呈现视域的割裂化与理论的碎片化，

---

[1] 即便是在纪检工作方向进行硕士、博士研究生教育的西安政治学院，也仅开设了"军队纪检监察工作基本法规""军队纪检监察工作基本问题""军队纪检监察工作现实问题"等专业课程，并放在军队政治工作学下开设，尚未形成专门的纪检监察学科体系，且培养对象仅局限于现职军队纪检干部或军队纪检方向硕士以上高层次专业人才。因此，很难称其纪检监察学科建设形成了独立的学科体系。参见杨莹，2014。

后者则使学科建设的探索缺乏体系化的建设规划，阻碍学科的进一步发展。虽然过去的"试点高校各自为政"推动了学科建设范式的多元化，但整体上学科建设的独立性较弱，往往处于学科建设的附属地位或过分依赖传统法学等其他一级学科的建设。此外，专业的师资力量不足、课程开发滞后等问题也制约着当下的纪检监察学科建设。

1.纪检监察本科特色课程供给不足

由于2022年教育部才批准新增法学类"纪检监察"本科专业，关于学科建设当前并无成熟的经验可供参考，而本科学科建设需要课程体系的构建以及课程教材的供给。

以较早招收纪检监察本科生的云南师范大学云南纪检监察学院[①]为例，就课程体系建设而言，其人才培养方案采取了"法学基础课程+专业特色课程"这一设置模式。其中，纪检监察方向的特色课程有"监督学""纪检监察概论""党内法规""法务会计"等，特色课程数量占专业课程的30%。不难看出，有关纪检监察的特色课程在专业课程中的占比并不高，而且针对纪检监察实务的课程数量也非常有限，甚至缺少纪检实务类的核心法规学习，如《中国共产党纪律处分条例》之类的基础纪检实务课程并未开设，从而出现了理论教学与实务需求不匹配的情形。[②] 笔者调研时发现，云南师范大学纪检监察方向特色课程的教学多以讲义为主，没有成熟的课程教材体系，且已编写的大多为一些法规汇编或者案例汇编[③]，无法满足学生的教材使用

---

① 2011年，云南省纪委、省监察厅与云南师范大学联合进行纪检监察干部院校培训，在云南师范大学设立了"云南省纪检监察干部院校培训基地"，2012年又在全国率先提出将干部培训与学历教育相结合、合作共建"云南纪检监察学院"的构想。2013年初，"云南纪检监察学院"正式挂牌招生，云南师范大学云南纪检监察学院作为全国首家省级纪检监察机关与高校共建的纪检监察学院，其进行的专业建设尝试有利于纪检监察学科的体系化建设。

② 许多同学在纪委监委实习时反映所学知识无法满足实务上的需求，而学生实习的纪检监察机关反馈的建议也是学生的实务训练有待加强。对此，在最新讨论的人才培养方案版本中，学校明显提高了纪检监察专业核心课程的比重，尤其是纪检监察实务课程的占比进一步提高，如开设了"纪检监察实务""监督执纪问责实务""纪检监察案例分析""纪检监察文书写作"等课程。

③ 编写的纪检监察系列特色教材主要包括《纪检监察工作常用法律和党内法规制度汇编》《纪检监察工作典型案例汇编》《国外和我国香港地区反腐败典型案例汇编》《党风廉政建设和反腐败专论》《反腐倡廉历史镜鉴》《党委主体责任和纪委监督责任专论》《海外反腐败经验借鉴》《违纪违法典型案例评析》《信访举报和纪检监察业务知识专辑》等。

需求，出现了严重的教材供给不足问题，实务性纪检监察教材的供给更加匮乏。

即便较早重视教材编写工作的西安文理学院，也难以满足纪检监察课程建设的实际需求。据调查，西安文理学院在"前学科"阶段出版了《纪检监察学概论》《监督学》等系列教材，虽开创了体系化纪检监察专业教材编写的先例，但对于当下作为一级学科课程建设所需要的教材供给来说，这些教材还远远不够。另外，有关资料显示，内蒙古大学纪检监察学本科专业虽开设了包括"纪检监察工作概论"在内的13门纪检监察专业核心课程（白丹，2022），但也面临着教材供给难题。总之，无论是"前学科"阶段还是当下作为一级学科建设阶段，纪检监察的教材供给和特色课程供给不足是一个普遍性的问题。就纪检监察学的专业教材供给而言，教材体系还不能做到系统、全面，实务性的教材供给数量极其有限。

然而，教材的科学开发和运用，是任何学科建设和专业建设的前提与基础。基于此，有学者呼吁，应尽快组织力量编写一系列纪检监察学核心教材，以便满足当前纪检监察学院和普通高等院校培养专业化纪检监察人才队伍的迫切需要（王希鹏、罗星，2020：12）。据报道，2022年7月27日，中国纪检监察学院与中国人民大学联合召开纪检监察学教材编写研讨会，对纪检监察学教材编写进行了深入研讨①，这足以说明当下的纪检监察学课程与教材供给严重不足。

2. 纪检监察学的学科理论体系建设有待加强

毫无疑问，我国当下的纪检监察体制改革实践所提出的许多新问题，简单套用传统法学理论是无法进行阐释的，需要与时俱进的理论创新。从纪检与监察的关系来说，在纪委监委合署办公和纪法共治腐败的理念下，当监察行为规则的供给不足时，实践中会出现以党内法规来补强或者替代的做法，然而，这些做法并未形成理论上的相关制度。另外，纪检和监察分属于党内监督和国家监察的讨论范畴，故彼此之间知识交叉与衔接的问题也有待提炼和深入研究，特别是在总论部分、措施与程序、证据适用和证明标准、处置

---

① 《纪检监察学教材编写研讨会在我校召开》，中国人民大学纪检监察网，http://jwjcc.ruc.edu.cn/gzdt/bx/sfcabc379b614be4be84b66050.htm，最后访问日期：2023年9月17日。

方式等方面亟待进行理论的体系化建设。尽管纪检监察学经常出现交叉问题，但当前学者的研究视角通常比较单一，人们所关注的仍然是各自学科领域的问题，这种"零敲碎打式"的研究虽然有助于应对改革中面临的新问题，但其研究显得碎片化，甚至会出现"盲人摸象"般的片面结论，因此不是长久之计（封利强，2020）。

一方面，纪检监察学作为新学科需要成熟完善的理论体系；另一方面，从为数不多的纪检监察学著作和教材的对比中不难发现，在学界，目前并未形成权威且有影响力的关于纪检监察学的知识结构和体系框架。与之形成对比的是，纪检监察著作在具体的阐述中，将纪检和监察分别予以探讨的颇多，而少见对二者关系的研究。①例如，在任务职责方面，一般会分别阐述纪律检查机关的监督、执纪、问责职责和国家监察机关的监督、调查、处置职责，而对彼此的有机统一和相关关系很少花费笔墨去进一步挖掘。在监督执纪执法方面，虽然在程序上纪检和监察有许多相似之处，但是在具体的措施适用中亦未对二者的关系予以论证，容易使读者混淆具体的操作规则。

从规范依据上看，我国监督执纪和廉政建设的主张散见于党章、准则以及其他监督保障类的党内法规之中，各规范之间呈现一种"多头式"的零散状态，并没有抽象成为统一、权威、系统的概念、原理，理论的提炼不足导致学界在回应纪检监察改革的时代课题和当下之问时常常捉襟见肘。

总之，纪检监察理论知识的体系化不足，无疑增加了纪检监察学的理论构建难度。加之当下纪检监察学的研究视角单一、研究领域割裂等问题并未得到有效解决，导致我国现有研究成果大多呈现"离散"形态，缺乏有机整合，难以形成自成一体的能够满足我国纪检监察体制改革实践需要的纪检监察学理论。

3. 学科建设的整体规划不足

如前所述，在"前学科"阶段，我国纪检监察学科建设呈现高校自发且多样化的格局。多元发展虽然使研究呈现多点视域，增加了新的理论生成点，但由于在顶层设计中缺乏整体规划，各高校开展试点时学科名称不能统

---

① 一般情况下，学者的研究主要停留在对表面内容的描述上，如"纪检和监察工作的对象具有高度重合性""纪检和监察的对象行为具有关联性"等。

一，纪检监察学科建设如同一盘散沙，且通常依附于其他学科。

然而，从学科的发展规律看，学科的独立常常被视为学科建设和发展的前置要件，因此，被教育部确立为法学一级学科的纪检监察学，其学科建设的首要任务和方向选择便是不断强化该学科的独立性，这是学科成熟的标志，也是纪检监察学继续发展的基础。基于此，依附于其他学科开展纪检监察方向的学科建设模式，不是纪检监察学发展的路径，而且这种模式容易出现人才培养方案复制或借用的情况，并不利于专业人才的培养。

就"前学科"阶段纪检监察学科建设的探索借鉴而言，这些高校按照"法学或其他学科+纪检监察特色学科"的建设思路，以开设若干门纪检类课程的模式进行建设。不可否认，这种学科建设模式存在明显缺陷，不仅会出现"基础课程"与"特色课程"的主次之争，还会出现特色学科被挤占后的"遇冷"境地。学生虽学但难以实现"专""精"的情形，导致纪检监察毕业生处于理论知识不足且实战性不强的尴尬局面。无疑，这种分散、依附性的模式难以支撑起当下纪检监察学作为一级学科的课程体系建设要求。不仅如此，整体规划不足还容易导致教学研究与纪检监察学科建设的实际需求间出现鸿沟，这俨然已是一个不争的事实，彰显了纪检监察学科建设顶层设计路径的必要性和现实意义。

四 纪检监察学的体系化建设路径

（一）学科、专业一体化建设下纪检监察学的学科使命

当下，我国高校通过学科、专业一体化建设来提高办学水平的模式成为学科建设的优先选择路径。一般来说，学科建设是专业建设与课程建设的基础，而专业建设与课程建设也同样需要学科建设作为支撑（周光礼，2016：72~76）。从社会角度来看，专业是为满足从事某类或某种社会职业必须接受的训练需要而设置的（冯向东，2002：69）。因此，在学科、专业一体化建设下，学科建设必然指向人才培养的需求。纪检监察学的学科建设首先需要回应我国纪检监察体制改革实践，并致力于满足社会对纪检监察人才培养的需求。换言之，纪检监察学应当从学科、专业一体化构建的角度，设置若

干专业并进行课程建设，构建纪检监察的理论框架和知识谱系，对中国纪检监察实践做出理论回应。当然，在具体的学科建设路径中，既要注重纪检监察学师资队伍的培训，又要紧扣纪检监察人才的培养目标导向，不断优化学生人才培养方案，并根据社会或用人单位对纪检监察人才培养的评价反馈及时做出调整。

（二）体系化思维下纪检监察学二级学科的设置构想与建设路径

学科建设的体系化指向学科体系的构建。就学科体系来说，它是指由学科内部不同层级且相互联系的若干分支学科构成的有机整体，而纪检监察学学科建设的体系化除了对学科和专业进行一体化顶层设计，还表现为合理设置纪检监察学二级学科。

首先，从纪检监察学的内在独立性出发，要凸显纪检监察学科的独立性，这也意味着不能过分依赖其他法学一级学科去建设纪检监察学。不仅如此，在设置纪检监察学二级学科时，也要遵守理论相近原则，注意汲取其他二级学科设置的经验，实现分类后的二级学科有相近的理论基础，或者表现为一级学科研究对象的不同方面。因此，具体操作时可借鉴其他一级学科在设置二级学科上的经验，并根据纪检监察学的研究对象进一步优化二级学科。对此，笔者的初步设想是设置以下六个二级学科：纪检监察理论学（以基础理论为研究对象）、纪检监察法规学（以相关规范为研究对象）、纪检监察应用学、纪检监察工作实务、纪检监察制度学、纪检监察职业行为学。具体来说，纪检监察理论学致力于学科理论体系的研究，除了纪检学和监察学的理论研究，还包括纪检与监察融通性的理论、廉政文化理论、政治监督理论等；纪检监察法规学以传统规范性研究方法为视角，致力于规范的教义学分析，包括纪检监察程序学、监察法学、中共纪律学、党内法规学（特别是针对监督保障类的党内法规）；纪检监察应用学主要研究与其他技术学科的交叉，包括审计学、证据学、纪检监察心理学、谈话谋略与纪检监察信息技术、人工智能与数字监督学等；纪检监察工作实务致力于培养实务型专门人才，具体包括办案程序实务、文书写作实务、监督实务、审查调查实务、审理实务、问责与处分实务、国际反腐败合作等；纪检监察制度学包括纪检监察史学、比较纪检监察制度等；纪检监察职业行为学主要以职业伦理、职业教育、群体行为及心理为视角，旨在加强队伍自身建设研究，包括纪检监察职业伦理学、纪检监察职业教育学、纪检监察人类学、纪检监察组织行为学等。当然，这些二级学科的建设不是孤立存在的，必须加强与其他学科以及内部各学科间的建设交流。

其次，强化学科建设的顶层设计与指引。在国家层面加大纪检监察课程与教材的研发力度，并将过去全凭学校自主进行纪检监察学科建设探索的模式，转变为学校自主建设与上层的规范化指引相结合的学科建设范式。与此同时，以高起点和后发优势推动学科建设，制定严格的学科体系考评标准，推动学科建设高质量发展，并倒逼高校提高纪检监察学科的准入门槛。

最后，在专业设置和教学上，要紧扣纪检监察人才培养需求，强化学科建设的实用价值，探索多元的"校-地"合作范式。实践中，高校在建设纪检监察学这一新的学科时，普遍会面临专业师资短缺的问题，这就需要高校与地方的科研院所、党政机关等机构开展合作，特别是与纪委监委进行多元的合作共建，实现各种资源、平台的共建共享、优势互补。

总之，纪检监察学科的体系化建设是一项系统工程，需要运用系统思维构建，并需要在回应当下的纪检监察改革与反腐败实践中不断探索，绝非一日之功。

参考文献

白丹，2022，《国内首个！内蒙古大学新增纪检监察本科专业》，《内蒙古日报》（汉）2月28日，第1版。

褚宸舸，2022，《论纪检监察学的研究对象和学科体系》，《新文科教育研究》第2期。

封利强，2020，《监察法学的学科定位与理论体系》，《法治研究》第6期。

冯向东，2002，《学科、专业建设与人才培养》，《高等教育研究》第3期。

蒋熙辉，2012，《中国纪检监察学的基本范畴研究》，《中国监察》第5期。

李永忠、董瑛，2011，《对纪检监察学科建设问题的几点思考》，《中国延安干部学院学报》第5期。

刘怡达、张文博，2022，《纪检监察学：特质、设计与建设路径》，《新文科教育研究》第

2期。

王冠、任建明,2022,《创建纪检监察学的意义、现状与建议》,《北方论丛》第2期。

王希鹏,2014《廉政学的学科定位与理论体系——兼论纪检监察学科建设何以可能》,《广州大学学报》(社会科学版)第2期。

王希鹏,2021,《纪检监察学基础》,中国方正出版社。

王希鹏、罗星,2020,《纪检监察学科的发展现状、学科建构与实现路径》,《西南政法大学学报》第2期。

杨永庚,2016,《纪检监察学学科的形成与发展述论》,《廉政文化研究》第2期。

杨永庚,2017,《纪检监察学学科属性探讨——关于纪检监察学研究对象的思考》,《陕西行政学院学报》第2期。

杨莹,2014,《西安政治学院军队纪检监察学学科建设掠影》,《西安政治学院学报》第5期。

喻少如、许柯,2022,《中国特色纪检监察学范畴体系的建构与展开》,《廉政文化研究》第3期。

张震、廖帅凯,2022,《一级学科视域下纪检监察学体系论》,《新文科教育研究》第2期。

周光礼,2016,《"双一流"建设中的学术突破——论大学学科、专业、课程一体化建设》,《教育研究》第5期。

监察与司法衔接中法官惩戒制度的调适路径

黄 鑫*

摘 要：国家监察体制改革和司法体制综合配套改革均是我国政治体制改革的重要组成部分。国家监察体制改革产生了全新的监督格局，法官被纳入监察对象，这对基于深化司法体制综合配套改革的法官惩戒制度再造产生了重大的影响。监察全面覆盖背景下要求对包括法官在内的公职人员在制度设计、制度运行方面加以考量。而深化司法体制综合配套改革背景下法官惩戒制度具有维持审判独立、审判自律和实现专业追责等功能，法官惩戒制度的存在具有独特的价值和意义。因此，在深化国家监察体制改革和司法体制综合配套改革双重背景下，应当明确监察机关、人民法院、法官惩戒委员会在法官惩戒制度中的定位，完善监察机关和法官惩戒机构重合管辖事项的具体机制，持续深化法官惩戒委员会由鉴定主体向惩戒主体转变的改革。此外，在双重体制改革下，监察机关对法官行使监察权应当遵循基本司法规律，同时，法官惩戒制度在双重体制改革中应当面向监察全面覆盖和审判专业判断的双向融合，以实现监察与司法的衔接协调。

关键词：国家监察体制改革；司法体制改革；法官惩戒制度

一 问题的提出

国家监察体制改革实施后，依据《宪法》《监察法》之规定，监察机关对所有行使公权力的公职人员实现监察全面覆盖，法官作为公职人员当然也应属于监察对象的范畴。而以全面落实司法责任制为核心的司法体制综合配套改革则是新时代推进司法体制改革的重要方向，党的十九届四中全会审议

---

* 作者简介：黄鑫，西南政法大学法学博士，西南政法大学国际法学院（中国—东盟法律研究中心）讲师，重庆市检察机关理论研究人才，研究方向为纪检监察学、党内法规学。

通过的《中共中央关于坚持和完善中国特色社会主义制度 推进国家治理体系和治理能力现代化若干重大问题的决定》对"深化司法体制综合配套改革，全面落实司法责任制"作出了重要部署。2019年修订的《法官法》第五章、第六章规定，人民法院对法官履行管理、考核、奖励和惩戒之责，法官惩戒制度是其中一项重要内容。可见，目前法官惩戒制度与监察机关职务违法、职务犯罪调查制度均有明确法律依据。由此引发了这样的思考：国家监察体制改革和司法体制综合配套改革均是我国政治体制改革的重要组成部分，在全面深化改革的时代背景下，如何尽量避免这两种体制改革可能出现的竞争与冲突，实现这两种体制改革衔接协调、统一推进？要解决前述问题，就要进一步探讨深化国家监察体制改革与司法体制综合配套改革下法官惩戒制度的有效性、执行力及协调性等问题。笔者尝试在遵循司法规律和持续深化国家监察体制改革推进坚持全面覆盖原则的前提下，探讨国家监察制度和法官惩戒制度衔接协调的基本"焊点"，最终实现这两种制度的深度融合并构建新的监督体系和监督格局。这本质上是如何处理好人民法院内部监督与外部监督关系的命题以及两种监督制度的顶层设计如何协调统一的问题，也是构建监察与司法制度衔接体系必须回答的核心问题之一。

二 国家监察体制改革下法官惩戒制度保留的必要性

国家监察体制改革实施后，原司法机关内设的监察机构被纳入统一的纪检监察体制之下，这一改革对法官惩戒制度的保留提出了新的挑战。从监察对象来看，按照《监察法》第十五条之规定，"监察机关对下列公职人员和有关人员进行监察：（一）中国共产党机关、人民代表大会及其常务委员会机关、人民政府、监察委员会、人民法院、人民检察院、中国人民政治协商会议各级委员会机关、民主党派机关和工商业联合会机关的公务员，以及参照《中华人民共和国公务员法》管理的人员"。显然，法官属于监察对象，监察体制改革全面覆盖下"法官不再'游离'于既往的行政监察之外，而是成为国家监察的监察对象"（刘怡达，2019：85）。从监督主体定位来看，国家监察体制改革整合各项反腐败职权后，监察委员会与国务院、人民法院、人民检察院共同构成了"一府一委两院"的新格局,体现出用"强势"(韩大元,2017:19)的独立的监察机关来对所有行使公权力的公职人员(包含法官)进行监督。那么是否可以说监察监督完全代替人民法院法官惩戒制度,法官惩戒制度已经失去了存在的必要性?笔者认为,尽管国家监察体制改革对有效监督法官具有重要意义,但是国家监察体制改革后的全面覆盖是监察对象的全面覆盖,而监察机关在监察内容上应当限于职务违法和职务犯罪,因此保留法官惩戒制度并进行优化,对审判自律和审判独立之间的平衡是大有益处的,这也符合法官惩戒制度作为司法惩戒权的内在逻辑和规律,能够有效地在维持审判自律与遏制司法腐败两个维度上保持平衡。另外,法官惩戒制度与国家监察制度在制度设计的逻辑起点和功能上各有侧重和不同,两者应当属于互相补充的关系,共同作用的目标是保持审判自律和监察全面覆盖。

保留法官惩戒制度具有以下几个方面的独特价值。①法官惩戒制度可以补齐监察全面覆盖下实质化实施的短板。众所周知,监察全面覆盖涉及监察对象、监察权主体、监察范围,应当以实质化全覆盖为目标且具有相应限度(魏昌东,2022:101)。第一,应当遵循宪法所设定的人大制度下各权力机关的基本定位,遵循人民法院独立行使审判权的宪法安排。第二,国家监察体现的是对法官职业道德和行为进行监督,法官惩戒制度体现的是司法内部专业事务的监督,法官惩戒制度所涉及的一般违法行为与国家监察存在重叠交叉,但是监察监督难以全面覆盖司法内部的专业事务,因此对法官的违法行为进行惩处需要法官惩戒制度的参与,法官惩戒制度有助于加强对法官的规范和约束,维护法律的尊严和公正。②法官惩戒制度所体现的审判自律具有独立运行价值和存在必要,法官惩戒制度是法官专业化建设和职业道德建设的最后保障,作为一项独立的司法纪律制度是必要的。法官惩戒制度作为一种维护审判自律的司法制度,体现的是一种基于内部约束机制所形成的自洽制度,有助于法官依法公正行使审判权。一方面,人民法院本身所具有的司法属性和与审判相关的司法行政事务由人民法院独立承担是宪法对人民法院的基本定位;另一方面,由人民法院追究法官违法审判相关行为的责任更能体现司法规律和维护司法有序运行,能够保障法官行为的规范和维护司法公信力。总体来说，司法活动本身的专业逻辑和法官的职业特点决定了法官惩戒的主体、实施程序、内容范围以及法官惩戒委员会组成人员等非一般责任追究制度所能替代，这也是现代法官惩戒制度建立的重要理论根基之一。

因此，法官惩戒制度不可完全被国家监察制度替代，应将其保留下来并与国家监察制度相协调，这一点在持续深化国家监察体制改革中也有所体现，例如，2018年中共中央纪委、国家监察委员会印发的《公职人员政务处分暂行规定》将《法官法》列入监察机关实施政务处分的依据之中。①《法官法》的列入意味着持续深化国家监察体制改革也尝试将对法官的责任追究全面纳入新的国家监察体制之中。然而，2020年正式出台的《公职人员政务处分法》又改为监察机关依据相应权限对公职人员加以监督和给予政务处分。②这表明深化国家监察体制改革下党和国家的顶层设计对人民法院内部监督结构划定应有边界，监察全面覆盖聚焦监督职能的现代化，体现出对司法特殊领域监督之再监督关系，这也体现了监察全面覆盖与法院内部专业监督领域的有机统一关系。按照《法官法》第四十八条的规定，最高人民法院和省、自治区、直辖市设立法官惩戒委员会，负责从专业角度审查认定法官是否存在故意违反法律法规办理案件和因重大过失导致裁判结果错误并造成严重后果这两类违反审判职责的行为，提出审查意见，人民法院再根据法官惩戒委员会提出的审查意见并依照有关规定作出是否予以惩戒的决定和处置。这表明司法体制改革者认为有必要保留其自身的法官惩戒机制，将法官履职是否构成违法审判的判断权与保证审判权依法独立行使作为该制度设计

---

① 《公职人员政务处分暂行规定》第三条规定："监察机关实施政务处分的依据，主要包括《中华人民共和国监察法》《中华人民共和国公务员法》《中华人民共和国法官法》《中华人民共和国检察官法》《中华人民共和国企业国有资产法》《行政机关公务员处分条例》《事业单位人事管理条例》《事业单位工作人员处分暂行规定》《国有企业领导人员廉洁从业若干规定》以及《农村基层干部廉洁履行职责若干规定（试行）》等。"
② 《公职人员政务处分法》第三条规定："监察机关应当按照管理权限，加强对公职人员的监督，依法给予违法的公职人员政务处分。公职人员任免机关、单位应当按照管理权限，加强对公职人员的教育、管理、监督，依法给予违法的公职人员处分。监察机关发现公职人员任免机关、单位应当给予处分而未给予，或者给予的处分违法、不当的，应当及时提出监察建议。"

的依据（陈铭强，2020：23），并与监察机关分担监督法官并追究其责任的部分权能。目前，从最高人民法院到省、自治区、直辖市高级人民法院对法官惩戒委员会的定位理解与职能发挥来看，法官惩戒委员会在一定程度上处于"无功能"的状态（陈铭强，2020：101），或者法官惩戒委员会在法官惩戒制度中仅作为一个专业判断的机构，没有被赋予处置权，因此，对法官惩戒制度的完善仍然需要进一步深化。

三 国家监察体制改革对法官惩戒制度的影响

在国家监察体制改革全面覆盖与司法体制改革双重推进的背景下，国家监察体制改革对法官惩戒制度的影响和挑战也是显而易见的。这种影响主要体现在两个方面。一方面是监察体制改革对法官惩戒制度的推动和促进作用。国家监察体制改革的目的是加强对党和国家机关的监督与管理，防止和惩治腐败行为，保障人民群众的合法权益。法官惩戒制度作为司法监督体系的重要组成部分，也在国家监察体制改革的背景下得到进一步完善和推进。另一方面是监察体制改革给法官惩戒制度带来的制度调整和改革需求的影响。特别是在2019年《法官法》修订之前，监察机关和人民法院在法官惩戒处分方面存在一定的职权重叠问题。首先，最高人民法院制定的《人民法院监察工作条例》（2021年废止）和最高人民法院、最高人民检察院印发的《关于建立法官、检察官惩戒制度的意见（试行）》（2016年）都不属于《立法法》的调整范围，无法正式确定两者的效力位阶，因而无法评估《监察法》实施后这些规范性文件、党内决策和国家机关内部管理性文件之间的效力位阶关系，缺乏明确的判断标准。其次，法官惩戒制度在司法体制改革过程中也在不断地进行改革，目的是要减少法院内部监察制度因效仿行政监察体制而带有的行政化趋势，但国家监察制度是脱胎于行政监察体制并整合检察机关的职务犯罪调查职能形成的全新监督制度。两种体制改革存在一定的竞合，因此需要通过分析具体的竞合点的衔接协调加以消弭。总体来讲，目前两种制度存在两大竞合点，具体分析如下。

（一）国家监察体制改革与司法体制改革顶层设计不协调

国家监察体制改革和法官惩戒制度改革的决策都是统合在现有党中央的顶层设计中，两种制度都是先有顶层设计再通过改革推向实践。实践中，两种改革都以各自的路径加以推进。国家监察体制改革初期通过权力优位加持推进高效反腐从而实现"犯罪控制"，减少犯罪"黑数"。在顶层设计上，监察机关与法官惩戒机构地位失衡，监察机关相对于法官惩戒机构处于更为明显的强势地位（周慧琳，2022：96）。这两种制度在顶层设计上存在明显的不协调。例如，党中央关于司法体制改革的各种决策一直以来都由最高人民法院通过司法文件加以具体化并在法院体系内贯彻落实，法官惩戒制度改革也是遵循这一基本逻辑和实践路径的。国家监察体制改革则是由全国人民代表大会通过做决定和修订《宪法》并颁布《监察法》的方式将党的决策转变为国家意志后加以推行的。[①] 为弥补法官惩戒制度在法律中的缺位，2019年4月，第十三届全国人民代表大会常务委员会第十次会议审议通过《法官法》的修订，该法将"法官惩戒委员会"写入其中，将法官惩戒制度提升为一种全新的法律制度。从两种体制改革后的法律依据看，《监察法》是由全国人民代表大会通过的反腐败领域的基本法，而《法官法》是由全国人民代表大会常务委员会制定的一般性法律。两种改革都由中央全面深化改革委员会来推进，因此党中央要从源头上解决好两种制度的顶层设计，这是两种制度从衔接协调到融合统一的一个基本点。基于两种制度目前在顶层设计上的逻辑起点不同，规范定位较为模糊、抽象，为避免"缺少整体性的制度设计以及实务的推进策略"（方乐，2019：164），导致两种制度改革顶层设计的协调性不足，影响两种制度未来持续深化，需要顶层设计者在两种体制持续深化过程中予以明确。此外，由

---

① 2016年12月，第十二届全国人民代表大会常务委员会第二十五次会议通过《关于在北京市、山西省、浙江省开展国家监察体制改革试点工作的决定》。2017年11月，第十二届全国人民代表大会常务委员会第三十次会议通过《关于在全国各地推开国家监察体制改革试点工作的决定》。2018年3月，第十三届全国人民代表大会第一次会议通过《宪法修正案》，该修正案在"国家机构"中写入"监察委员会"；同月，第十三届全国人民代表大会第一次会议通过《监察法》。

于顶层设计的协调性不足,全国人民代表大会及其常委会在《监察法》与《法官法》的修订和解释中对两部法律的预留空间和衔接留白过大,这会给改革实践带来新的困境,难以形成法律体系化实施的一致性和有效性,也无助于给改革实践形成明确的指引。

(二)国家监察与法官惩戒存在管辖交叉下的竞合

如前所述,国家监察体制改革引发了法官责任多元监督格局的历史性变革,并由此影响到人民法院法官惩戒制度的功能再造和改革设计。与司法实践的迫切需求相比,理论上对监察制度与法官惩戒制度的衔接统一的竞合点亟待厘清和破解。

1. 管辖职权交叉下的竞合

持续深化国家监察体制改革与法官惩戒制度的融合是为了实现审判自律和监察全面覆盖实质化的终极目标。国家监察体制改革后,对法官的监督惩戒由原来属于人民法院监察部门单一的"同体监督惩戒"[①]转变为由监察机关与人民法院并行的"同体惩戒+异体监督"[②],即"双重模式"。原来由人民法院监察部门调查的"违法审判行为"因监察机关所属的"职务违法行为"而被覆盖到监察范围之内,将原本由人民法院监察部门作出的"行政处分"转移到监察机关作出的政务处分之内,形成"异体监督"模式。因此,监察机关和人民法院都有对法官违反审判职责作出评价和处置的职能。具体而言,监察机关依据《监察法》第十一条之规定有权对所有公职人员进行监督、调查和处置,包括廉政教育、违法犯罪调查以及政务处分、问责、移送司法和提出监察建议。而法官惩戒机构依据《关于建立法官、检察官惩戒制度的意见(试行)》第二条之规定有权对"违法审判行为"予以惩戒。从文义解释角度看,监察机关的职权主要针对公职人员"职务行为"的廉洁性展开,而法官开展审判活动也是其职务行为,因而法官违法审判行为也应归属

[①] 之前对法官的处分权属于任免机关和人民法院内部,是基于内部管理行为而派生出的单规处分模式,体现的是运用内部规则进行的自我管理、自我约束活动。

[②] 国家监察体制改革后,对于违法法官来说,就存在基于公职人员属性的"政务处分"和基于法官司法属性的惩戒处分并行的"双重模式",即监察机关对违法法官予以"政务处分",人民法院对违法法官的审判行为进行惩戒。

于监察机关的职权范围。从目的解释角度看，监察机关的监察对象是"人"的廉洁性，而法官惩戒机构的惩戒范围是以法官审判自律为基础的"事"的客观公正性。监察对象"人"与法官惩戒机构"事"在法官履职过程中具有高度重合性。因此，监察机关与法官惩戒机构在职权上的竞合是客观的事实，即监察机关与法官惩戒机构基于同一事项具有重合的管辖权，在此背景下如何妥善处理两种交叉职权的衔接统一，避免两种权力"摇摆"造成过度内耗甚至混乱，成为一个亟待解决的重要问题。一方面，监察机关应当尊重人民法院法官的惩戒职权，不干预人民法院的司法活动。另一方面，人民法院也应当尊重国家监察制度的监督体系，履行好自我监督的职责，维护司法公正和廉洁。在实践中，国家需要通过制度设计来平衡两种制度之间的竞合，保障司法和监察的有效运行，这也是推进中国式治理现代化的应有之义。

2. 管辖范围交叉下的竞合

法官惩戒是对法官违法审判行为进行追究和惩处，维护司法的权威和公信力的一项制度。惩戒事由则规定了法官基于何种事由被惩戒，是法官惩戒制度的重心。基于两种制度的侧重点不同，借鉴世界通行做法，将司法官行为分为司法内行为和司法外行为更有利于司法官惩戒制度的法治化建设（蒋银华，2015：21~28；郑曦，2016：117~121）。笔者基于借鉴上述"两分法"的逻辑将法官违法履职行为分为"专业性违法行为"和"一般违法行为"，如果能够在"两分法"下明确法官违法履职行为，那么两种制度从衔接协调到融合统一便自然得以消弭。事实上，探寻两种制度下形成的现行法律规范依据并非易事，问题在于如何区分违法审判行为和腐败行为。在大多数情况下，要严格区分违法审判行为和腐败行为并不容易，因为违法审判行为通常和腐败行为相伴而生、交织在一起。例如，《法官法》第四十八条规定，法官惩戒的惩戒事由被限定为"本法第四十六条第四项、第五项规定的违反审判职责的行为"，即"故意违反法律法规办理案件"和"因重大过失导致裁判结果错误并造成严重后果"这两项违法审判行为，追究的是法官违法审判责任。针对法官违法审判责任，《最高人民法院关于完善人民法院司法责任制的若干意见》第二十六条详细列举了六种①具体的应当追究违法审判责任的情形,明确了故意违背法定程序、证据规则和法律明确规定违法审判的行为,或者因重大过失导致裁判结果错误并造成严重后果的行为。针对这六种具体情形中的第一种"审理案件时有贪污受贿、徇私舞弊、枉法裁判行为的",惩戒事由通常将"专业性违法行为"和"一般违法行为"杂糅在一起加以规定,这也源于法官违法审判行为通常与"一般违法行为"并存的现实。因此,即使理论上试图通过"两分法"作出区分,也难以有效涵盖复杂的实践。对此,最高人民法院在对十三届全国人大二次会议第7429号关于完善法官惩戒制度的建议的答复中明确指出:"对监察机构调查的案件,监察机构给予政务处分的,法院不再对当事法官进行惩戒;监察机关调查后移送人民法院建议由人民法院对当事法官作出纪律处分的,应当适用惩戒的相关规定;违反审判职责之外的违法违纪行为,不适用惩戒制度的相关规定,由纪检监察机构调查处理。"②这一答复在一定程度上明确了纪检监察与法官惩戒之间的职权边界,但是该答复是以监察机关启动调查的先后顺序作为管辖依据的,这虽然在一定程度上回应了两种制度衔接统一的问题,但依然未具体区分和明确两个国家机关基于相同事项的权限,亦未明确法官惩戒委员对法官违法审判责任的认定是不是法院或纪检监察机关启动调查和处罚的前置程序,依然体现了监察机关作为强势机关的权力运行逻辑。如果这个问题无法得以解决,那么两种体制改革的竞合仍然会存在。

---

① 《最高人民法院关于完善人民法院司法责任制的若干意见》第二十六规定:"有下列情形之一的,应当依纪依法追究相关人员的违法审判责任:(1)审理案件时有贪污受贿、徇私舞弊、枉法裁判行为的;(2)违反规定私自办案或者制造虚假案件的;(3)涂改、隐匿、伪造、偷换和故意损毁证据材料的,或者因重大过失丢失、损毁证据材料并造成严重后果的;(4)向合议庭、审判委员会汇报案情时隐瞒主要证据、重要情节和故意提供虚假材料的,或者因重大过失遗漏主要证据、重要情节导致裁判错误并造成严重后果的;(5)制作诉讼文书时,故意违背合议庭评议结果、审判委员会决定的,或者因重大过失导致裁判文书主文错误并造成严重后果的;(6)违反法律规定,对不符合减刑、假释条件的罪犯裁定减刑、假释的,或者因重大过失对不符合减刑、假释条件的罪犯裁定减刑、假释并造成严重后果的;(7)其他故意违背法定程序、证据规则和法律明确规定违法审判的,或者因重大过失导致裁判结果错误并造成严重后果的。"

② 《最高院:关于完善法官惩戒制度的建议的答复》,搜狐网,https://www.sohu.com/a/360481924_169411,最后访问日期:2023年6月2日。

四 双重体制改革下法官惩戒制度的再造路径

整合和强化国家反腐力量以加大反腐力度、加强对所有行使公权力的公职人员的监督是国家监察体制改革的根本。但是鉴于审判权的特殊属性，应将法官和一般公务员加以区别对待，科学配置监督力量，给予人民法院和法官更强的独立性。因此，在国家监察体制和司法体制双重改革背景下，法官惩戒制度改革既要实现监察对象的全覆盖，又要坚持遵循司法规律，监察机制部分介入法官惩戒制度或许可以作为一种优化路径，即由监察机关、法院、法官惩戒委员会三者分担对法官的惩戒权能，人民法院对法官的惩戒机制予以保留和再造，法官惩戒制度改革继续沿着与监察体制改革协调统一的方向持续深化。相较于监察机关全面接管人民法院对法官的惩戒职能而言，这个路径对审判独立和审判监督之间平衡度的影响较小。法官惩戒制度的保留和再造必须以遵循司法规律为基础，那么监察与司法衔接中法官惩戒制度的完善需要注意三个主要问题：一是要明确监察机关、人民法院、法官惩戒委员会在法官惩戒制度中的定位；二是完善监察机关和法官惩戒机构重合管辖事项的具体机制；三是持续深化法官惩戒委员会由鉴定主体向惩戒主体转变的改革。

（一）明确监察机关、人民法院、法官惩戒委员会在法官惩戒制度中的定位

"监察委员会在改革中是被定位为'国家反腐败机构'，《监察法》相应被视为反腐败国家立法，而法官违纪违法行为并非皆为腐败行为，故皆由作为反腐败机构的监察委员会来追责自然在定位上值得再探讨。"（秦前红、刘怡达，2018：12）国家监察体制改革作为新时代的一项重大政治体制改革，法官惩戒制度在这样一种"强势"影响下应当在国家监察体制改革背景下作出调整。

（1）从两种改革的制度功能和具体的制度设计看，国家监察体制的设立是为解决一般公职人员违法犯罪的外部监督机制不健全问题，其目标包括

要实现对作为公职人员的法官的职务违法和职务犯罪责任的追究，其中也包括法官违法审判行为的一般公职属性和刑事责任。而法官惩戒制度的独立存在价值在于其是维护审判自律和实现专业追责制度安排的内在需要，其目标是实现对法官违法审判行为的司法责任的追究。两种制度的生成逻辑各有侧重，法官违法审判行为是启动法官惩戒的前提条件，然而实践中在法官违法审判行为中难以区分"专业性违法行为"和"一般违法行为"，通常这类行为也会进入监察机关监督和调查的范围，如此一来，便存在两种制度改革在顶层设计中对法官惩戒制度的定位问题。目前对法官惩戒制度的改革主要体现在对法官违法审判行为的司法责任的追究方面，而与法官违法审判行为相杂糅的"一般违法行为"则属于监察机关监督和调查范围，因此，要正确理解国家监察制度和法官惩戒制度，明确两种监督主体的管辖范围，而非让监察机关过度介入甚至"吸纳"人民法院原有内部监察部门的调查权，否则会影响现有法官惩戒制度转化追责的制度设计初衷。反之，如果过于排斥监察机关对人民法院的监督，也会影响"全面覆盖"的既有设定目标。同时，需要恪守一个基本原则，即监察机关在开展监督和调查过程中必须遵循司法权运行的基本规律。

（2）从改革的政策性文件和实践推动看，司法责任制度改革下的法官惩戒制度顺应国家监察体制改革，《法官法》以及相关配套文件建立起法官惩戒委员会及相应的法官惩戒制度，但是只赋予法官惩戒委员会基于专业判断提出审查意见的权力，而未赋予其处置权限。这都无益于法官惩戒制度功效的发挥，也难以实现司法责任制度改革之初创设法官惩戒制度的应有目的（夏锦文、徐英荣，2021：119），甚至在国家监察体制改革的强力作用下，法官惩戒制度去行政化的目标也更难以实现。因此，笔者建议在两种制度未来持续深化改革的过程中，更加注重在持续深化国家监察体制改革的同时出台相关政策文件进一步明确法官惩戒制度的定位，保持监察的谦抑性，尊重人民法院的宪法地位，恪守审判独立的宪法原则（秦前红、刘怡达，2017：17）。另外，顶层设计应当由权力思维转向程序思维，由重打击违法犯罪转向重正当程序。具体包括：首先，监察权力"强势"容易导致滥用职权和违反程序，极易侵犯监察对象的合法权益，从而产生不公正和非法行为；其次，过度注重反腐成果和"犯罪控制"容易导致对监察对象的过度惩罚。因此，注重程序思维，需要认识到反腐败斗争的长期性、复杂性，需要注重权力监督与权力制约，需要加强反腐败斗争法治化、制度化建设。仅仅靠人民法院单方面出台与司法配套的政策性文件难免会陷入新的难题，因此需要在顶层设计上重新出台一项关于两种制度下法官惩戒制度的政策性文件，从而使两种制度持续深化，由政策指引转向法律形成依据和衔接统一的动力。

（二）完善监察机关和法官惩戒机构重合管辖事项的具体机制

如前所述，法官惩戒制度具有保留的必要性，同时监察机关在法官惩戒工作方面也具有重要的作用。在具体的衔接上，将法官违法履职行为分为"专业性违法行为"和"一般违法行为"仅能在理论上作出大致的划分，这种大致的划分对于两种制度事权运行来说更能实现"双赢"。针对监察体制和法官惩戒制度改革双向推进的目标，应当基于两种制度的竞合点作出具体优化，从理念思维以及角色定位出发，对两种制度在法官惩戒制度重合部分作出具体划分，形成衔接统一的系统性构造。

（1）监察机关与法官惩戒机构并非泾渭分明，两者应当建立在沟通互补的基础之上，基于事权而建立有效的信息共享、沟通和协作机制，共同的目标都是实现法官廉政和审判公正。从《法官惩戒工作程序规定（试行）》第三十四条的规定看，"（一）给予停职、延期晋升、调离审判执行岗位、退出员额、免职、责令辞职等组织处理"赋予法官惩戒机构身份惩戒的权力；"（二）按照《中华人民共和国公务员法》《中华人民共和国公职人员政务处分法》《中华人民共和国法官法》《人民法院工作人员处分条例》等法律规定给予处分"表明处分的其中一项依据为《政务处分法》，这两种制度给予违法法官政务处分的依据是通过《政务处分法》加以衔接的。因此，应当建立定期协商会议或联席会议等机制，就相关问题进行探讨和研究。对于监察机关作出的政务处分，监察机关应当及时通告处分法官主管人民法院，并通过出台规范性文件明确人民法院不得基于同一事项启动《法官惩戒工作程序规定（试行）》第三十四条（二）的惩戒权。人民法院对违法审判法官作出的惩戒决定，也应当及时通报同级监察机关予以备案审查，实现监督之再监督，避免出现两种制度空转。

（2）监察机关对人民法院开展监察活动首先要遵循法官惩戒制度和司法规律。基于法官身份的多重性和特殊性，监察机关应当恪守宪法基本原则与其他机关各司其职，虽然职务违法和职务犯罪案件在调查中具有区别于一般违法犯罪案件的特殊性，但仍然应保持监察调查启动的谦抑性，将法官惩戒委员会的专业性审查程序作为作出处分的前置程序。这也是国家监察制度与法官惩戒制度衔接协调的具体方法之一。在这种方法中，法官惩戒委员会首先要对涉案法官的违纪违法行为进行调查、取证、审查，并向人民法院提出惩戒处分意见。人民法院根据法官惩戒委员会的审查意见作出处分决定，同时将处分决定通报同级监察机关加以监督，当然，如果其中有涉及监察机关管辖的事项也应当移送监察机关。

（3）在现有派驻纪检监察机构①的基础之上，加强法官惩戒与国家监察程序的衔接与协调。法官角色的集合性决定了责任追究的复合性，对于同时追究法官"专业性违法责任"和"一般违法责任"的情形②，在具体的机制上可以借助派驻纪检监察机构的"地理优势"，分两种情况加以处置。对于"专业性违法责任"的认定，一是派驻纪检监察机构可以具体参与或监督法官惩戒的程序和结果，保持惩戒决定的合法性和公正性；二是派驻纪检监察机构可以为法院提供建议和指导，促进法官惩戒制度的不断完善和优化。对于"一般违法责任"或者"专业性违法责任"与"一般违法责任"交织的认定，在不中止、不停止法官惩戒程序，使其正常开展的情况下，将法官违法的线索通过派驻纪检监察机构移交同级监察机关同步处理，实现二者的分工负责和程序的衔接与协调。

---

① 按照中央纪委国家监委驻最高人民法院纪检监察组的"工作概况"，中央纪委国家监委驻最高人民法院纪检监察组依据党章、宪法和监察法，根据中央纪委国家监委授权，履行党的纪律检查和国家监察两项职责，负责对最高人民法院的监督执纪问责和监督调查处置工作。参见最高人民法院网，https://www.court.gov.cn/zhongjiwei/xiangqing/151122.html，最后访问日期：2023年7月12日。

② 笔者整理相关资料后发现，兼具违法审判性质和腐败性质的犯罪主要是徇私枉法罪、民事、行政枉法裁判罪、徇私舞弊减刑、假释、暂予监外执行罪等。我们完全可以按国家监察委员会处理涉及诉讼案件的职务犯罪案件管辖权的做法，将其归入违法审判行为的范畴，并由法院对法官的违法审判行为优先进行监督。

（三）持续深化法官惩戒委员会由鉴定主体向惩戒主体转变的改革

基于法官惩戒制度改革现状，通过"两分法"大致作出区分并提出衔接协调路径，主要是因应国家监察体制改革并最大限度地满足监察制度的运行空间要求。事实上，我国法官惩戒制度改革方案在机构中立上取得了重要成果，但在职能层面距离实现控审分离目标以及摆脱行政化色彩还存在较大差距（白冰，2021：122）。若将惩戒委员会仅仅定位为专业判断机构，在模棱两可的改革中将法官惩戒权交由监察机关行使，既无益于司法体制改革所强调的保障审判权独立行使的基本要求，也无益于人民法院在审判监督方面的专业能力凸显，更无益于加强法官的自我监督和管理。首先，从审判权独立行使的角度看，由于监察机关具有极强的监督能力，保持监察机关启动调查权的谦抑性，限缩监察机关对法官监督事项的范围十分有必要，这可以在一定程度上减少监察机关对审判权独立行使造成的不当干预，使监察机关的监督和审判独立之间的关系能够达到平衡状态。其次，从监督的专业能力看，法院在审判监督方面具有专业性，能够更为准确地判断法官违法审判行为的性质和违法程度。因此，将兼具违法审判和腐败性质的违法行为归入违法审判行为并由法院对法官进行监督与惩戒是一种更好的选择。按照这种选择逻辑，只要是与审判活动相关的违法行为，不管是不是具有腐败性质，都归入违法审判行为的范畴，这就需要基于对法官惩戒委员会行使的职能进行再次定位，对法官惩戒委员会的产生机制、职权范围及其相关依据进行相应的改革，以优化国家监察制度与司法责任制度的衔接统一，笔者基于此对法官惩戒委员会及其制度优化提出如下三点建议。

一是法官惩戒委员会成员由同级人大常委会选聘更为合适，从而确保法官惩戒委员会的独立性①。《法官法》第四十八条规定："法官惩戒委员会由法官代表、其他从事法律职业的人员和有关方面代表组成，其中法官代表不少于半数。"《法官惩戒工作程序规定（试行）》第八条规定："法官惩戒委员会

---

① 关于惩戒机构的独立性问题，在职业伦理责任模式下，负责对法官追责和惩戒的机构不再是法院内部的行政部门，作为法院司法行政负责人的院长对惩戒事项也不再具有绝对的控制力。

委员应当从政治素质高、专业能力强、职业操守好的人大代表、政协委员、法学专家、法官、检察官和律师等专业人员中选任。其中,法官委员不少于半数。"从《法官法》《法官惩戒工作程序规定(试行)》规范内容看,法律法规仅规定了法官惩戒委员会组成人员的构成,却未规定具体执行组成人员选聘工作的机构。目前,我国法官惩戒委员会设置在人民法院系统内部,依托法院督察局开展日常工作,虽然对人民法院法官惩戒委员会的改革试图脱离内部的完全控制,该思路具有一定的价值,但改革仍将法官惩戒机构设在人民法院系统内部,"基于我国上下级司法机关的密切联系和部门保护主义,司法惩戒仍然可能受到部门内部影响,而无法有效发挥功能"(谢小剑,2014:301)。按照世界通行做法,法官惩戒委员会行使监督法官的职权具有外部权力的监督属性,因而,法官惩戒委员会的成员应由具有法律专业背景的法官、检察官、监察官、律师、法学教授等专业人员组成更为恰当。对于由不同领域成员组成的法官惩戒委员会,各国对成员的任命有不同的做法。比如,韩国《法官惩戒法》第4条和第5条规定,委员由大法院院长任命或委任,预备委员由大法院院长从法官中任命(最高人民法院政治部,2017:763)。美国各州关于成员的任命,部分州由最高法院任命;在其他部分州,不同类别的成员由不同的组织任命,公民成员由州长任命,律师成员由州律师协会任命,法官由州最高法院任命。在我国,法官是由人大常委会任命的,法官惩戒委员会是监督法官的组织,且组成人员来源比较多,因而法官惩戒委员会成员由同级人大常委会选聘更符合中国司法实践。

二是应逐步扩大法官惩戒委员会的职权,重新定位法官惩戒委员会的主体角色。法官惩戒委员会是法官惩戒制度的核心机构,应当具有较为广泛的职权,以便更好地履行监督和惩戒职责。笔者认为,应当让法官惩戒委员会成为监督法官的职业性组织,并赋予其更多独立的权力和职权。具体而言,随着司法责任制改革的持续深入,未来法律的"立、改、废"应当明确规定法官惩戒委员会的法律地位、性质、职权和职权行使的程序,应赋予法官惩戒委员会惩戒处分的决定权,由法官惩戒委员会对法官违反审判责任的行为进行审理和判断,并做出具体惩戒处分决定。具体的法官惩戒程序包括:人民法院督察部门根据人民法院院长的指示对法官违法审判的行为行使调查权，再由法官惩戒委员会独立行使对法官违法审判行为的审理权和惩戒处分权。通过调查权和审理处分权分离、惩戒委员会成员多元化、审理处分程序司法化等构造，重新定位法官惩戒委员会的主体角色，由原来的辅助监督转变为独立监督，法官惩戒委员会能够独立开展调查、审理和惩戒。这样的制度安排不仅可以解决司法权去行政化的问题，还可以解决司法权去地方化的问题，从而实现审判监督和审判独立之间的平衡，也更有利于司法责任制改革与国家监察体制改革的双向平衡。

五　结语

国家监察体制改革和司法体制综合配套改革均是我国政治体制改革的重要组成部分，也是我国全面深化改革和政治文明新形态的重要标志。在这一过程中，法官惩戒制度的再造和改革设计尤为关键。为了实现监察与司法的衔接和协调，需要重视以下几个方面：首先，要明确监察机关、人民法院、法官惩戒委员会在法官惩戒制度中的定位，以便更好地履行和发挥各自的职能和作用；其次，要充分发挥监察机关对法官行权过程的监督作用，但同时也要遵循基本司法规律，以保障法官的审判权和审判独立；再次，应该逐步扩大法官惩戒委员会的职权，重新定位法官惩戒委员会的主体角色，使其在法官惩戒制度中发挥更加积极的作用；最后，要在法官惩戒制度中实现监察与司法的衔接协调，需要统筹考虑监察全面覆盖和审判专业判断的有机统一。这样才能真正实现法官惩戒制度的再造和改革设计，并更好地服务于社会公正和人民群众的利益。

参考文献

白冰，2021，《论法官惩戒主体的中立性——以中立性的双重内涵为切入点》，《法商研究》
　　第1期。
陈铭强，2020，《论法官惩戒委员会的法律地位》，《政治与法律》第2期。
陈铭强，2020，《三重执纪监督下法官惩戒制度的反思与完善》，《人民司法》第13期。
方乐，2019，《法官责任制度的司法化改造》，《法学》第2期。

韩大元，2017，《论国家监察体制改革中的若干宪法问题》，《法学评论》第3期。

蒋银华，2015，《法官惩戒制度的司法评价——兼论我国法官惩戒制度的完善》，《政治与法律》第3期。

刘怡达，2019，《监察体制改革背景下法官惩戒制度的调适路径》，《理论月刊》第8期。

秦前红、刘怡达，2017，《监察全面覆盖的可能与限度——兼论监察体制改革的宪法边界》，《甘肃政法学院学报》第2期。

秦前红、刘怡达，2018，《国家监察体制改革背景下人民法院监察制度述要》，《现代法学》第4期。

魏昌东，2022，《监察全覆盖的理论逻辑与应然边界》，《南京大学学报》（哲学·人文科学·社会科学）第5期。

夏锦文、徐英荣，2021，《〈法官法〉修订后法官惩戒的程序规制研究——以法官惩戒委员会制度激活为中心的分析》，《江苏社会科学》第6期。

谢小剑，2014，《法院的公共责任及其限度》，中国政法大学出版社。

郑曦，2016，《司法责任制背景下英国法官薪酬和惩戒制度及其启示》，《法律适用》第7期。

周慧琳，2022，《监察程序与法官惩戒程序衔接的逻辑、障碍与进路》，《湘潭大学学报》（哲学社会科学版）第5期。

最高人民法院政治部编，2017，《域外法院组织和法官管理法律译编》（下册），人民法院出版社。

基层纪检监察机关借调现象的观察与思考
——以 H 省 C 市 L 区为例

田镇沧[*]

摘　要：借调是一种普遍存在于党政机关、事业单位、国有企业以及私营企业当中的非正式人员流动模式。近年来，随着党风廉政建设和反腐败工作的不断深入，各级纪委监委的工作量随之增加，而借调现象也在各级纪委监委中呈现普遍化和常态化的趋势。本文以我国中部 H 省 C 市的一个区级纪检监察机关为样本，通过田野调查的方式进行调研，访谈纪检监察干部及相关人员，获得第一手观察资料。本文试图以更全面的观察视角，从宏观、中观、微观三个层面剖析借调现象产生的原因，通过借调单位、被借调单位、被借调干部三个方面分析借调产生的问题，进而提出优化纪检监察机关职能、深化人事编制改革、提高干部队伍素质、建立合理的人才流动机制、完善借调法律法规制度五个方面规范借调问题的可行性建议。

关键词：借调；纪检监察；人员流动

一　引言

借调是一种普遍存在于党政机关、事业单位、国有企业以及私营企业当中的非正式人员流动模式。借调现象在我国很早就存在。2006 年《公务员法》的施行，从立法层面彻底将借调变为一种非正式的人员流动模式。党的十八大之后，随着党和国家的反腐决心和力度不断加大，纪检监察机关所承担的工作任务和工作量都呈现明显上升的趋势，各级纪检监察机关都面临着巨大的工作压力和专业人才缺口。由于借调手续简便、快捷和被借调人员专业素质较高、无

---

[*] 作者简介：田镇沧，中国社会科学院大学政府管理学院硕士研究生，研究方向为廉政学。

须培训即能直接参与工作等多方面的优点，借调逐渐被各级纪检监察机关当作一种重要的人员流动方式。虽然借调在缓解纪检监察机关专业人才短缺压力、集中力量办理反腐败大要案、锻炼被借调干部等方面发挥着积极作用，但是随着借调在纪检监察机关的普遍适用，其所产生的负面影响逐渐凸显。尤其是基层纪检监察机关本身就面临人员编制少、工作条线多、工作任务重等情况，如果大量干部被借调，就可能影响到自身工作的正常开展。

针对借调现象，理论界做了一些探讨。有的认为"有的党政机关借调下级机关或事业单位的干部并不是用来完成临时性的工作或项目，而是长期使用借调干部从事一般性的工作"（许光建，2009），有的认为借调问题产生的最根本的原因是人员编制管理的问题（李军鹏，2009），还有的从政府机构大量临时性工作的需要，现有干部工作能力不足，编制数量的限制，借调机关、被借调单位与被借调干部三者利益的合谋四个方面来探析借调产生背后的编制问题（周程，2011）。人民论坛在2009年做过一个关于"您如何看待借调干部"的千人问卷调查。关于借调的成因，47%的受访者认为是借调单位缺人，25%的受访者认为是为了保证重大事项的进行，22%的受访者认为是自己工作能力强，19%的受访者认为是受到原单位领导同事排挤，8%的受访者自己也不清楚原因（人民论坛"千人问卷"调查组，2009）。借调给正常的行政管理造成了影响，有的认为借调既会加重乡镇机关负担，又会造成借调干部"上不去下不来"的尴尬处境（周李，2016）；有的认为不规范的借调行为容易演变为权力交易，引发不正之风，成为权力腐败的土壤和权力寻租的空间（朱恒顺，2016；王旭东，2016）。针对借调产生的问题，有的建议"完善借调工作的约束、保障、监管制度建设，科学整合与调度政府机关人力资源，推动借调工作的'供给侧结构性改革'"（刘坤、张晓萌，2021），有的提出将部分职能放权给非政府机构和中介机构，合理分配每个岗位的工作量，建立能进能出的机制，优化考评机制等（许光建，2009）。

笔者认为，以上文献为研究借调现象提供了很多角度和思路，对借调现象形成的原因、借调现象产生的问题以及规范借调行为的对策等提出了有针对性的观点。但以上文献将借调成因、问题或归纳为具体一点，或仅分析微观一面，未能对借调成因、问题进行全面的观察总结。本文以纪检监察干部的借调为研究对象，采用田野调查的方式，从基层纪检监察干部的视角出发，通过对本土化个案进行全面和深入的分析，研究借调现象形成的各个层面的原因以及借调在不同主体之间产生的问题，最后尝试提出规范借调的建议。

二 L区纪检监察干部借调现状

之所以选择H省C市L区作为案例，一方面是因为借调现象目前在基层纪检监察机关中较为普遍，L区作为我国中部H省一个二线城市C市的行政区，其案例数据在一定程度上具有代表性；另一方面是因为基层纪检监察机关区别于省、市级纪检监察机关，其作为最低层级的纪检监察机关在很大程度上无法再通过借调的方式转嫁上级机关借调的压力，其案件数据在一定程度上具有典型性。

（一）L区纪检监察干部借调现状

在2018年国家监察体制改革的背景下，L区于2018年1月成立L区监察委员会，与L区纪律检查委员会合署办公。同时，L区检察院反贪污贿赂局、反渎职侵权局、预防职务犯罪局的全体干警转隶到L区监察委员会。随之同年全国各级纪委又强化了对派驻纪检监察组的管理，L区纪委监委干部队伍力量得到了有力加强，也形成了相对固定的机构设置。

截至2021年12月，L区纪委监委共有纪检监察干部84人，其中机关人员48人、派驻纪检监察组人员36人。通过在L区纪委监委组织人事部门查阅相关资料和对L区纪委监委84名纪检监察干部进行深入访谈，笔者统计出L区纪委监委近一年被借调过的干部为32人，近三年被借调过的干部为35人，近三年被借调总人次为78次。将被借调干部的情况按照性别、年龄、借调次数、借调时间、所属部门进行统计分析后发现，L区纪委监委被借调干部存在以下特点。

1.被借调干部人数多

从表1中我们可以看到，L区纪委监委近三年被借调过的干部达到35人，占单位总人数的41.7%。在实际工作中，各级纪委监委的班子成员一人要分管单位的多项工作，所以各级纪委的书记、副书记、常委委员通常情况下不会参与借调。而年龄超过50岁的干部由于精力、体能等多方面因素，通常情况下也不会参与借调。L区纪委监委上述两类人员人数合计有20余人。如果将上述两类人员不纳入统计范围，那么被借调干部人数占单位总人数的比例将会超过55%。

表1 被借调干部借调次数情况

单位：人，%

借调次数	0	1次	2次	3次及以上
借调人数	49	13	7	15
占单位总人数比例	58.3	15.5	8.3	17.9

2. 借调期限长

从表2中我们可以看到，L区纪委监委被借调干部的单次借调时间大多超过了1个月，单次借调在1个月以内的仅占借调总次数的5.1%，单次借调在3个月以上的占到借调总次数的58.9%。这种特点与纪检监察机关的工作内容密切相关。纪检监察机关需要借调的部门主要集中在审查调查部门，而审查调查部门在办理大案要案时通常需要办理留置措施，留置措施的期限一般为3个月，如果案情重大复杂还可能延长3个月。所以纪检监察机关的借调期限通常至少为3个月。

表2 被借调干部借调时间长短情况

单位：次，%

借调时间	1个月以内	1~3个月	3~12个月	1年及以上
借调次数	4	28	42	4
占借调总次数比例	5.1	35.9	53.8	5.1

3. 男女比例不平衡

L区纪委监委的男性为57人，女性为27人，男女比例大致为2∶1。通过表3我们可以看到，近三年来被借调过的干部中男性为26人，女性为9人，男女比例大致为3∶1。如果通过借调次数来看这一现象则更加明显，近三年来男性的借调次数为65次，女性为13次，男女比例高达5∶1。通过上述数据我们不难看出，借调单位向L区纪委监委借调干部时更倾向于借调男性。因为大部分情况下向基层纪委监委借调干部的机关都是上级纪委监委，而上级纪委监委借调干部是为了完成一些重要工作，这些工作往往需要加班、出差，还有部分工作（如参与查封、扣押、搜查等）带有一定的危险性。

表3 被借调干部性别情况

性别	男性	女性
借调人数（人）	26	9
占借调总人数比例（%）	74.3	25.7
借调次数（次）	65	13
占借调总次数比例（%）	83.3	16.7

4. 多为中青年业务骨干

从表4中我们可以看出，近三年来被借调过的干部中25~45岁的中青年干部达到30人，占借调总人数的85.7%；而从借调次数来看，这一年龄段的干部被借调次数占借调总次数的83.4%。在整个被借调干部群体中，中青年干部的人数和被借调次数都占据绝对优势地位。这其实与中青年干部有工作干劲、家庭压力较小、知识结构相对合理同时又具备一定的工作经验有着直接关系。而老同志与年轻同志相比有两点劣势：一是年龄这一生理因素决定了老同志的精力水平必然不如年轻同志，而被借调干部需要完成的纪检监察工作经常需要熬夜、出差，对体能和精力要求较高；二是部分老同志因年龄限制，已经达到晋升"天花板"，只求平稳过渡到退休，自身工作积极性不高。

表4 被借调干部年龄情况

年龄	25岁以下	25~35岁	35~45岁	45~55岁	55岁及以上
借调人数（人）	1	18	12	4	0
占借调总人数比例（%）	2.9	51.4	34.3	11.4	0

续表

年龄	25岁以下	25~35岁	35~45岁	45~55岁	55岁及以上
借调次数（次）	3	29	36	10	0
占借调总次数比例（%）	3.8	37.2	46.2	12.8	0

5. 集中在业务部门

从表5中我们可以看到，被借调人员中超过一半来自业务办案部门（包含业务综合部门和业务办案部门）。实际上派驻机构中大部分被借调的干部和综合部门中部分被借调的干部也都是借调到上级纪委监委的业务部门。如果不按照被借调人员所属部门的情况统计，而按照借调机关具体使用借调人员的部门来看，实际上超过2/3的借调人员被借调到上级纪委监委的业务部门。

表5 被借调干部所属部门情况

单位：人，次，%

所属部门	非业务综合部门	业务综合部门	业务办案部门	派驻机构
借调人数（人）	3	6	15	11
占借调总人数比例（%）	8.6	17.1	42.9	31.4
借调次数（次）	5	12	40	21
占借调总次数比例（%）	6.4	15.4	51.3	26.9

需要说明的是，笔者将基层纪检监察机关内部科室以及派驻机构按照工作职能及工作性质划分为非业务综合部门、业务综合部门、业务办案部门和派驻机构。其中，非业务综合部门包括办公室、组织部、宣传部；业务综合部门包括信访室、案件监督管理室（下设信息技术保障室）、案件审理室、党风政风监督室、纪检监察干部监督室、调研法规室、纪委监察委廉政教育基地管理中心；业务办案部门包括纪检监察室（部分县区将纪检监察室分设为执纪监督室与审查调查室）；派驻机构包括县区纪委监委派驻各个委局的

纪检监察组。目前笔者没有找到相关规范性文件或者权威文献对基层纪委监委内设科室及派驻机构进行分类，上述分类是笔者根据自身对基层纪检监察机关相关科室工作性质和职能进行观察所作出的，没有权威的学术文献和正式的法律法规依据作为支撑。

（二）纪检监察机关借调的一般流程

笔者根据自身2018~2022年参与借调的经验，并通过向组织人事部门的负责同志了解相关情况，大致总结出L区纪检监察机关近年来借调的一般程序。

首先是借调单位因某项工作需要产生用人需求。在开始借调之前，借调单位通常情况下会提前了解被借调单位人员的情况，筛选出适合参与借调工作的人选。然后与适合参与借调工作的人员进行私下沟通，以了解被借调人员目前本单位的工作任务情况以及是否愿意参与借调工作。这样做的目的是避免出现被借调人员在被借调后要兼顾供调单位与被借调单位的工作或者因被借调人个人原因（如无法照顾年幼的孩子、父母身体不好、本人需要进修等）导致其无法胜任借调单位所布置的工作任务的情况。

在掌握相关情况、确定好借调人选后，具体的用人部门会向借调单位提出借调申请，由借调单位相关领导进行审批。在审批过程中，正式下发借调文书之前，按照工作惯例，需要由借调单位的相关领导当面或者电话向被借调单位的相关领导通知借调用人情况。这个非书面通知的过程并不是法定或必需的，但是出于对被借调单位领导的尊重或者对一种潜在政治规则的遵守，一般情况下借调都会有此过程。

在借调单位与被借调单位的沟通完成后，借调单位就会向被借调单位发借调文书（通常以借调通知书或借调函的形式）。之后被借调人员就需要按照借调文书上明确的报道日期到借调单位参与工作。在借调期间，被借调人员原则上在工作上不再受被借调单位领导，而工资关系、福利待遇、晋职晋升、评优评先却仍然归被借调单位管理。在借调期限届满或者借调工作完成后，借调单位会向被借调人员出具鉴定意见，以证明被借调人员在借调单位工作期间的工作表现。最后借调单位会向被借调单位告知被借调人员去向，由被借调人员向被借调单位报到，完整的一轮借调流程就结束了（见图1）。

```
借调单位有用人需求
        ↓
了解被借调人员的情况和意愿
        ↓
用人部门向借调单位提出借调申请
        ↓
借调单位领导与被借调单位领导沟通    借调单位领导审批借调申请
        ↓
借调单位向被借调单位发借调通知书或借调函
        ↓
被借调人员向借调单位报道
        ↓
借调期限届满或借调工作完成，借调单位出具鉴定意见
        ↓
借调单位向被借调单位告知被借调人员去向    被借调人员向被借调单位报道
```

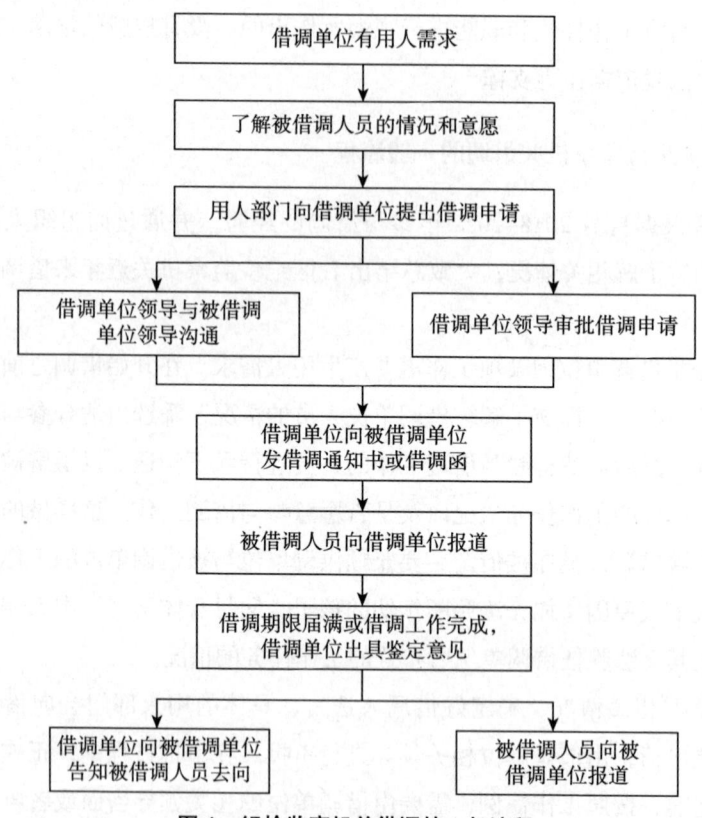

图1 纪检监察机关借调的一般流程

需要注意的是，上述流程只是 L 区纪检监察干部借调的一般流程。在实际工作过程中，上述程序中的部分流程可能会被省略。例如，有些借调不会征求被借调人意见，有些短期借调不会向被借调单位出具借调文书等。而且有些借调流程的先后顺序在具体的个案中也会出现前后调整情况。例如，有些情况下借调单位会要求被借调人员先到借调单位报到，报到后再补办借调手续；有些借调会先向被借调单位发借调文书，然后与被借调单位领导进行沟通等。所以在实践中，工作任务紧急或部分借调单位对借调管理不规范等多种原因会导致借调个案中借调流程与笔者介绍的流程存在较大出入。

三 纪检监察机关借调现象产生的原因

借调产生的直接原因是借调单位有用人需求。如果没有用人需求，借调的基础也就不复存在，而产生用人需求的原因是多方面的。对于纪检监察机关而言，产生用人需求主要是近年来党风廉政建设和反腐败的形势所引发的。所以，笔者将首先从政策形势方面分析借调产生的原因。此外，用人需求无法与借调单位干部队伍相匹配的另一个重要原因是现有的人事编制制度。人事编制固定导致借调单位在面对用人需求超过自身干部队伍人数时无法通过自身调节来解决，只能通过"外力"救济。

中国人民大学法学院的杨建顺教授认为借调产生的原因可以归结于借调单位、被借调单位、借调决策者三方面的"合谋"（杨建顺，2009）。通过对参与借调不同主体的观察，笔者发现，借调决策者与借调单位在对借调的看法和通过借调获取的利益方面具有很强的一致性，所以笔者认为应当将这两者合并观察更为合适。而被借调干部与被借调单位对借调的看法和获得利益经常不具有一致性，所以本文将通过借调单位、被借调单位、被借调干部三方主体对借调形成的原因进行分析和总结。

综上，笔者将纪检监察机关借调现象产生的原因归纳为政策形势、编制制度、借调单位、被借调单位、被借调干部五个方面，但这五个方面在逻辑上并不是平行与并列的关系。其中，政策形势的变化是宏观层面的原因；编制制度与纪检监察工作之间的矛盾是借调现象产生的中观层面的原因；借调单位、被借调单位、被借调干部三者出于对自身利益的考量而促成借调形成是借调现象产生的微观层面的原因。

（一）宏观层面

从2012年党的十八大的召开和"中央八项规定"的出台，到2014年党的十八届四中全会正式提出"形成不敢腐、不能腐、不想腐的有效机制"，再到2021年习近平总书记在十九届中央纪委五次全会上对当前反腐败斗争做出了重大判断，即"反腐败斗争取得压倒性胜利并全面巩固"①，各级纪检监察机关在全面从严治党、党风廉政建设和反腐败斗争方面做出了卓越贡献。在取得喜人成果的同时，我们应该清晰地看到纪检监察机关近年来所面临的巨大压力和挑战。信访举报数量的连年增加和党纪政务处分人数的连年增长使纪检监察机关的工作任务日益加重。从表6中我们可以看到，从2013年至2020年八年时间里，全国各级纪检监察机关从接受信访举报数量，到立案审查调查人数，再到给予党纪政务处分人数和移送司法机关处理人数都呈现逐年增长的趋势。虽然国家监察体制改革将各级检察院职务犯罪侦查力量充实到同级纪委监委，但同时纪检监察机关又肩负起职务犯罪调查的重任，许多纪检监察机关目前面临的一个重大问题仍然是"案多人少"的问题。

表6　2013~2020年全国纪检监察机关部分工作数据

年份	信访举报（万件）	立案审查调查（万人）	党纪政务处分（万人）	移送司法机关处理（万人）
2013	195	17.2	18.2	0.96
2014	272	22.6	23.2	1.2
2015	281.3	33	33.6	1.6
2016	253.8	41.3	41.5	—
2017	—	—	—	—
2018	344	—	52.6（党纪）	—
2019	—	61.9	58.7	2.1
2020	322.9	61.8	60.4	1.7

资料来源：中央纪委国家监委网站历年中央纪委全会工作报告。

（二）中观层面

我国党政现行的编制管理是通过"三定"规定来实现的。"三定"规定指的是对一个单位的主要职责、内设机构和人员编制进行规定。"三定"规

---

① 肖培：《自我革命是我们党百年奋斗锤炼出的最鲜明品格》，中央纪委国家监委网站，https://www.ccdi.gov.cn/specialn/jdybzn/yaowenjdybn/202106/t20210628_148609.html。

定的雏形可以追溯到20世纪50年代中期，国家为了规范各部门职责的履行，曾在十几个部、委、局制定《组织简则》。1988年国务院进行机构改革，提出了"三定"方案这一概念。到1998年国务院进行机构改革时，将"三定"方案改称为"三定"规定，之后"三定"规定一直沿用至今（中央编办二司，2011）。

对编制的严格控制在避免人财物的浪费、有效预防腐败等方面发挥着重要作用。但不可否认的是，现阶段我国不同机关单位之间、同一机关的不同部门之间仍然存在工作量与编制数量不匹配的情况。目前我国仍然会出现部分干部"一杯茶一张报纸过一天"，而另一部分干部熬夜加班干工作的情况。此外，现行的编制管理制度还存在僵化问题。一个单位的编制数量一旦确定，在短时期内几乎是无法变动的，但是单位的工作量会由于种种原因不断变化。因此，编制数量的确定性与工作量的不确定性之间就形成了一种不可调和的矛盾。

（三）微观层面

1. 借调单位

首先，从借调单位的角度来看，借调这种用人方式是一种极为"经济"的手段。相较于其他法定的、正式的用人方式而言，借调具有成本低、见效快、程序简单、限制少、借调人员能力强的显著优点。具体来说，第一，正式的用人方式需要花费大量的人力、物力、财力进行招录，招录完成以后会增加人员的工资、福利、培训等方面的成本，而借调来的人员不需要借调单位承担上述所有成本；第二，正式的用人方式需要经过发布公告、笔试、面试、体检、政审等诸多环节，时间周期长，程序烦琐，无法满足有时限要求的紧急工作的需要，而借调的审批流程和时间通常一天或数天内就可完成；第三，通过招录和选调的干部大部分不具备纪检监察工作经验，而借调单位选择借调干部时往往会选择被借调机关的业务骨干，这些同志无须通过培训和学习便可直接参与工作；第四，正式的用人方式受单位编制数量的限制，如果编制已满就无法通过正式的用人方式招录人员，而借调不受编制数量的限制。

其次，借调单位现有人员工作能力不足也是导致借调单位出现借调现象的一个重要原因。有些机关单位的干部或者老龄化严重，或者缺乏专业技能，或者缺乏工作积极性，总之现有人员无法满足该机关单位的工作需求。这会导致借调单位出现干部队伍人数充足但又人员短缺的矛盾现象。

2. 被借调单位

对于被借调单位而言，被借调走一部分人员就必然导致原先的部分工作需要同单位的其他人来接替，或者通过向其他单位借调来弥补职位的空缺。无论选择哪一种方式，借调对于被借调单位而言都是有成本的。但是，参与借调对于被借调单位而言并非一无是处。首先，被借调单位可以通过借调加强与借调单位的沟通联系；其次，借调对被借调单位提高干部队伍素质也起到积极作用。

3. 被借调干部

被借调干部对借调原因形成的影响较弱。多数情况下，如果借调单位与被借调单位形成合意，那么被借调干部是没有过多选择的权力的。但是，如果被借调干部十分排斥参与借调，那么即使其被借调到借调单位，工作积极性和工作效率也将不尽如人意。所以，即使被借调干部没有决定最终借调结果的权力，但是为了保证借调工作的顺利开展，借调单位通常情况下会在借调工作开展之前提前征求被借调干部的意见。

四 纪检监察机关借调现象存在的问题

借调本身可以满足一些特殊化、临时性的工作需要，但如果借调成为一种常态，那么随之而来的就是借调在基层纪检监察机关中存在可能被"滥用"的风险。笔者认为，借调存在问题应当分为两个层次观察。首先，从观察借调现象本身来说，借调存在的主要问题是不规范，这个问题主要存在于借调单位。其次，从不规范的借调产生的问题角度看，这些问题主要是在被借调单位、被借调干部两个主体之间产生的。根据问题产生主体的不同，本文从借调单位、被借调单位、被借调干部三个方面分析目前基层纪检监察机关借调存在的问题。

（一）借调单位存在的问题

1. 违规借调

违规借调是指不按照相关借调程序进行的借调。违规借调问题是借调中较常见的一类问题。有些借调单位因为用人时间短，认为走借调流程太麻烦，便不履行相关借调手续。有些借调单位因为工作任务紧急，便先将人借调到本部门工作，等工作任务不紧急时再补办相关借调手续，出现"先用人再审批"甚至"先用人不审批"的现象。还有些借调单位认为借调手续过于烦琐，从不办理或简化办理一些借调手续。

2. 长期借调

长期借调是指没有具体的借调期限，不为完成某项具体工作而是长期在借调单位进行日常性工作的借调。部分借调单位会在借调事项结束后延长借调时间，出现"有借无还"的情况，部分被借调干部在借调单位工作长达数年之久。这就让特殊化、临时性的借调变成一种常态化、长期性的用人模式。

3. 超额借调

超额借调是指借调单位超过自己实际工作需要借调的人数而进行的借调。由于纪检监察机关业务的特殊性，每起案件的复杂程度、难易程度、涉及违纪违法行为的数量都不尽相同。这些都决定了借调人数无法在制度层面进行"一刀切"。而借调单位往往为了保证自己的工作任务能够顺利完成，本着"能多借不少借"的原则，甚至部分借调单位领导还会抱着"不用白不用"的心态，尽可能多地借调干部，这样就会出现超额借调干部问题。

4. 选择性借调

借调机关为了满足自身的工作需要，将被借调单位的业务骨干作为借调对象。从借调机关的角度考虑，这一做法并无不妥。既然借调是为了更好地完成某项具体工作，那么借调来的干部就要尽可能地胜任这项工作。但是，从被借调单位的角度出发，如果大量业务骨干被借调至上级机关工作，那么本单位剩下的都是"老弱病残"，势必会导致本单位出现干部队伍结构不合理、人才断层的情况，最终影响本单位正常工作的开展。

C 市纪委监委某审查调查室的一位领导同志在访谈中谈道：

> 中年干部和青年干部我们都喜欢（借调）。中年干部工作经验丰富、办案能力强，但是精力不如年轻同志。有些同志还比较有"个性"，我们比较难"驾驭"。年轻同志工作精力旺盛、家庭负担小、踏实"听话"，但是工作能力和经验有些欠缺，一些重要的工作和复杂的工作还是没法交给他们做。但是我们一般不会借调老同志。（访谈记录：S05211105①）

（二）被借调单位存在的问题

1. 影响被借调单位的工作

借调对被借调单位产生的最直接影响是造成被借调纪检监察机关工作人员的减少，从而导致被借调单位出现人员短缺、工作无法顺利开展的情况。由于大多数情况下借调是上级纪检监察机关向下级纪检监察机关借调，基层纪检监察机关往往只能向同级的其他委局或乡镇办事处借调。而县区的各个委局和乡镇办事处往往也存在人员少、工作事务多的情况，所以基层纪检监察机关能够借调的人员通常十分有限。这会导致基层纪检监察机关在极端情况下因本单位大量人员被上级机关借调而出现无人可用、影响本单位工作正常开展的情况。

L 区纪委监委分管案件的纪委常委、监委委员吴某表示：

> 上级机关喜欢抽调我们的骨干力量，经常都是点名要某某同志。我分管三个纪检监察室，如果抽调走一个室主任，那么我还能调配一下人员，对工作基本上影响不太大。今年有几个月一下抽调走了两个室主任，有些案件的办理年轻同志又顶不上，对我们自己的工作开展确实有

---

① 文中所列访谈记录编码规则为：工作单位+访谈编号+访谈日期。第一位字母表示工作单位，其中 Q 表示 L 区纪委监委，S 表示 C 市纪委监委；前两位数字表示访谈编号；后六位数字表示访谈的年月日。

影响。(访谈记录:Q21211115)

L区纪委监委另一位分管案件工作的纪委常委、监委委员张某在访谈中说道:

> 去年年底委里收到两个其他单位转来的问题线索,问题反映详细、前期工作扎实、成案可能性极大,但是当时委里纪检监察室的同志一大半都被借调出去了,剩下的同志手头上又都还有不少线索没有处理完,这两个线索就只能先暂存待查了。基层能遇到好线索的机会不多,我也很想抓紧查,但是"巧妇难为无米之炊"啊,只能等着借调同志回来一些再处理。(访谈记录:Q10211115)

2. 破坏被借调单位的风气

被借调单位的总人数是固定的,加之基层纪检监察机关很难再通过借调弥补人员缺口,那么被借调干部的工作就需要由本单位其他干部分担,这也就直接增加了未被借调干部的工作量。如果是临时性的少量借调,那么被借调单位还能通过协调其他未被借调干部完成被借调干部的工作。但如果本单位长期多岗位缺少人手,长期增加未被借调干部的工作量,那么未被借调的干部难免有"怨气",对单位的良好工作氛围将起到不良影响。

师某是L区纪委监委纪检监察室的主任,近几年来没有参与过借调,在谈论对借调的看法时他说道:

> 我们单位有6个纪检监察室,最多的时候4个科室的人员同时被借调走,那段时间我们单位的案件都分给剩下的两个科室。我们天天加班加点地干,案件也办不完,还是越积越多,长时间这样下去真的受不了。(访谈记录:Q27211219)

受访的L区纪委监委办公室主任狄某表示:

机关办公室一共有 6 名同志,是全机关人员最多的科室。虽然看起来人不少,但是我们科室是"一个萝卜一个坑"。去年有段时间我们科室两个会写材料的同志都被借调走了,其他同志又没写过材料,那段时间所有的材料我都要亲自写。办公室白天事情又多,根本抽不出整块儿的时间写材料,我只能经常晚上加班写。(访谈记录:Q25211219)

(三)被借调干部存在的问题

1. 疏远本单位同事,影响同事之间的关系

好的风评在机关单位中往往意味着会在各种评优评先、晋职晋升的民主测评环节取得优势。被借调尤其是长期被借调难免会导致被借调干部与本单位领导和同事之间缺乏沟通和联络,而被借调干部在借调期间的工作努力程度、工作成绩很难被本单位领导和同事知晓与量化考量。甚至部分领导同志认为被借调出去的同志是"耕了别家的地,荒了自家的田",从而对被借调干部产生偏见。所以如何在长期被借调的同时协调好与本单位领导及同事之间的关系是大多数受访被借调干部感到困惑和需要直面的问题。

受访的 L 区纪委监委纪检监察室主任王某表示:

我之前因为长期被上级机关借调,被本单位领导在开会时多次"暗示"和"提醒"。领导在开会时说:"个别同志在自己单位不好好干,老想着去给别人干活,要是不想干,可以调走嘛。"领导说这话时虽然没有点名,但是我觉得就是在暗示我们几个经常被借调的同志。其实也不是我想去,我被借调也都是本单位领导同意的。单位派我去的,结果领导还对我有看法,我也很委屈。(访谈记录:Q03211011)

经常参与借调的 L 区纪委监委纪检监察室干部侯某表示:

> 我长期不在单位，与单位同事的关系都疏远了。单位每年年终的个人考评、评优评先都需要大家投票，我在这方面肯定受影响。而且单位的领导和同事对我借调期间的具体工作内容、工作量也都不是很清楚，在本单位工作的同事他们干的工作领导都能看到眼里。（访谈记录：Q07211020）

2. 缺乏归属感

根据现行的人事编制的相关规定，被借调干部通过借调而调入借调单位几乎是不可能的，同时，借调单位也无法给被借调干部解决晋职晋升、福利待遇等现实问题。再加上个别借调单位的领导干部会对被借调干部和借调单位原本的人员区别对待，导致很多被借调干部心理上始终感觉自己在被借调单位是个"外人"，被借调干部会感觉自己是"飘"在借调单位和原单位之间的"中间人"。美国著名心理学家马斯洛在1943年提出需要层次理论，他认为，"归属和爱的需要"是人的重要心理需求，只有满足了这一需求，人们才有可能"自我实现"（Maslow, 1943）。

受访的 L 区纪委监委纪检监察室干部侯某就表示，自己在上级机关没有归属感。

> 总觉得自己低人一等，心里很不舒服。刚去的时候人家办公室也没有我的位置，我经常没地方坐，很尴尬。后来临时拉了个小桌子让我坐。而且逢年过节上级机关发的一些福利，被借调人员也都没有。感觉自己在借调机关就是个"外人"。（访谈记录：Q07211020）

3. 影响家庭生活

不同借调的工作内容差异很大，所以不同的被借调干部看待借调对其生活的影响也不尽相同。可能部分被借调干部会认为借调能方便自己的生活，如缩短上下班通勤距离、降低加班强度等，但是另一部分被借调干部会由于被借调期间从事的工作内容或强度不同而认为借调严重影响了自己的家庭生活。

受访的L区纪委监委纪检监察室主任王某被上级纪委监委借调参与办理专案一年多时间，其间长期在外地出差。在谈到借调对其产生的影响时，她说道：

> 我爱人在外地工作，一般一两周才能回家一次。平时主要是我照顾孩子，我被借调到上级纪委监委参与某专案的办理，两三个月才能回一趟家，我只能让我母亲过来照顾孩子。我母亲已经70多岁了，我虽然不放心老人照顾孩子，但是也没有别的办法。孩子才10岁，父母长期都不在身边肯定会影响孩子成长。（访谈记录：Q03211011）

L区纪委监委纪检监察室主任张某是L区纪委监委的业务骨干，经常被借调到上级纪检监察机关办理大案要案。张某向笔者说道，借调一度严重影响了他的家庭生活。

> 前年我由于长期借调到上级纪委监委办理专案，一两周才能回家一趟，我们家情况又比较特殊，没有老人帮忙带孩子。带孩子的任务全交给了爱人，当时爱人对我很不满，一度还跟我闹离婚。（访谈记录：Q05211018）

五 规范借调的建议

借调作为我国党政机关长期存在的一种人员流动形势，本身就具有浓厚的"中国特色"，而其能够在我国长期存在并在当前仍然具有普遍性就说明其对我国的社会治理具有一定的实际意义。借调作为各级党政机关人才流动的一种补充形式，为机关的正常运转发挥了一定的积极作用。但是我们也应该看到，现阶段借调仍然存在种种问题。不规范的借调行为对被借调机关和被借调干部造成了诸多不良影响。所以本文尝试提出如下一些粗浅的建议，希望能够为规范干部借调问题提供一些思路与启发。

（一）优化纪检监察机关职能

在当前形势下，纪检监察机关高举着党风廉政建设和反腐败斗争大旗，各级纪检监察干部都以昂扬的斗志、积极的态度来面对党和人民交付的重任。但是，随着监察体制改革的不断深入，在实现监察全覆盖的同时，部分党政机关单位将大量原本属于本单位的监督、问责和党风廉政建设工作"推"给了纪检监察机关，这些单位认为党风廉政和反腐败工作就是纪委监委的工作，纪委监委"包治百病"。这就造成部分纪委监委的工作量增加，借调行为增多。

其实，早在2010年中共中央、国务院颁布施行的《关于实行党风廉政建设责任制的规定》就对党风廉政建设的责任主体有明确规定：党风廉政建设的责任主体为各级党政领导班子及其成员，各级党政领导班子中的正职为本地区、本部门、本单位党风廉政建设第一责任人。《中国共产党问责条例》对从严治党的责任主体也有明确的规定：党委（党组）应当履行全面从严治党主体责任。但是在现实工作中，相关党纪法规更多的只有原则性的表述，对党委党组与纪委监委之间党风廉政建设责任与监督责任的划分不够具体明确，就会出现个别机关单位将原本属于本单位的监督、问责和党风廉政建设方面的工作也交给纪委监委处理。笔者认为，不能以纪委监委的监督代替党委的监督和行业主管的监督。一些党政机关自身就是行业主管和监管部门，对于一些下属单位和行业企业而言，其本身就扮演着监督者的角色。

纪检监察机关不是万能的，什么都干注定什么也干不好。明晰监督界限、厘清执纪范围、优化纪检监察机关职能，才能更好地保障纪检察工作顺利开展。各级地方政府及其组成部门应当根据党和国家的相关政策法规，并结合本地实际情况，积极出台或者细化相关文件，明确各单位党委党组的监督、问责以及党风廉政建设的任务及责任，并且将不作为、乱作为的行为纳入"负面清单"。细化相关配套惩戒措施，将违反"负面清单"与任用提拔、年度考核相挂钩，对推诿扯皮、履职不力的干部予以惩戒。

（二）深化人事编制改革

目前各个机关单位都有确定该机关职能、机构、编制的"三定"规定。为了保证政策的连续性和严肃性，"三定"规定一旦确定之后在一定时期内是难以改动的。这就要求在编制"三定"规定时尽量考虑其科学性、合理性。一旦一个机关或者一个部门根据其职能带来的工作量与其编制数量不相匹配，那么就只有两种可能性：第一，降低工作标准和工作质量；第二，想方设法通过一些手段来摆脱其人员不足的困境。借调无疑就是第二种方式，是解决上述困境的一剂良方。

具体到纪检监察机关，不同部门的工作性质和工作内容都有较大差别，所以在对纪检监察机关编制"三定"规定时，应当由编制管理部门与纪检监察机关统筹考虑，针对纪检监察机关的业务特点，形成动态编制管理制度，对因工作职责变化而导致工作量与编制数量不匹配的情况及时进行调整。对于工作量长期增加的纪检监察机关，相关单位应考虑增加其人员编制，对于纪检监察机关内部各部门工作量与编制数量不匹配的情况也应及时做出调整。建立一个合理、科学的编制体系，使一个机关单位或一个部门的人员编制数量与工作量相匹配，能大大减少借调现象尤其是长期借调现象的出现。

（三）提高干部队伍素质

在实际工作中，一部分借调问题的产生，并不单纯是因为工作量大，而是因为一些干部"能力匮乏"，即本单位干部的业务水平无法胜任本单位的工作。所以提升纪检监察干部队伍的专业素养和业务能力也是解决借调问题的一种路径。

完善选人用人制度可以从源头上提高纪检监察干部队伍素质。首先，可以在公务员招录环节增设相关专业能力测试，既考查新录用人员的整体素质，又考查其专业能力，筛选出具有法律、财会、审计、计算机等专业知识的人才，提高新录用纪检监察干部的整体素质和专业能力。其次，在通过选调、遴选等方式选拔人才时，加大对业务操作能力的考核力度。例如，在选拔参与审查调查工作的干部时，可以将其办理违纪违法、职务犯罪案件的数量，以及其在办理案件中的参与度和贡献度作为参考因素。又如，在选拔参与办公室工作的干部时着重考查其公文写作和议事协调能力等。

通过新媒体、新手段、新方法加强对纪检监察干部的教育培训，提高其业务水平，消除其"本领恐慌"。首先，可以充分利用高校、各级纪委培训中心的教育教学资源，组织纪检监察干部通过线上与线下相结合的多种培训形式，提高纪检监察干部的专业素养和工作能力。例如，L区所在市纪委监委在2019年组织了全市纪检监察机关相关业务骨干到北京某高校参加纪检监察业务培训，取得了较好的效果。又如，H省纪委监委每年会组织业务专家通过视频授课方式对纪检监察干部进行培训。其次，在单位内部开启"老带新""传帮带"模式，业务能力强、工作经验丰富的老同志、业务骨干通过言传身教来帮助新进人员、年轻同志成长进步。

（四）建立合理的人才流动机制

目前我国党政机关已经通过多种模式探索人才的合理流动机制，《公务员法》第六十九条规定："国家实行公务员交流制度。公务员可以在公务员和参照本法管理的工作人员队伍内部交流，也可以与国有企业和不参照本法管理的事业单位中从事公务的人员交流。交流的方式包括调任、转任。"第七十一条第四款还规定："上级机关应当注重从基层机关公开遴选公务员。"国家从立法层面拓宽了公务员的上升流动渠道。此外，2015年1月国务院发布了《关于机关事业单位工作人员养老保险制度改革的决定》，将公务员的养老金与社会养老保险"并轨"，公务员养老保险制度的改革也为人力资源的合理流动和优化配置提供了支持。

但是不可否认的是，目前我国公务员人才流动的形式还十分有限，而通过招录、遴选、选调等方式进入单位的干部往往不具备单位所预期的工作能力。所以，应在保证充分公平、公正的基础上探索新的人才流动模式。目前的选调考试通常只测试干部的政策理论水平和公务写作能力，通过选拔的干部通常能够胜任综合性岗位。那么，对于一些专业性要求较高的岗位，就应当提出更为专业化的选拔要求。

除了探索"上"的模式,也应当建立"下"的通道。目前,我国行政体制下干部的流动往往是"只上不下"。优秀的干部可以通过提拔、选调、遴选等方式到上级机关工作,而上级机关的平庸干部却极少有被下放到下级机关工作的。要想真正做到人才合理、健康地流动,就要做到"既能上也能下""能者上庸者下",让能干事、想干事、敢干事的干部到能展现其才能的岗位上去。所以可以在党政机关实行末尾淘汰制,将工作能力差、不能胜任本职工作的干部调整到别的工作岗位上去。甚至对于调整后仍不能胜任工作的干部,可以要求其退出公务员队伍,同时做好相应的补偿工作,鼓励其再就业。

(五)完善借调法律法规制度

从立法层面来讲,借调一直以来只是一种非正式的人员流动模式。2006年施行的《公务员法》第六十三条第三款对公务员交流制度进行了明确的规定:"交流的方式包括调任、转任和挂职锻炼。"而 2018 年修订的《公务员法》第六十九条第三款规定:"交流的方式包括调任、转任。"

其实,借调也并不是完全无法可依。《中国共产党纪律检查机关监督执纪工作规则》第六十六条规定:"审查调查组需要借调人员的,一般应当从审查调查人才库选用,由纪检监察机关组织部门办理手续,实行一案一借,不得连续多次借调。加强对借调人员的管理监督,借调结束后由审查调查组写出鉴定。借调单位和党员干部不得干预借调人员岗位调整、职务晋升等事项。"但是笔者在查阅了包括上述规则在内的有关借调的规范性文件后发现,大多数条款都仅作出原则性规定,并没有对实践操作有很强的指导意义。特别是对于违反借调的相关程序应当给予什么样的处罚,所有文件都没有明确。其实也不难理解,借调大多是因为工作需要,一句"都是为了工作",就使很多领导难以对违反规定的同志进行严肃处理,但是不规范的借调行为也确实损害了被借调单位和被借调干部的利益。

笔者认为,既然借调在我国现阶段行政体制下是一种普遍存在的用人方式,并且无法简单"一刀切"式地予以明令禁止,那么就应当通过完善、合理的制度对其予以规范。即便无法上升到法律层面，也应当在规范性文件方面、制度层面对其加以规制。习近平总书记在十八届中央纪委二次全会上指出："要加强对权力运行的制约和监督，把权力关进制度的笼子里"。[①] 制度是监督和规范权力运行的一剂良药。如果将借调流程、借调期限、借调人员范围、被借调人员的保障、被借调单位的利益等因素统筹考虑，形成一套合理、明确、简便、可操作性强的具体制度，真正将借调"关进制度的笼子里"，那么不规范的借调现象将会大大减少。同时应当加大对不规范借调行为的监督力度，建立一套针对不规范借调行为的惩戒制度，形成对不规范借调行为的监督制约机制，让严重违反借调制度的行为受到相应的处理，以保障借调的规范运行。

需要说明的是，本文的访谈对象虽然具有一定代表性，包含了 L 区以及 C 市两级纪委监委干部，但是本文访谈对象的数量较少，不足以支撑"大案例研究范式"。观察样本的局限性加上笔者的能力有限，导致本文所研究的相关结果不一定在各地均具有普遍性。文中纰漏之处，烦请读者批评斧正。

参考文献

李军鹏，2009，《借调困境与"编制"难题》，《人民论坛》第 21 期。

刘坤、张晓萌，2021，《政府机关的借调现象：困境、成因及其治理路径》，《辽宁行政学院学报》第 1 期。

人民论坛"千人问卷"调查组，2009，《75% 的借调干部忧虑期满去向——"您如何看待借调干部"问卷调查报告》，《人民论坛》第 21 期。

王旭东，2016，《"任性借调"折射权力生态亚健康》，《人民法治》第 7 期。

许光建，2009，《约束借调："人少""事多"的博弈对策》，《人民论坛》第 21 期。

杨建顺，2009，《借调干部尴尬处境透视》，《人民论坛》第 21 期。

中央编办二司，2011，《关于 2008 年国务院部门"三定"工作及"三定"评估工作》，《中国机构改革与管理》第 1 期。

[①] 习近平：《在十八届中央纪委二次全会上发表重要讲话》，中国共产党新闻网，http://cpc.people.com.cn/n/2013/0122/c64094-20289660-2.html。

周程，2011，《论政府机关的借调现象——编制背后的利益博弈》，《法制与社会》第9期。

周李，2016，《乡镇年轻公务员借调现象探析》，《办公室业务》第18期。

朱恒顺，2016，《终结"任性"的借调，需要一部专门的法律》，《决策探索》（上半月）第7期。

Maslow, A. H. 1943. "A Theory of Human Motivation." *Psychological Review*, Vol.50, No.4.

·党和国家监督体系研究·

宪法视域下的审计监督
——基于审计工作报告、审计查出问题整改情况报告的考察[*]

许 聪[**]

摘 要：加强审计监督，配合人大预算监督，是党和国家监督体系的重要组成部分，是推进国家治理体系和治理能力现代化的应有之义。本文以审计署向全国人大常委会报告的审计工作报告和审计查出问题整改情况报告为样本，观察审计机关与人大、国务院的制度角色和权力互动发现，审计署辅助人大依法开展预算审查监督，扮演着国家预算执行问题的阐释者、分析者、建议者角色；国务院通过"省钱""建制""查人"回应审计问题，同时剖析整改不力的制约因素，明确改进方向。审计监督助力国家政策有效落实，推动政府财政管理的配套制度建设，有利于人大发挥监督作用，但审计监督局限于"发现问题"和"揭示问题"，制约和督促乏力。为此，人大仍须发挥自身的制度优势，强化其在审计监督方面的询问和质询监督作用。

关键词：审计监督；国家监督体系；人大预算监督；审计工作报告；整改情况报告

一 问题的提出

2018年中共中央印发的《深化党和国家机构改革方案》明确指出"改革审计管理体制，保障依法独立行使审计监督权，是健全党和国家监督体系的重要内容"。人民代表大会（以下简称"人大"）作为国家权力机关，对政府依法享有监督权，依法审查和批准国家预算。政府审计机关对政府及其他机

---

[*] 基金项目：陕西省教育厅2023年度人文社科一般专项项目"审计监督与其他监督融合研究"（项目编号：23JK0237）、中国博士后科学基金第67批面上资助（项目编号：2020M673634XB）、西北政法大学义乌研究院横向课题"金融反恐工作机制研究"（项目编号：YW2021-1-03）。

[**] 作者简介：许聪，法学博士，西北政法大学行政法学院（纪检监察学院）讲师、博士后研究人员，研究方向为中国宪法学。

构组织的财政和财物收支进行审计监督。人大预算监督和审计部门的审计监督同为权力制约和监督机制,在国家治理机制中产生了强烈的"耦合效应"(李绪孚、刘成立,2013:4)。通过统筹预算监督力量、加强对预算审计的指导、充分利用预算审计成果、强化审计问责等方式,人大不断发挥审计监督的专业优势,探索人大监督和审计监督的结合模式(杨肃昌,2013a:5)。

具体而言,审计机关向人大报告制度,既能促进行政机关全面加强本级财政收支的管理,又有利于人大发现预算执行问题、强化预算监督效力。根据《审计法》的规定①,每年国务院要向全国人大常委会提出审计署对预算执行和其他财政收支的审计工作报告,但整改效果有限,"屡审屡犯"情况一直存在。为进一步加强对财政预算的审查监督,改进审计查出突出问题整改情况向全国人大常委会报告机制,全国人大常委会从2015年起共8次听取审议国务院关于审计查出问题整改情况的报告。②听取和审议关于预算执行与其他财政收支情况的审计工作报告和审计查出问题整改情况报告(以下简称"两个报告"),可以清晰地反映审计署和财政部门对中央政府预算的内部监督,以及全国人大及其常委会预算执行监督的方式与功能。

现有研究不乏对"两个报告"的系统阐释,有学者基于对审计工作报告的定性研究揭示了国家审计在推动财税体制改革和国家治理中的重要作用(王玉凤,2017:19~21;赵早早,2015:41~48;杨桂花、安存红,2014:81~84),从关键词提取和主题模型运用定量探究审计监督的发展脉络与变迁逻辑(姜爱华、杨琼,2020:53~66)。还有学者观察审计整改制度的演进规律(沈玲,2022:1~8),挖掘国家审计整改效果(靳思昌,2019:161~167、175),探讨审计督促整改权的实现机制(王杨,2020:22~27、50)。上述研究多从审计学角度剖析国家审计与国家改革的关系,但缺乏对权力运行视角下"两个报告"所反映的不同国家机关财政权配置的深入研

---

① 《审计法》第4条规定:"国务院和县级以上地方人民政府应当每年向本级人民代表大会常务委员会提出审计工作报告。审计工作报告应当报告审计机关对预算执行、决算草案以及其他财政收支的审计情况,重点报告对预算执行及其绩效的审计情况,按照有关法律、行政法规的规定报告对国有资源、国有资产的审计情况。必要时,人民代表大会常务委员会可以对审计工作报告作出决议。"

② 截至2023年1月。

究。从宪法学视角认真分析和比较研究 2014~2021 年的"两个报告",描述、分析和观察人民代表大会制度下行政型审计监督机制背后所反映的人大和政府之间监督与被监督的关系实属必要。审计监督是不同国家机关财政权配置的体现,更是预算民主、全过程人民民主得以实现的重要环节。基于此,本文拟在分析审计监督的宪法定位基础上,以"两个报告"为样本,厘清全国人民代表大会常务委员会(以下简称"全国人大常委会")审查监督政府的具体机制,观察人大如何借助审计监督力量强化其预算监督功能,形成约束政府的有效监督。

二 审计监督的宪法定位与应然功能

我国实行的是人民代表大会制度下的审计监督制度。根据《宪法》和《审计法》的规定,国务院和县级以上地方各级政府设立审计机关,对财政收支或财务收支的真实、合法和效益依法进行审计监督。① 根据《宪法》第 3 条第 3 款的规定,国家行政机关由人大产生,对它负责,受它监督。全国人大常委会听取审计机关的审计工作报告,使审计工作报告与审查政府财政预决算工作相结合,是人大及其常委会对政府工作进行监督的重要方面。审计机关审计政府的预算执行情况和决算草案,推动了政府经济权力优化,发挥了审计的预算监督作用,配合人大有效实施了预算监督职能。结合宪法规范,本部分试图分析人民代表大会制度下,审计监督的宪法基础、制度特点与应然功能。

---

① 《宪法》第 91 条规定:"国务院设立审计机关,对国务院各部门和地方各级政府的财政收支,对国家的财政金融机构和企业事业组织的财务收支,进行审计监督。审计机关在国务院总理领导下,依照法律规定独立行使审计监督权,不受其他行政机关、社会团体和个人的干涉。"《宪法》第 109 条规定:"县级以上的地方各级人民政府设立审计机关。地方各级审计机关依照法律规定独立行使审计监督权,对本级人民政府和上一级审计机关负责。"《审计法》第 2 条规定:"国家实行审计监督制度。坚持中国共产党对审计工作的领导,构建集中统一、全面覆盖、权威高效的审计监督体系。国务院和县级以上地方人民政府设立审计机关。国务院各部门和地方各级人民政府及其各部门的财政收支,国有的金融机构和企业事业组织的财务收支,以及其他依照本法规定应当接受审计的财政收支、财务收支,依照本法规定接受审计监督。审计机关对前款所列财政收支或者财务收支的真实、合法和效益,依法进行审计监督。"

（一）审计监督的宪法基础

审计监督是我国宪法规定的监督部分之一。从宪法文义来看，《宪法》第91条规定我国实行审计监督制度，框定了我国审计监督的宪法地位，为《审计法》第2条第1款进一步廓清国家审计监督制度提供了宪法依据。审计署是"八二宪法"的新增规定，体现了改革开放初期财政民主改革的决定、方向和制度需求。从权力架构来看，虽然宪法将审计署定位为国务院的25个组成部门之一，但从立法安排来看，审计制度显然更为独特。这是因为，与其他国务院机构的宪法定位相比，只有审计机关的法律地位、职责范围、管理体制和工作权限在宪法中有明确规定（蔡定剑，2006：392），其特殊性和重要性由此可见一斑。

从目的解释和历史解释可知，宪法层面设计审计监督制度具有深刻的历史、现实和法理考量，是现实需求和改革发展的必然选择。

第一，设立审计机关是适应改革开放和社会主义现代化建设的需要，是建立我国现代公共财政制度的一种制度设计。时任审计署审计长的李金华（1998b：143）表示："我国的审计监督是改革开放的产物，又是在支持改革开放和为改革服务中发展壮大起来的。"新中国成立后的很长一段时间，我国财政财务收支监督工作由计划银行、税务、物价、工商管理等部门结合自身管理开展。随着改革开放的深入推进，国家迫切需要建立独立权威的财政经济监督体系。因此，设立审计机关为维护国家财政经济秩序，提高财政资金使用效益，适应我国经济和社会发展提供了稳定保障，这也是建立有利于社会稳定，体现公平正义、民主精神的公共财政制度的必然要求。"可以看出，中国国家审计根植于中国的政治经济制度土壤，具有十分鲜明的历史特征，并且国家审计随着政治经济的发展而发展，生产力水平越发达，社会越民主，国家审计就越重要。"（中国审计学会，2014：67）

第二，发挥审计对政府预算监督职能的重要作用，有利于推进民主法治进程。审计监督是党和国家监督体系的重要组成部分，充分发挥审计监督的重要作用是完善权力监督制约机制的重要内容，有利于促进政府各部门正确行使权力。预算旨在约束政府对财政资金使用的"自主性倾向"（杨肃昌，

2013a：156），具有约束政府权力的功能。二者在功能目的上相得益彰，可以说，"财政预算审计就是保障预算这一功能发挥的一种制度安排"（杨肃昌，2013b：156）。根据《宪法》的规定，国家行政机关对人大负责，接受人大监督，对政府预算执行和其他财政收支情况的监督是应有之义。审计机关审查公共财产和公共权力使用中的问题与薄弱环节，向政府提出意见，使审计监督成为维护财政法律尊严、落实财政法律责任的重要手段。

（二）审计监督的制度特点

审计监督受审计机关"双重领导"管理体制的影响。根据《宪法》第91条第2款的规定，审计署是中央审计机关，受国务院总理领导，表明我国审计领导体制属于行政型（安建，2006：11），即将审计机关置于行政序列，受政府首长直接领导。事实上，早在"八二宪法"修改时，就出现过审计机关领导体制的讨论。[①] 彼时，部分省和国务院的部、委曾表示审计机关最好隶属于全国人大常委会；不少宪法修改委员会的委员也对将审计机关设在国务院产生过质疑（蔡定剑，2006：393）。但考虑到审计署初设，审计工作机制和程序衔接尚在探索之中，而且开展审计工作的前提条件是要熟悉并掌握被监督单位的财政、财务开支和经济业务活动。因此，审计署先设在国务院，也最终成了国务院的特殊职能部门。值得注意的是，时任宪法修改委员会副主任委员的彭真同志在主持"八二宪法"修改工作时也赞成把审计放在国务院而非人大。原因在于，彭真认为全国人大刚恢复重建，主要的工作精力应在于搞立法而非审计，审计工作需要一个庞大的机构，故坚持将审计放在国务院（蔡定剑，2006：393）。

审计署受国务院总理的直接领导体现出审计署不同于其他部、委之处。这是因为审计署虽然是国务院的组成部门之一，但同时又对国务院的其他组成部门开展审计监督，成为行政机关内部的监督制约部门。首先，确定审计署受国务院总理领导，以行政规章和行政措施加强审计监督，促

---

① 1981年7月，财政部预算司草拟了《关于建立全国审计机构的初步意见》。同年10月，预算司在此基础上修改了《关于建立全国审计机构的意见（讨论稿）》，对建立审计机构的方案、审计机构同有关部门的关系等问题提出了新意见（于明涛，1999）。

进问题纠正和整改。其次，审计监督范围广泛，不免会牵涉部门利益关系。但在国务院首长领导下会有益于协调审计署与其他部门之间的关系，便于审计机关和其他政府部门的配合、协同，形成合力。再次，审计署隶属于政府，熟悉政府财政，便于收集信息、开展监督、减缓对抗，提高了审计实效。此外，如果审计过程发现重大问题，审计意见也能够直接、及时地反映给政府领导，作为行政决策和内部整改的重要参考（李金华，2008：29~30），起到防微杜渐、立竿见影之功效。如李金华（2008：30）曾指出："得到行政首长的支持，处理和整改起来就比较快。特别是一些重大案件的处理就非常及时。"最后，审计机关作为政府的重要组成部门，同时监督检查政府的其他部门，有利于维护政府整体利益，树立权威的国家机关形象。

从地方上看，《宪法》第109条规定了地方审计机关的领导体制。这种领导体制同样具有双重性，既受本级政府领导，还受上一级审计机关领导。同时《审计法》第9条规定，在双重领导体制下，地方各级审计机关的审计业务以上级审计机关领导为主。具体来说，根据我国《地方各级人民代表大会和地方各级人民政府组织法》的规定，政府有权领导各工作部门的工作，因此，审计机关作为政府的组成部门理应接受本级政府的领导。无论是在发挥政府的经济管理作用方面，还是协调审计机关与被审计单位的关系以便于开展工作方面，审计机关接受本级政府的领导都有益处。而从审计机关的业务特点和独立实施审计监督的工作性质上看，审计机关受上一级审计机关领导的优势在于以下三个方面（安建，2006：14~15）。第一，审计业务本身的专业性和政策性在客观上对审计工作的质量和审计人员的业务素质提出了更高要求。由上一级审计机关领导下一级审计机关开展工作，能促进审计机关和审计工作人员不断提高审计业务水平。这也为人大实施预算执行监督活动提供专业审计工作报告带来高质量的解读素材。第二，上一级审计机关对审计工作全局具有更为全面的把握，在保证审计工作的统一性和保持政令畅通方面，更利于审计工作的开展。第三，审计机关受上一级审计机关领导有利于地方各级审计机关依法独立开展审计业务，行使审计监督职能。

（三）审计监督的应然功能

审计部门监督区别于行政机关其他的内部监督方式，具有独特优势，为人大预算审查监督提供专业根据。审计部门监督不同于政府内部监督的其他部门（胡秀梅，1996：163）。第一，审计监督对预算执行和决算发挥监督作用，相较于其他财政部门的单项监督，具有全面性和综合性。第二，审计机关的独立性较强。一方面，审计机关独立于财政部门之外，不受其他行政机关、社会团体和个人的干涉，具有同司法机关类似的独立行使职权地位（蔡定剑，2006：394）；另一方面，审计机关和审计人员不参与被审计单位的经营管理，与被审计单位没有直接利害关系，处在客观公正的地位。审计机关对被审计单位依法实行独立的审计监督。第三，审计人员具有专职性，除对经济活动开展专职审计监督外，审计机关不承担其他业务工作。因此，政府审计机关的监督尽管隶属于行政机关内部，但相较于政府其他途径的监督，其为人大对政府的预算监督提供了更充分的根据。

根据规范和制度的发展，以审计工作报告等为载体的监督方式进一步拓宽了人大对政府审计工作的监督路径，更好地实现审计监督功能。

第一，《审计法》第4条集中体现了人大和政府的预算监督与制约关系。这主要通过审计工作报告的方式，促进人大和政府紧密配合、相互影响。各级预算的执行情况和其他财政收支情况，由各级政府向本级人大及其常委会负责，并提出有关报告。1994年，《审计法》正式确立审计机关向本级人大常委会提交预算执行和其他财政收支的审计工作报告制度。1995年，国务院发布《中央预算执行情况审计监督暂行办法》[①]，规定由审计署受国务院委托向全国人大常委会报告国务院上一年度中央预算执行和其他财政收支审计情况的审计工作报告。1996年，审计署向第八届全国人大常委会作了审计工作报告，正式开启了我国的审计工作报告制度。审计工作报告反映了审计机关对政府预算执行方面的审计工作，报告揭示的问题也成为人大审查和批准预算时予以重点关注的重要参考。

---

① 中华人民共和国国务院令第181号。

第二，突出预算执行的审计情况。为提高监督的针对性和有效性，《审计法》要求审计工作报告要集中、全面反映预算执行审计情况，助益人大及其常委会履行决算审查职责和监督政府预算执行的职责。审计署受国务院委托报告的中央预算执行和其他财政收支的审计情况，全面反映国务院在预算执行中的问题。审计工作报告所揭示的问题，特别是中央决算草案和预算管理审计以及中央部门预算执行审计中存在的问题，可以客观反映预算执行中的实际情况，提醒人大在审查批准预算时，聚焦重点问题，促成提出问题得以解决的可能举措，为人大和政府自身加强预算监督和管理提供依据。

第三，在审计监督框架内，保障政府财政预算审计效应的发挥，施展人大在既有最高权威监督主体地位上的监督效能。《审计法》第4条规定，必要时全国人大常委会可以对审计工作报告作出决议。通过决议，人大提出对审计机关的工作要求和建议，加强对政府审计工作的指导和政策引导。

第四，落实预算执行审计处理决定的监督机制。《审计法》要求国务院和地方各级政府将审计工作报告中指出问题的纠正情况和处理结果向本级人大常委会报告（中华人民共和国审计署法制司，2006：47）。1998年，国务院办公厅发布《关于认真落实1997年中央预算执行情况和其他财政收支审计处理决定的通知》，要求采取业务主管部门归口负责、集中汇总报告的方式，整改审计工作报告反映的问题，明确审计署负责对各部门落实审计处理决定情况进行汇总。同时提出为了保证中央预算执行审计处理决定的全面落实，使这项工作逐步制度化、规范化，今后国务院各部门落实中央预算执行审计处理决定的工作，均按该通知规定的分工和程序进行。从1998年开始，受国务院委托，审计署每年向全国人大常委会报告中央预算执行情况和其他财政收支审计处理结果（中华人民共和国审计署法制司，2006：48）。① "……将审计监督和人大监督结合起来，增强审计权威性，督促被审计单位和有关部门认真纠正、严肃处理审计工作报告中指出的问题，加强管理，堵塞漏洞，防止问题再次发生。这一科学有效的制度，在2006年《审

---

① 经过笔者考证，实际上在国务院办公厅出台该通知之前（1997年），审计署就曾针对1996年中央预算执行情况审计查出的问题进行纠正，国务院办公厅于当年（1997年）10月向全国人民代表大会财政经济委员会报告了审计查出问题的纠正落实情况。

计法》修改中以法律的形式固定下来,在全国施行。"(中华人民共和国审计署法制司,2006:48)为加强对审计查出问题整改情况的跟踪监督,2015年8月,改进审计查出问题整改情况向全国人大常委会报告的机制正式确立。① 至此,国务院每年向人大常委会提交审计机关对预算执行和其他财政收支的审计工作报告及审计工作报告中指出问题的纠正情况和处理结果报告成为人大实行预算监督的抓手和参考。从权力监督形式上看,就预算监督而言,不仅需要外在人大监督,也需要内部审计监督(韩大元、李样举,2022:12)。人大监督所代表的外部监督更具权威性,而审计监督则更具专业性。审计机关向全国人大常委会提交审计工作报告是民主的象征,而审计政府及其部门监督政府更好地履行社会公共责任。全国人大常委会听取整改情况报告,结合审议进行相应的专题询问,对加强预算监督、规范预算管理同样发挥了重要作用。改进审计查出问题整改情况报告机制,一方面能推动审计署审计查出问题的整改工作得到有效落实,另一方面也是探索完善人大监督工作方式的重要创新举措。

三 审计监督如何实现:基于"两个报告"的观察

(一)全面审查与逐一核查相结合

审计署向全国人大常委会提交的"两个报告"中体现了多种监督方式,包括全面审查与逐一核查。实践中,全国人大常委会在审查和批准国务院年度决算报告时,会参考审计署同年提交的年度审计工作报告。国务院整改情况报告本身来源于审计结果报告,是审计署向国务院提出的,对上一年度中央预算执行和其他财政收支审计监督的结果报告。虽然"两个报告"的侧重

---

① 2014年,国务院印发《关于加强审计工作的意见》,要求各地要狠抓审计发现问题的整改落实。2015年8月,中共全国人大常委会党组《关于改进审计查出突出问题整改情况向全国人大常委会报告机制的意见》通过。同年,中共中央办公厅、国务院办公厅印发《关于完善审计制度若干重大问题的框架意见》《关于实行审计全覆盖的实施意见》等相关配套文件。上述规定要求全国人大常委会建立听取和审议审计查出突出问题整改情况报告机制,将督促审计查出突出问题整改工作与审查监督政府预算工作相结合,更好地发挥审计监督作用。2020年,全国人大常委会办公厅印发实施《关于进一步加强各级人大常委会对审计查出突出问题整改情况监督的意见》。

点不同，但二者相辅相成，对完善预算管理制度、加强对政府预算执行和其他财政资金的审计监督具有重要作用。

根据国务院关于2014~2021年度中央预算执行和其他财政收支的审计工作报告，审计署从审计工作的各方面反映并揭露国务院存在的问题。在中央财政管理审计情况中，审计署从预算收支划分范围不清晰、税费收缴执法不到位、预算批复下达不及时不规范、转移支付管理不完善、政府性债务管理需加强、财税领域改革有待深化等方面揭露国务院在预算收支范围、预算批复及执行进度、政府间转移支付、债务管理方面等预算执行中的缺陷。在中央预算执行及中央决算草案审计方面，审计署指出决算草案编制不完整、未披露部分事项如财政资金绩效情况和用以往年度超拨资金抵顶支出情况、预算变更偏多、中央决算草案和部门决算草案衔接问题等。在金融机构审计和中央企业审计部分，审计署指出部分大型国有银行和央企存在违规经营情况，在不良贷款处置、金融风险防控等方面存在问题。在中央部门预算执行审计中，信息系统建设统筹规划存在问题。在重点专项审计方面，包括土地出让收支和耕地保护、彩票发行费和彩票公益金、工伤保险基金、水利和粮食收储等涉农资金、乡村振兴资金等方面存在违规套取基金和不同程度的管理问题。在政策措施落实跟踪审计方面，存在政策措施未落实或落实不到位的问题。

事实上，"全国人大及其常委会与审计署的良性互动，能够实现双赢的效果"（赵早早，2016：67）。在整改情况报告中，根据审计署在审计中查出的问题，国务院在年底向全国人大常委会报告整改情况，逐一回应和解决报告中发现的问题。凭借全国人大常委会在推动审计查出问题整改工作的力度和全国人大及其常委会在宪法和法律中被赋予的重要地位与权威，获得合法性认同，在一定程度上可以弥补审计署难以发挥自身资源最大效应的缺憾。同时还应当看到，全国人大通过借助审计署的审计监督资源优势，能全面了解国务院在预算执行中的具体情况，强化人大预算监督的实际效果。

目前在提请全国人大审查的国务院预算草案中仍有一定规模的代编预算，需要在年度中分解下达后才能得到执行。代编预算规模的变动程度就成为全国人大审查预算细化程度的重要因素之一。审计署指出国务院部分预算在分配和管理中存在问题时，国务院多次表示要"严格控制代编事项"，明确从下一年起"除保留个别项目并压减代编规模外，对审计指出的其余项目不再代编预算""将从严控制代编预算的范围和规模"。①通过审计工作报告与整改情况报告中发现和已妥善解决的问题，全国人大在审查预决算报告时能够予以相应关注，并对连续多年存在的问题予以重视。

在审计监督中审计的对象或客体是财政、财务收支，审计监督与人大预算监督的主要内容基本吻合（刘善冬，2003：10）。"两个报告"制度实际上是把审计监督和人大预算监督融合在一起，两者相互促进、协同运行，仍能在一定程度上成为制约政府预算执行的有效手段，为人大加强预算监督提供重要依据。

（二）持续关注预算执行中的"屡审屡犯"问题

从审计工作报告和整改情况报告可以发现，审计监督查出的问题多具有反复性和持续性，"屡审屡犯"的现象持续存在。②

第一，预算分配管理存在薄弱环节，预算安排统筹协调不到位。一方面，资金分配使用滞拨闲置、资金下达拨付耗时较长。比如，2015年预算执行中，有120.61亿元预算在下达时项目尚未确定或者不具备实施条件，影响资金及时使用（刘家义，2016b：704）；2016年国家发展和改革委员会（以下简称"国家发改委"）下达基建投资计划与财政部据以下达预算指标的间隔较长，影响项目及时推进，造成部分项目应开工未开工、逾期未完工甚至无法实施，同时导致中央部分投资资金闲置（胡泽君，2017：581）；2017年预算执行中，9个部门的19个项目预算直到12月才追加完成（胡泽君，2018b：520）。③

---

① 参见2014~2017年度的审计整改情况报告。
② 李金华曾表示，"屡审屡犯"重复的情况不同，应具体分析"屡审屡犯"问题的重复性。"屡审屡犯"有三种可能：第一种是多次审计发现同一部门重复出现同样的审计问题；第二种是不同部门先后出现同样的审计问题；第三种是同一部门的不同下级单位分别存在同样的审计问题。李金华：《面对屡查屡犯问题审计工作要有"三心"》，中华人民共和国中央人民政府网，http://www.gov.cn/zxft/ft28/content_694332.htm，最后访问日期：2019年8月12日。
③ 2018~2020年也均存在预算管理不够全面规范的问题，预算安排未充分考虑资金结转结余情况，财政支出效率不够高（胡泽君，2019b；胡泽君，2020b；侯凯，2021b）。

另一方面，转移支付管理仍无法适应改革的发展要求。全国人大对预算支出安排的审查要求"支出结构的合理性和科学性"。其中一个重要方面是审查转移支付支出是否规范、恰当，着力推进基本公共服务均等化。而财政转移支付制度是保障基本公共服务均等化得以实现的重要手段，尤其是一般性转移支付对均衡地方财力差异具有显著作用（孟庆瑜、张永志、谢兰军，2015：160）。审计工作报告多次反映了转移支付制度目前仍存在亟待解决和规范的问题。首先，部分一般性转移支付中限定用途资金占比较高，地方难以统筹使用，发挥均衡地区间财力差异的作用较为有限。如2017年一般性转移支付中的37项12434.42亿元资金指定了用途（胡泽君，2018b：521）。其次，专项转移支付退出机制不健全，清理整合不到位。财政部在上报2016年的94个专项转移支付中有84个未明确实施期限或退出条件，已明确期限的10个中有的未按期退出（胡泽君，2017：581）。减少专项转移支付项目困难重重。最后，还有些专项资金安排存在相互交叉重叠的问题。如2020年涉及3项转移支付和9个投资专项在转移支付分配方面存在支持方向交叉雷同的情况。财政部两项转移支付都安排了南水北调生态补偿资金，发改委两个投资专项均投向产业园区基础设施建设（侯凯，2021b：1082）。① 通过多本预算、多个部门和多个专项，同类事项或支出被安排资金，造成资金管理分散和资金浪费，不利于提高资金使用效率。

第二，预算编制不够细化、精准和合理。如2018年初的预算中有6项专项转移支付322.74亿元未落实到具体地区，批复10个部门的43.2亿元预算未细化到具体单位（胡泽君，2019b：723）。2019年一般公共预算中，中央本级支出有4.8%年初未落实到单位，至年底仅下达42.5%；还有74.55亿元专项转移支出年初未分配到具体地区（胡泽君，2020b：580）。2020年中央一级预算单位如财政部在5个部门16个项目上年结转1.53亿元的情况下，继续向这些项目安排预算2.84亿元，至2020年底又结转1.65亿元（侯凯，

---

① 2019年有15项专项转移支付与15个中央投资专项的支持领域相同或类似，如1个老旧小区改造项目先后从投资专项和专项转移支付中获得补助300万元、1212万元，而实际造价仅711.51万元（胡泽君，2020b）。

2021b：1081）。①

第三，中央部门预算编报不够准确和严格，"三公"经费和会议费制度落实不到位，存在资产资金管理薄弱问题，部分部门利用权力或影响力违规收费。以部门预算编报不准确为例，2017年度审计发现，6个中央部门和9家所属单位编报预算时，虚报项目内容或人员等多申领资金2.16亿元；28个中央部门和64家所属单位的决算草案存在多列支出、少计收入等涉及20.26亿元的问题（胡泽君，2018b：522）。"三公"经费和会议费、资产资金管理不规范等问题也是每年屡禁不止。甚至存在中央多个部门或所属单位以权获利，通过违规开展相关行业资质认证、资格考试等方式"开源创收"。2020年，7个中央部门和46家所属单位违规开展资质评审、评比表彰等，转嫁、摊派或收费3.92亿元（侯凯，2021b：1083）。

第四，在重点专项资金审计方面，多类专项资金存在被违规使用、挪用、套取、滞留、闲置的情况。以城镇保障性安居工程项目为例，审计发现各地存在政策措施落实不到位或专项资金被不同程度地套取或违规使用。如2020年部分政策落实不精准，或公租房被违规占用、长期空置，或部分群众应获而未获公租房保障（侯凯，2021b：1084）。老旧小区或已改造小区不符合改造标准、应改造小区未优先改造，或小区改造未按规定配备专门物业、消防等设施被损坏。部分保障性安居工程还存在资金违规使用或闲置的情况。如2014年，有92.48亿元专项资金被挪用于出借、还贷或资金周转；2015年，有140多个单位和180多户补偿对象骗取、套取财政资金；2016年，安居工程资金中有10.31亿元被违规用于商品房开发、弥补办公经费、出借，有4.21亿元被套取、骗取或侵占；2017年，涉及30.84亿元资金和16.87万套住房被挤占挪用、违规获取或空置（刘家义，2015：770；刘家义，2016b：708；胡泽君，2017：585；胡泽君，2018b：523）；2018年，有24.47万套公租房在基本建成后超过1年仍未达到交付使用条件或空置未用（胡泽君，2019b：727）；2019年，涉及158.44亿元财政资金和297.53亿元融资滞留或闲置（胡泽君，2020b：582）。

---

① 从"两个报告"中可知，决算草案也有同样问题，在此不再赘述。

第五，在政策措施落实跟踪审计方面，出现重大投资项目审批管理周期长、开工不及时等管理问题，一部分政策措施落实不到位。以有关部门落实相关政策措施为例，2014年国家推行进出口通关服务便利化措施，但在服务性收费方面，进出口环节服务性收费仍有81项之多；免税方面也出现免税优惠缩水的情况；报关报检方面，在海关与质检、口岸与产地之间仍未实现检验检疫结果的全面互认（刘家义，2015：769）。2015年的财政资金统筹整合政策措施、2016~2017年度淘汰化解落后产能、2015~2017年度连续三年实施的政府投资基金和支持创新创业制度也都存在改革政策措施落实不到位或工作部署推进滞后的问题。在脱贫攻坚和乡村振兴相关政策及资金管理使用方面（侯凯，2021b：1086~1087），2020年存在省级财政未按规定时限下拨、部分资金到达基层后已错过农时的问题。

第六，在金融机构和中央企业审计方面，常年存在违规决策和经营、实体经济特别是中小企业融资难，以及经营成果不实、违反廉洁从业规定的问题。如金融机构工作人员违规放贷，2014年发现3家金融机构违规放贷168亿元（刘家义，2015：770），2015年发现向已列入国家淘汰落后和过剩产能名单部分企业新增融资120亿元（刘家义，2016b：711），2016年8家银行分支机构违规放贷和办理票据业务175.37亿元（胡泽君，2017：586），2017年3家大型国有银行违规向"两高一剩"行业提供融资1222.29亿元（胡泽君，2018b：526）。①

（三）分析预算执行问题的同质性原因

国务院在整改过程中能够解决大部分审计署在审计工作报告中提到的问题，但仍存在未整改到位的情况。分析国务院未能完成整改的部分原因，可归纳为以下内容。

第一，问题整改本身涉及较多部门，跨部门合作和统筹解决、协调配合难度较大，影响问题整改。如2016年，国家发改委和财政部共同对中央基建投资计划及预算和资金进行审核，其长期作为1个专项转移支付管理、支

---

① 2018~2020年度也存在类似问题。

出方向较多，需要两个部门协作研究解决（胡泽君，2018a：73）。一些资产处置、资金收回等问题还涉及外部单位或诉讼，受到相关程序制约。还有些问题产生的外部情况复杂，无法在短期内解决，须长期持续推进。部分问题涉及不可控的外部条件，如有关境外项目投资方面的问题整改，若仅片面处理，简单机械进行纠正，极易造成较大损失或其他不利影响。因此，需要多方充分协调沟通，才能在共识的基础上持续推进整改（刘家义，2017：89~90；侯凯，2021a：178）。总之，涉及行政部门的协作时，衔接沟通等情况会使相关问题的整改难度增加；涉及行政机关和司法机关的程序衔接和纠纷解决的时间成本较高，问题难以及时解决。

第二，相关问题涉及历史遗留问题，时间跨度大、涉及人数多。如2014 年度未及时办理竣工决算、政府采购不规范，相关单位的债权或往来款形成时间较长，有的还涉及机构改革、经办人屡经变更、相关资料缺失，因此审核清理的难度较大（刘家义，2017：90）。①2016 年的企业"三供一业"分离移交工作、"僵尸企业"和特困企业处置问题，由于涉及职工安置、资产处置，问题在整改推进中还存在困难，需要逐步梳理和解决（胡泽君，2018a：72）。②

第三，相关制度规则设计不符合实际情况，修订不及时。如在涉及政府预算体系建设的最终目标实现方面，审计发现部分预算收支在预算中的归属不明确、安排不合理。随后，相关部门才开始组织研究修订预算法实施条例（胡泽君，2018a：72）。又如，2019 年度审计多次指出的违规享受住房保障、骗取套取医保基金等问题的根源在于部门间政策措施不完善、不协调，信息共享不充分（侯凯，2021a：178）。

第四，问题涉及相关重大改革，牵一发而动全身。改革自身涉及的问题较广且较为复杂，"统筹规划、深入论证、试点实行"本身就是一个需要逐步深化完善的过程。如目前涉及的深化财税体制改革，特别是中央与地方财政事权和支出责任划分改革。对其中的转移支付管理、专项资金整合、中央

---

① 2018~2020 年也存在这类历史遗留问题。
② 2018 年的整改情况报告也同样指出资产产权确认、资金结余清理等问题，需要较长时间厘清产权关系等。

预算内投资管理等有赖于现代财政体系的健全完善,需要进一步明确部门职能、中央和地方责任,而这在短期内难以得到实现(刘家义,2017:89)。①农村改厕和污水垃圾处理设施建设利用等涉及乡村治理问题,也需要通过深入推进乡村振兴战略来逐步解决(胡泽君,2020a:126)。

第五,整改措施针对性不强、推进较慢,导致问题整改不顺畅。如2014年度财政部批复的部门预算中个别事项不规范:对于少编报已确认结余问题,财政部"正在研究完善减少结转结余资金的长效机制";对于部分高校专项资金安排问题,财政部、教育部表示"制定了改革相关预算拨款制度的方案,正在制定专项资金管理办法";对于预算安排结构不合理问题,财政部"正在协调人力资源社会保障部等部门,规范银监会、证监会、保监会的人员经费预算管理"(刘家义,2016a:110~111)。

从梳理以上内容可知,国务院针对审计署审计查出的部分问题未能整改的原因较为复杂,一些问题源于国务院自身管理中存在的漏洞和不规范之处,另一些问题则源于制度机制的缺陷。但通过总结国务院未完成整改的原因可以发现,原因本身和审计署提出的整改意见都有极强的同质性。事实上,国务院在预算执行中之所以会存在一系列问题,主要还是因为我国预算法治化建设不充分。很多问题是由体制机制本身的局限性导致的。一些部门在行使权力过程缺乏有效制约,权力适用随意,甚至会滋生腐败。审计监督试图努力推动制度建设,促成制约国务院行政权力的监督机制,减少或避免出现预算执行中的多重问题。

(四)审计建议着力加强长效化整改

从内容上看,审计工作报告中审计署对加强国务院财政管理意见主要围绕四个方面提出建议:第一,进一步深化财税体制改革;第二,加快建立健全相关制度规定;第三,提高财政管理绩效,防范各类风险;第四,强化问责机制,强化预算约束。审计署对审计查出问题提出的加强改进意见都以强化改革成效、建立健全长效机制为出发点,向维护财政可持续发展方向拓展。

---

① 2019年度和2020年度中央预算执行和其他财政收支审计查出问题整改情况的报告也指出了相同问题。

特别是关于2016年度的整改情况报告，审计署将各个地方、部门和单位"建立健全长效机制情况"作为单独一部分，向全国人大常委会汇报。如报告明确指出各地方、部门和单位"深入研究分析审计揭示的体制机制问题，着力建立健全长效机制"（胡泽君，2018a：69）。同时也印证了历年来国务院在对待审计署审计查出问题的处理方式上，以建立健全长效机制为根本，以惩处相关人员为辅助，增收节支，挽回损失，促进整改效果的实现。反过来说，审计署的审计工作并非仅寄希望于整改查处个别重大舞弊行为或审计查出问题的局部解决，更重要的是通过审计工作报告和人大促进审计整改落实机制的运行，将代议机构引入审计监督，打破行政权自我监督的束缚，"强化审计机关向行政部门的压力传导"（吴健茹、朱殿骅、李莹，2018：38），合理引导国务院、各地方和各部门构建长效机制，满足国家治理的现实需要。

四 国务院如何回应审计监督：基于整改情况报告的分析

从2015年起，针对审计查出的问题，全国人大常委会在每年6月听取审议"国务院关于上一年度中央预算执行和其他财政收支的审计工作报告"的基础上，于年末听取审计署围绕上一年度中央预算执行和其他财政收支审计查出问题整改情况的报告。国务院通过审计署每年两次向全国人大常委会作与审计政府财政收支活动相关的报告，完成其在财政领域的"内部监督"，从而加强全国人大及其常委会预算审查的外部监督。

整改情况报告的体例主要分为三部分。首先，审计署对上一年度中央预算执行和其他财政收支情况的整改工作进行整体部署与推进情况介绍。其次，对上一年度中央预算执行和其他财政收支情况的整改落实情况进行介绍。最后，对部分未完成整改的问题原因和下一步的工作安排进行分析与部署。从整改情况看，国务院对审计署审计查出的问题主要进行了如下处理。

（一）采取多种方式安排整改

针对审计署查出的问题，国务院采取"省钱""建制""查人"的方式，及时安排部署，整改情况取得立竿见影的效果（见表1）。比如，对2021年审计工作报告反映出的问题，已整改问题金额 6632.74 亿元，制定完善规章制度 2800 多项，问责处理 1.4 万人（王本强，2023：87）。

作为国家治理中的"免疫系统"，国家审计具有预防、揭示和抵御功能。而抵御功能的实质便是通过查处问题、提出审计建议，纠正对法律和秩序的偏离和破坏（李越冬，2017：27）。虽然暂不能从已公开的纠查问题和整改处理数据中发现某种规律，但不可否认，审计署在审计过程中较为明显的整改处理模式为"省钱""建制""查人"，以达到节约资金、改善制度机制和惩戒相关违法违规人员的目的。包括审计工作报告和整改情况报告在内，在向全国人大常委会报告后，这些免疫系统所具有的功能都会得到进一步强化，从而推动国家治理体系和治理能力现代化（张俊民、胡国强、张硕，2013：12）。

表 1 2014~2021 年度整改总体情况

年度	整改问题金额/促进增收节支（亿元）	制定完善规章制度（项）	问责处理人次（人次）
2014	（5794.94）	5935	5598
2015	1605（976）	2116	3229
2016	4872.5	2476	8123
2017	2955.58	2944	3299
2018	3099.81	1538	—
2019	2118.08	2350	705
2020	17211.46	1435	超 7700
2021	6632.74	超 2800	14000

（二）多数问题整改效果明显

就具体整改情况落实而言，针对审计工作报告发现的预算管理和预算制度缺陷，多数都能得到国务院有针对性的纠正。每年年中的审计工作报告主要反映审计署在以下方面审计查出的问题，如中央财政管理审计情况、中央预算执行及中央决算草案审计情况、中央部门预算执行审计情况、重点专项资金审计情况、国家重大政策措施落实跟踪审计情况、金融审计情况、中央企业审计情况和审计移送的重大违纪违法问题线索情况,或者个别年份出现对财政存量资金的审计或三大攻坚战相关的审计情况。国务院在年末的整改情况报告里都会根据审计工作报告中所反映的各方面问题,汇报其整改处理的情况。

(三) 落实较难问题的整改责任和进度

面对一些"情况相对复杂、整改难度较大"的问题,虽然暂时无法得到有效且彻底的解决,但国务院也落实了相应整改责任和进度安排。审计署查出的审计问题,有些属于政府部门难以在短期内处理和解决的问题。国务院会在整改情况的基础上对部分未完成整改问题进行原因说明并安排后续跟进措施,持续关注改进。当然,对相关问题全面整改面临的特殊困难,国务院也会在整改情况报告中加以列明。审计署与国务院的互动过程如图1所示。

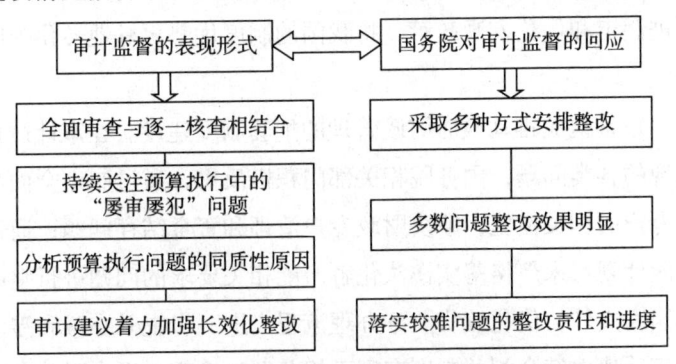

```
审计监督的表现形式  ⇄  国务院对审计监督的回应
        ↓                      ↓
全面审查与逐一核查相结合      采取多种方式安排整改
        ↓                      
持续关注预算执行中的         
"屡审屡犯"问题             多数问题整改效果明显
        ↓                      
分析预算执行问题的同质性原因   
        ↓                      
审计建议着力加强长效化整改    落实较难问题的整改责任和进度
```

图1 审计署与国务院的互动过程

五 审计监督的评价与展望

审计监督是强化对权力运行制约和监督的重要内容,是保证财政预算平稳发展的有效途径。虽然审计机关隶属于行政机关,预算执行审计结果首先要报告给政府,其交给人大的审计工作报告被看作二手审计资料,但是审计机关仍然具有一定的独立性。国家审计监督是预算监督体系中不可或缺的关键一环，为后续的人大预算监督提供关键的支持作用。

通过对"两个报告"的考察，我们有如下发现。

第一，审计机关在整个预算监督环节发挥重要的宏观管理作用，助力国家政策有效落实。1992年全国审计工作会议强调要"强化审计监督在宏观管理中的作用"（中国财政年鉴编辑委员会，1993：769），对审计过程中发现的问题要立足经济监督定位，从宏观着眼，向相关部门提出完善建议。审计署在对国务院中央预算执行情况的审查过程中持续关注深化财税体制改革相关措施的开展。特别是对改进预算管理制度、完善政府预算体系、建立透明预算制度、完善转移支付、加强预算执行管理、规范地方政府债务管理过程中可能出现的许多不完善、不合理的地方，审计署要逐步完善和规范。长期的财政预算审计监督对支持深化财税体制改革起到了促进作用。同时，围绕国家重大政策措施和宏观调控部署的贯彻落实，审计监督始终关注"城镇保障性安居工程""扶贫资金管理使用"等重大项目、资金保障和政策落实情况，促进制定和优化宏观政策，将我国的制度优势更好地转化为国家治理效能。

第二，审计机关推动政府财政管理的配套制度建设。在审计过程中针对审计署发现的各类问题，国务院相关部门积极反思，通过制定全面清理整顿地方财政专户的相关措施，解决财政专户清理和资金结存问题；通过制订淘汰落后产能计划对未严格落实淘汰化解产能相关要求的问题进行整改；完善相关配套制度文件，优化续贷业务办理流程，进一步提升小微和涉农业务金融服务效率。建立健全相关制度有利于规范财政管理，提高财政资金使用效率。国务院针对审计署在审计中发现的问题，通过建立健全行政管理和资金使用的若干管理机制，完善相关业务处理流程，在整改工作中取得了良好的改善效果。

第三，审计监督能够为人大从外部视角开展预算监督创造良好条件。《宪法》第62条和第67条规定了全国人大及其常委会对政府预算监督的重要职权。全国人大及其常委会通过听取和审议"两个报告"，履行监督职能。而相对于人大，审计监督是政府内部开展的监督活动。同时，审计监督作为职能监督，具有专业性的特点。审计部门的"先行行为"为人大开展预决算监督提供了更专业、更权威的基础材料和思路。政府向人大报告工作，有利于审计机关充分发挥其对政府治理和约束的作用。财政审计揭露资金收支和管理弊端，分析预算执行和管理深层次问题，确保预算执行审计工作的有效性，同时也能为人大在预算执行环节加强对政府财政资金的监督创造良好的制度环境。

当然，目前审计署对政府财政资金使用进行审计所起到的主要还是"揭示问题""发现问题"的作用。对政府在国家财政收支中所发生的审计问题尚无法完全达到"杜绝"的效果。面对国家审计问题出现的"屡审屡犯"现象，除了寄希望于"国务院及有关方面全面落实整改任务，明确整改责任，加大整改力度，增强整改透明度，对违纪违法的事项，要严肃依法执纪问责"（张德江，2018：2），还要依靠全国人大发挥监督作用。[①] 特别是加强人大在审计监督方面的询问和质询作用。只有切实坚持人民代表大会制度，加强人大对政府的监督能力，保证审计向人大负责并报告工作，严格对政府进行预算监督，才能逐渐实现人大监督由程序性向实质性的转变。

参考文献

安建主编，2006，《中华人民共和国审计法释义》，法律出版社。

蔡定剑，2006，《宪法精解》，法律出版社。

陈征、刘馨宇，2020，《健全党和国家监督体系：审计监督与人大监督的衔接》，《中共中央党校（国家行政学院）学报》第6期。

韩大元、李样举，2022，《论宪法在我国审计制度建立完善中的作用》，《审计研究》第6期。

侯凯，2021a，《国务院关于2019年度中央预算执行和其他财政收支审计查出问题整改情况的报告——2020年12月23日在第十三届全国人民代表大会常务委员会第二十四次会议上》，《中华人民共和国全国人民代表大会常务委员会公报》第1期。

[①] 也有学者提出鉴于审计过程缺乏人大参与，应在宪法确定的审计模式下，由审计机关直接对人大负责，开展与审计业务相关的工作，但在行政关系上，审计机关依然隶属于本级政府（陈征、刘馨宇，2020）。

侯凯，2021b，《国务院关于2020年度中央预算执行和其他财政收支的审计工作报告——2021年6月7日在第十三届全国人民代表大会常务委员会第二十九次会议上》，《中华人民共和国全国人民代表大会常务委员会公报》第5期。

侯凯，2022，《国务院关于2020年度中央预算执行和其他财政收支审计查出问题整改情况的报告——2021年12月21日在第十三届全国人民代表大会常务委员会第三十二次会议上》，《中华人民共和国全国人民代表大会常务委员会公报》第1期。

胡秀梅，1996，《权力监督论》，中国民主法制出版社。

胡泽君，2017，《国务院关于2016年度中央预算执行和其他财政收支的审计工作报告——2017年6月23日在第十二届全国人民代表大会常务委员会第二十八次会议上》，《中华人民共和国全国人民代表大会常务委员会公报》第4期。

胡泽君，2018a，《国务院关于2016年度中央预算执行和其他财政收支审计查出问题整改情况的报告——2017年12月23日在第十二届全国人民代表大会常务委员会第三十一次会议上》，《中华人民共和国全国人民代表大会常务委员会公报》第1期。

胡泽君，2018b，《国务院关于2017年度中央预算执行和其他财政收支的审计工作报告——2018年6月20日在第十三届全国人民代表大会常务委员会第三次会议上》，《中华人民共和国全国人民代表大会常务委员会公报》第4期。

胡泽君，2019a，《国务院关于2017年度中央预算执行和其他财政收支审计查出问题整改情况的报告——2018年12月24日在第十三届全国人民代表大会常务委员会第七次会议上》，《中华人民共和国全国人民代表大会常务委员会公报》第1期。

胡泽君，2019b，《国务院关于2018年度中央预算执行和其他财政收支的审计工作报告——2019年6月26日在第十三届全国人民代表大会常务委员会第十一次会议上》，《中华人民共和国全国人民代表大会常务委员会公报》第4期。

胡泽君，2020a，《国务院关于2018年度中央预算执行和其他财政收支审计查出问题整改情况的报告——2019年12月25日在第十三届全国人民代表大会常务委员会第十五次会议上》，《中华人民共和国全国人民代表大会常务委员会公报》第1期。

胡泽君，2020b，《国务院关于2019年度中央预算执行和其他财政收支的审计工作报告——2020年6月18日在第十三届全国人民代表大会常务委员会第十九次会议上》，《中华人民共和国全国人民代表大会常务委员会公报》第3期。

姜爱华、杨琼，2020，《部门预算改革以来中国特色预算审计监督变迁与走向》，《财政研究》第 7 期。

靳思昌，2019，《双罚制视阈下国家审计整改效果研究》，《宏观经济研究》第 7 期。

李金华，1998a，《关于 1997 年中央预算执行和其他财政收支情况的审计工作报告（摘要）——1998 年 6 月 24 日在第九届全国人民代表大会常务委员会第三次会议上》，《中华人民共和国全国人民代表大会常务委员会公报》第 3 期。

李金华，1998b，《服务大局 围绕中心 依法加强审计监督》，载中国经济年鉴编辑委员会《中国经济年鉴 1998》，中国经济年鉴社。

李金华主编，2008，《中国审计 25 年回顾与展望》，人民出版社。

李绪孚、刘成立，2013，《国家审计与人大监督的耦合效应研究》，《当代经济》第 21 期。

李越冬，2017，《国家审计推动国家治理能力现代化的战略研究》，西南财经大学出版社。

刘家义，2015，《国务院关于 2014 年度中央预算执行和其他财政收支的审计工作报告——2015 年 6 月 28 日在第十二届全国人民代表大会常务委员会第十五次会议上》，《中华人民共和国全国人民代表大会常务委员会公报》第 4 期。

刘家义，2016a，《国务院关于 2014 年度中央预算执行和其他财政收支审计查出问题整改情况的报告——2015 年 12 月 22 日在第十二届全国人民代表大会常务委员会第十八次会议上》，《中华人民共和国全国人民代表大会常务委员会公报》第 1 期。

刘家义，2016b，《国务院关于 2015 年度中央预算执行和其他财政收支的审计工作报告——2016 年 6 月 29 日在第十二届全国人民代表大会常务委员会第二十一次会议上》，《中华人民共和国全国人民代表大会常务委员会公报》第 4 期。

刘家义，2017，《国务院关于 2015 年度中央预算执行和其他财政收支审计查出问题整改情况的报告——2016 年 12 月 23 日在第十二届全国人民代表大会常务委员会第二十五次会议上》，《中华人民共和国全国人民代表大会常务委员会公报》第 1 期。

刘善冬，2003，《试论人大财经监督与政府审计监督两种模式的对接和应用》，《人大研究》第 10 期。

孟庆瑜、张永志、谢兰军编著，2015，《人大代表审查预算教程》，中国民主法制出版社。

沈玲，2022，《中国共产党领导的审计整改制度：回顾与思考》，《审计与经济研究》第 4 期。

王本强，2023，《国务院关于 2021 年度中央预算执行和其他财政收支审计查出问题整改情况的报告——2022 年 12 月 28 日在第十三届全国人民代表大会常务委员会第三十八次会议上》，《中华人民共和国全国人民代表大会常务委员会公报》第 1 期。

王杨，2020，《监督视阈下审计督促整改权及其实现机制研究》，《审计研究》第 4 期。

王玉凤，2017，《国家审计促进财税体制改革的路径研究——基于 2012 年至 2016 年审计工作报告》，《审计月刊》第 11 期。

吴健茹、朱殿骅、李莹，2018，《健全人大促进审计整改落实配套制度措施》，《人大研究》第 1 期。

杨桂花、安存红，2014，《论国家审计在国家治理中的作用——审计署 15 年审计工作报告评述》，《财会通讯》第 13 期。

杨肃昌，2013a，《"立法审计"：一个新概念的理论诠释与实践思考——基于加强地方人大预算监督的视角》，《审计与经济研究》第 1 期。

杨肃昌，2013b，《财政预算审计若干问题的思考——基于立法机关预算监督的视角》，载张献勇主编《财政立宪与预算法变革——第二届中国财税法前沿问题高端论坛论文集》，知识产权出版社。

于明涛，1999，《社会主义中国审计制度的创建》，中国审计出版社。

张德江，2018，《在第十二届全国人民代表大会常务委员会第三十一次会议上的讲话》，《中华人民共和国全国人民代表大会常务委员会公报》第 1 期。

张俊民、胡国强、张硕，2013，《国家审计服务国家治理实践研究：基于 18 份审计工作报告的分析》，《审计研究》第 5 期。

赵早早，2015，《中央预算执行审计与公共预算改革的关系研究——基于 1996 年至 2014 年全国人大常委会公报的内容分析》，《审计研究》第 3 期。

赵早早，2016，《国家审计与全国人大预算监督——基于 1998—2014 年全国人大常委会公报的文本分析》，《财政监督》第 6 期。

中国财政年鉴编辑委员会，1993，《中国财政年鉴 1993》，中国财政杂志社。

中国审计学会编，2014，《审计署重点科研课题研究报告（2012—2013）》，中国时代经济出版社。

中华人民共和国审计署法制司，2006，《审计法修订释义读本》，中国时代经济出版社。

技术与组织的互动：大数据监督在基层政府治理中的实践逻辑

王 阳[*]

摘 要：近年来，大数据监督作为技术治理的一种新型治理工具，越来越被各级政府重视，但在实践中，技术植入政府治理的效果并不明显，往往具有不确定性。现有研究发现，信息技术对政府治理的影响具有多种面向，大数据监督应用于基层政府治理技术与组织间的关系。本文认为，大数据技术引入组织的过程同时是一个组织内部发生的复杂的微观政治过程，而这种微观政治过程恰恰决定着组织是否会采纳技术以及如何采纳技术。本文以 Z 县将大数据监督技术应用于基层政府治理的实践为研究对象，从微观层次上分析大数据监督技术在引入组织过程中组织内部发生的微观政治过程，探讨基层政府组织在决定是否采纳大数据监督技术以及如何采纳大数据监督技术时内部存在的张力与合力。本文发现，大数据监督技术的嵌入会对基层政府的监督结构、条块关系、治理机制产生深刻影响，为基层政府治理建立起大数据辅助科学决策机制，形成精准化集中发现、科学化专业研判、统一化多部门协同、严密化有效监督的管理闭环，以推动基层治理体系和治理能力现代化。

关键词：基层政府治理；大数据监督；权力-利益；信息壁垒；协同治理

一 引言

近年来，国家十分重视大数据等信息技术在国家治理中的应用。党的十九届四中全会审议通过的《中共中央关于坚持和完善中国特色社会主义制度 推进国家治理体系和治理能力现代化若干重大问题的决定》提出，"建立

---

[*] 作者简介：王阳，硕士，现就职于上海市杨浦区委宣传部新闻外宣科，研究方向为基层政府治理、廉政学。

健全运用互联网、大数据、人工智能等技术手段进行行政管理的制度规则。推进数字政府建设,加强数据有序共享,依法保护个人信息"。十九届中央纪律检查委员会向中国共产党第二十次全国代表大会的工作报告也明确指出,"以信息化促进提升专业化。推动纪检监察工作与现代信息技术融合"。大数据监督作为技术治理的一种新型治理工具,越来越被各级政府重视,各级政府也纷纷在实践中摸索如何在政府治理中有效应用大数据监督技术。

在一些情境下,"技术面临着有效性缺失的困境"(付建军,2019),如导致政府内部部门关系走向分裂与冲突而非整合,产生信息孤岛和信息割据问题(陈文,2016),最终导致技术植入失败。这不由引发我们深思,为何有些技术可以顺利地嵌入政府治理之中,而有些技术却在嵌入过程中遭到政府内部各职能部门不同形式的阻碍和责难(谭海波、孟庆国、张楠,2015)。

二 问题的提出与文献回顾

技术治理的发展是一种动态的演进过程,相关研究主要沿着两条不同的脉络延续。一条是以渠敬东、周雪光等学者为代表的,强调国家采取"技术性"方式实现国家治理。如渠敬东提出的"项目制"、周雪光提出的"运动式治理"、周黎安提出的"行政发包制"等都是强调对工具化权力技术的使用,有学者将其称为一种"软"的技术治理,指通过创新管理方式或机制以实现治理目标(解胜利、吴理财,2019)。另一条则强调国家通过引入先进技术以提高治理效能,"电子政务"就是最典型的代表。本文所探讨的技术治理,实际上是在第二条即强调信息技术在国家治理中的运用下展开的。

现有研究表明,大数据监督应用于基层政府治理其实涉及技术与组织间的关系。围绕技术治理,学者们对技术与组织的关系以及大数据监督在基层政府治理中的应用展开了深入且丰富的研究。大数据技术的引入会引发基层治理权力结构的变化,这种变化可能引发组织内部的调适,也可能只涉及权力结构的外部边界(周盛,2017)。对于大数据监督植入政府治理为什么会失败，有学者归因于外来硬技术（hard technology）与本土软要素（soft factor）之间存在鸿沟（孙超、贺巧玲，2017）。在他们看来，技术是否被采纳以及技术发挥的效能如何在很大程度上取决于政府内部决策者及参与者对技术的态度如何。政府组织中的决策层、管理层和使用层对同一信息技术的认知存在差异，会导致信息技术对政府治理的影响具有多种面向（谭海波、孟庆国、张楠，2015），而治理主体与信息技术的利益兼容性在很大程度上决定了技术目标的实现（陈慧荣、张煜，2015）。一些技术植入政府治理失败的案例之所以发生，是因为技术在尚未完全扎根于组织之中便遇到了其他挑战的干扰（黄晓春，2010）。有学者提出，从深层结构上看，大数据是技术问题，而基层政府治理则是组织层面的问题（董石桃，2019）。大数据作为技术有着自身的结构逻辑，而组织也存在相应的组织结构，两者结构的适应度、技术因素、环境因素等共同决定着大数据技术在多大程度上能够为政府所采纳。

然而，笔者通过梳理相关文献发现，目前对大数据监督在基层政府治理中作用的研究大多聚焦技术这一单一维度。而且，现有从互动角度展开的研究大多是从技术-结构互动上开展分析，这在形式上属于一种中观分析层次，很少有研究在微观层次上分析信息技术引入组织过程中组织内部发生的微观政治过程（黄晓春，2010）。此外，"学者们较多地是描述案例涉及的有关组织调整、制度安排、政策设计，较少关注组织、制度、政策约束下组织以及个人的具体行为"（黄其松、邱龙云、胡赣栋，2020），忽略了在特定的组织结构和制度安排背后，不同行动者采取的互动策略与实践过程（谭海波、孟庆国、张楠，2015），而行动者的主体地位和选择能力往往在其中发挥着重要作用。结构的复杂性和执行者的复杂性往往与技术的复杂性相伴存在（斯科特、戴维斯，2011），这种来自组织内部的张力与合力不断调适，直接影响着大数据监督在基层政府治理中的实践效果。

显然，在技术植入组织的过程中，组织内部发生了复杂的微观政治过程。大数据监督技术在与组织发生接触时，实质上已被组织内部的相关行动主体赋予不同的期望和意义，同时也为关键行动者提供了促进组织变革的机会与资源（黄晓春，2010）。相关行动者通过影响技术发挥作用的方式，延续着以往部门间的角力。这样来看，是否采纳大数据监督技术以及如何开展大数据监督实质上取决于基层政府内部各行动者相互角力的结果如何。那么，在大数据监督技术与基层政府接触的过程中，不同行动者都有哪些不同的认知与期望？在权力－利益作用下，相关行动主体是如何开展博弈与互动的？在这其中，纪检监察机关作为关键行动者，又是如何主导以及采取哪些行动来促使组织采用大数据监督？

大数据监督技术充分嵌入治理过程实质上是技术与组织相互作用的过程。技术与组织结构和制度之间不可避免地存在某种张力。技术需要被组织化、制度化才能真正发挥作用，同时技术的应用也需要组织和制度的调整与适应。一方面，政府会对大数据监督技术不断地进行调整以适应政府的任务目标与组织文化；另一方面，大数据监督技术越来越对组织、制度产生深刻的影响，它部分改变着组织的结构、运行与活动方式、目标与价值体系（黄其松、邱龙云、胡赣栋，2020），增加了组织进行结构变革与能力建构的可能性。那么，随着大数据监督技术的介入，组织的结构到底发生了怎样的变化与调整，大数据监督技术又是如何改变条块关系和组织架构的？围绕以上问题，本文将通过个案展开深入探究。

对此，本文强调要考虑技术与个体、组织间的"耦合"关系（邱泽奇，2018），将不同行动者对大数据监督的认知作为影响组织结构的变量，探讨在大数据监督技术与组织发生接触的过程中，不同行动者在权力－利益作用下如何开展博弈与互动，组织内部存在怎样的张力与合力促使大数据监督技术进入并嵌入基层政府治理过程中？随着大数据监督技术的嵌入，组织的结构会发生怎样的变化与调整？

三　分析框架

大数据监督在基层政府治理中的实践是一个漫长且复杂的过程，需要从"历史性"的分析视角来观察。从本质上而言，组织内部发生的微观政治过程其实就是各相关行动者基于权力－利益考量所展开的角力过程，技术的引入实质上改变了组织内部的权力与利益格局。本文在借鉴已有研究的基础上，提出了一个分析框架（见图1），主要通过分析技术与权力-利益产生的交互影响来观察组织内部的微观政治过程。大数据监督技术的引入会影响数据等资源在部门间的分配，对于不同行动主体而言，大数据监督技术的引入有着潜在的不同收益与风险，从而打破了组织内部的权力-利益格局。基于行动者假设，各相关行动者从自身的角色与定位出发，对技术有着不同的认知。出于对自身或部门权力-利益的维护，相关行动者会制定不同的行动策略，这些行动策略的集合影响着技术的输入与转化。但随着技术在组织内部的转化及应用，组织结构会相应地发生改变以与技术的应用相适应。在技术应用的影响与约束下，不同行动者在权力-利益上的得失是不同的，这也导致组织内部的权力与利益格局发生了变化。该分析框架很好地呈现了技术与组织互动的全过程，能让读者清晰地了解在技术与权力-利益之间发生交互影响下，组织内部各相关行动者展开角力与互动的微观过程。

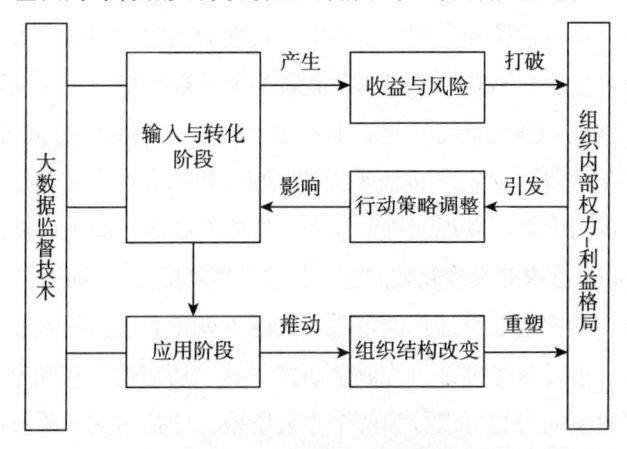

图1　技术与权力-利益产生交互影响的分析框架

四　研究个案：Z县开展大数据监督的案例分析

大数据技术的应用领域很广泛，监督领域是近年来基层政府关注的重点之一。绝大多数监督监察对象在基层，绝大多数违纪违法行为也发生在基层，基层监督相对而言困难多、任务重、条件差，而大数据技术相对于以往的人力监督可以有效地提升监督效能，在短期内看到成效，因此一些基层政府对此展开了探索与尝试。Z县建设大数据实验室就是将大数据应用于监督领域的典型代表。

Z县处于H省西南部,位于三省(区)接合部,经济发展水平在全省处于中等偏下。作为水利工程建设重点县,近年来Z县开展了大量的基建工程,出现了一些串标围标、拆分招标、多头转包等违纪违法行为。人力监督耗时耗力且效率较低,如何挖掘深层次的违法违纪线索,深深困扰着Z县纪委监委。

在这样经济发展水平不高的县,短时间难以做到开源,但如果可以解决这些由监督低效、监督未覆盖导致的国有资产流失问题,那么对于Z县来说也是意义非凡。Z县结合自身实际情况,响应中央号召,在2017年搭建了智慧纪检监察平台,对信息技术应用于监督进行了有效探索与尝试。但坦白来说,智慧纪检监督平台更多是一个集信息公开与线上监督于一体的平台,在大数据应用以及线索挖掘上的深度不够,发现的问题大多属于表面和浅层次问题,智能化程度并不高。要想真正破解类似工程领域与医保领域这样利益交织紧密、腐败问题隐蔽等难题,必须要提高对大数据的挖掘与利用程度。对此,2019年11月,Z县纪委监委提议与科研机构合作在Z县建立大数据实验室,提升运用大数据发现问题的能力,使用新技术、新手段创新廉政治理新方法,做到精准有效发现腐败问题,打造大数据廉政治理的示范项目。

大数据实验室建设与运作的过程,实际上就是大数据技术嵌入基层政府治理的过程,该过程是复杂且充满波折的。从"历时性"视角来看,Z县建设大数据实验室的过程可以分为两个主要阶段,即技术输入阶段与技术转化阶段。在不同阶段,相关行动者互动与博弈的核心组织议题各有不同,组织内部的合力与张力随着技术的发展也在不断地变化与调适,这为研究技术与组织互动下各相关行动者在组织内部进行互动与相互角力的微观政治过程提供了机会。

(一)技术输入阶段:认知与态度

认知是技术与组织互动发生的基础,基于自身的角色与定位,相关行动者会形成针对大数据技术的整体认知,主要包括效用、风险、成本、复杂性认知。

效用认知主要包括两层含义：一是指效果，二是指作用。效果用来衡量技术是否有用，作用用来衡量技术的重要性。不同层级的行动者对两者的关注程度有所不同。在政府内部，根据作用对象不同，可以将效用认知分为个人效用认知与部门效用认知。前者主要指基于技术引入对个人效用的提升的认知，后者指基于技术引入对部门效用的提升的认知。在以科层制为特征运作的政府部门中，个人效用的提升主要体现在两个方面：一是个人工作便捷性与效率的提升，二是更容易出政绩，拥有更多的晋升机会。而部门效用的提升主要体现在提高部门工作效率与能力，更好地实现部门目标，提升部门地位。

根据个人对个人效用和部门效用的考量程度，我们可以将效用认知决策模式分为四类：经济人模式（个人效用高，部门效用低）、奉献者模式（个人效用低，部门效用高）、保守者模式（个人效用低，部门效用低）、创新者模式（个人效用高，部门效用高）（见图2）。

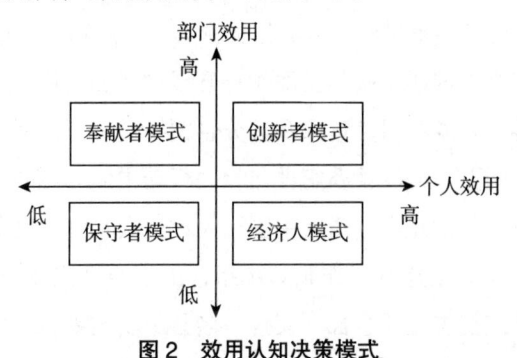

图2　效用认知决策模式

2019年11月，Z县纪委监委以贯彻落实党的十九届四中全会精神为契机，通过前期与县委、县政府有关领导进行沟通，走访调研了多个乡镇与县直部门，与科研机构一起深入研究，提出建设"清廉中国"大数据实验室，以便更好地落实十九届四中全会提出的提升基层治理能力的要求以及中央纪委国家监委提出的纪检监察数据化的要求。在Z县纪委监委领导看来，这项提议不仅具有较大的政治价值，而且具有很强的实操性，短期内可以出成效。但是，这项提议提出后在Z县引起了巨大的反响，引发了较大的争议，受到了一些部门的质疑与反对。质疑与反对的理由归纳起来一共有三点。一是担心数据泄露问题。大数据实验室的建立势必要进行数据共享，若在数据传输过程中，出现了数据泄露等问题，责任该如何判定？由此造成的社会影响与损失，谁来承担？二是认为建设大数据实验室尚不具备充分的必要性与可行性。有部门提出，大数据监督的确是提升监督有效性的有力抓手，但Z县财政本身就十分有限，在县级层面开展大数据监督，人力、物力、财力上都比较紧张。而且，大数据监督究竟能取得多大成效尚未可知，贸然投入存在一定风险，可以等该项技术成熟并有其他县市相关优秀建设经验后再考虑引进。三是担心纪委监委凭借大数据监督揽权，监督可能存在越位现象。

对此，Z县于2019年12月和2020年1月两次召开县委常委会，对是否建设大数据实验室议题进行了专题研究与讨论。会上，县委常委、县纪委书记、县监委主任就各单位提出的问题进行了深入沟通与交流，也收到了其他单位提出的可改进建议。针对其他单位提出的意见与存在的疑虑，县纪委监委与技术方进行了多番讨论，就数据加密等技术问题进行了优化与改进。

此外，县纪委书记还多次与县委领导开展沟通和交流，并就数据采集等问题与市里、县里职能部门负责人及其分管领导进行了沟通与协商。在县委领导的支持与协调下，经过县委纪委与相关行动主体的不断沟通与协商，最终Z县委、县政府同意建设"清廉中国"大数据实验室，决定成立Z县"清廉中国"大数据实验室建设工作领导小组，由县委书记任顾问，县委常委、县纪委书记、县监委主任任组长，安排一名县纪委监委班子成员专抓，由县编办增加专项编制15名，从相关部门抽调专门人员，将建设"清廉中国"大数据实验室的相关费用纳入年度财政预算，要求全县各级各部门全力支持，积极提供相关数据。

从县纪委监委提出建立大数据实验室到县委、县政府同意建设实际上是大数据监督技术输入组织的过程。大数据监督技术是一个客观存在的新事物，其本身不会主动嵌入政府治理之中，政府要对其主动地吸纳。但是，这种吸纳不是简单可以实现的，而是取决于政府内部相关行动者基于对自身的认知以及对权力－利益的考量共同做出的选择，这也是技术能否正式引入组织的重要环节。政府内部相关行动者的地位和注重的利益不同,他们对利用大数据技术开展监督的认知是不一样的。根据相关行动者的角色与功能,总体而言可以将相关行动者分为四类:县委决策层领导(协同权威)、县纪委领导(关键行动者)、各职能部门负责人(重要行动者)、各职能部门具体事务执行者(一般行动者)(见表1)。

表1 相关行动者对大数据监督技术的认知

相关行动者类型	层次	影响力	认知侧重点	关注点	认知
县委决策层领导	决策层	大	效用认知(重要性)	政绩、效益	机遇
县纪委领导	管理层(监管者)	较大	效用认知(有用性)	政绩、部门利益	机遇
各职能部门负责人	管理层(监管与被监管者)	较大	风险认知	部门利益、风险	挑战
各职能部门具体事务执行者	执行层	小	复杂性认知	个人利益、风险	挑战

对于县委决策层领导而言,一项技术是否引入首先要考量其带来的价值与意义。十九届中央纪委三次全会工作报告指明"要搭建互联网、大数据监督平台,积极畅通渠道,拓宽线索来源"。习近平总书记在十九届中央纪委四次全会上发表的重要讲话也明确提到"要继续健全制度、完善体系,使监督体系契合党的领导体制,融入国家治理体系,推动制度优势更好转化为治理效能"。十九届中央纪委四次全会工作报告对基层监督工作更是做出了明确要求,强调"要在更大范围整合运用监督力量,提升基层纪检监察机关监督能力,建立权力运行可查询、可追溯的反馈机制,加强信息化监督平台建设"。根据国家领导人的重要讲话以及多份中央纪委全会工作报告可以得知,大数据等技术手段对于政府治理而言至关重要,在信息化时代背景下亟须借助大数据等技术手段赋能政府治理体系和治理能力现代化。

对于县委决策层领导而言,是否建设大数据实验室主要基于以下三点考量。一是政治上的考量。探索大数据技术在监督领域中的应用既响应了中央的号召与要求,又能提升基层治理现代化的能力,进一步深化推进全面从严治党，有利于党委开展全面监督，更好地担负起主体责任，具有较大的政治价值与意义。二是政绩上的考量。在Z县这样的经济贫困县，想要在经济发展上争优争先较为困难，但在民生问题上进行突破创新的可能性较大。传统的监督方式遭遇瓶颈，基层政府开始探索大数据等技术在监督领域的应用，但目前来看全国范围内并没有找到一条经济且可行的实践路径，如果大数据实验室的创新行之有效，那么对于县委领导来说，这是一项全国创新性的政绩工程，对个人的晋升有一定的帮助。三是效益上的考量。大数据实验室的建设，有利于打通各部门的数据壁垒，可以为县委、县政府开展专项治理的前期现状摸排提供有效手段，有利于精准发现问题，提高决策的精准性与科学性，有利于政府总体政策的落地。

因此，县委决策层领导侧重于对建设大数据实验室的重要性进行考量，关注点主要在建设大数据实验室能够带来的潜在效益与政绩。基于以上三点考量，县委决策层领导认为建设大数据实验室是机遇，应当给予支持。

作为建设大数据实验室的提议者，县纪委领导属于相关行动者中的关键行动者。提议建设大数据实验室，县纪委领导主要基于以下两点考量。一是提升监督有效性与部门地位。纪委作为党的监督主体，履行专责监督的职责，既要开展直接监督，又要进行监督的再监督。但凭借目前的监督手段与方式，纪委的直接监督和间接监督的有效性不足。建设大数据实验室，可以提升监督的有效性，既能更好地实现部门目标，又能在一定程度上提升部门地位。二是政绩。对于纪检部门领导而言，他们的晋升主要取决于在履行监督职责上的成效与创新。目前，将大数据技术应用于监督领域成为全国各级纪检监察机关关注的重点，但目前尚未找到一条经济、有效、可持续的路子。如果建设在Z县的大数据实验室具有成效，将引起全国各级纪检部门的关注，有利于得到上级领导的关注，这是一项具有巨大收益的政绩工程。因此，对于县纪委领导而言，他们的认知侧重点主要在于大数据实验室建设的有用性上，关注大数据实验室建设所能带来的政绩、部门地位的提升以及部门目标的实现。基于以上两点考量，县纪委领导认为建设大数据实验室是难得的机遇，应当提出并大力推动该项目落地。

对于各职能部门负责人而言，他们既是监管者，也是被监管者。大数据监督的实施建立在打通部门数据的基础上，而数据往往被视为部门的财产以及权力的象征，大数据实验室的建设不可避免地会触及部门的核心利益。作为被监管者，职能部门负责人出于对自我利益与部门利益的保护，要么为了规避暴露自身问题的风险，要么就是"交出数据就是交出权力"的特权思想作祟，大多会秉持多一事不如少一事的态度，对数据共享持反对或保守态度（徐敏子、程竹汝，2019）。作为监管者，大数据技术的引入势必会对部门的业务监管造成冲击，特别是那些在业务监管上存在困境的职能部门。引入大数据技术虽然可能有助于业务监管的改进，弥补以往监管的漏洞，但与此同时会暴露出以往监管存在的问题，对个人利益造成损失。因此，对于各职能部门负责人而言，他们认知的侧重点在于建设大数据实验室所带来的风险上，关注点主要在部门利益以及潜在的风险上。基于以上考量，各职能部门负责人大多会将建设大数据实验室视为挑战，采取保守或反对态度。

对于各职能部门具体事务执行者而言，他们所处的地位较低，又是执行具体事务的人，因此对技术操作的难易程度比较关注。从技术上来看，大数据监督技术是一种新型技术，执行层对此比较陌生。而且，政府的信息化建设水平相对市场来说比较滞后，信息化人员的专业水平普遍不高，数据能力不足以驾驭复杂的数据。特别是对于一些学习能力与学习动力较弱的老员工来说，技术的变革往往会给他们带来巨大的冲击，降低他们在部门中的重要性。从思想上来看，政府中执行层的创新意识往往不足，没有时刻做好拥抱变革的准备，遇到变革往往采取退缩性的防御态度。大数据监督技术可能会暴露职能部门在监管上存在的问题，这与负责具体监管的执行层密切相关，对执行层的个人利益有着潜在影响，可能会带来风险隐患。因此，对于各职能部门具体事务执行者而言，他们认知的侧重点在于建设大数据实验室的复杂性上。当技术操作的复杂性超过其能力时，基于个人利益与潜在风险的考量，各职能部门具体事务执行者大多会将建设大数据实验室视为挑战，将反对的态度通过直接或间接的方式传递给部门领导。

通过对不同类型的相关行动者认知的分析，我们可以发现，在是否引入大数据监督技术上，Z县政府内部存在认知差异。作为关键行动者的县纪委领导以及协同权威的县委决策层领导将引入大数据监督技术视为机遇，持赞成态度;而作为重要行动者的各职能部门负责人以及作为一般行动者的各职能部门具体事务执行者将大数据监督技术的引入视为挑战,持反对态度。由于大多职能部门都持反对态度,该项提议的认知一致性程度低,但作为关键行动者的县纪委领导以及作为协同权威的县委决策层领导都持赞成态度,组织在该项提议上的矛盾协调能力较强。因此,该项提议虽然一开始遭到了较大的反对,但经过协同权威的支持与协调、关键行动者的沟通与协商,Z县最终还是达成了共识,同意将大数据监督技术引入组织,在Z县建设"清廉中国"大数据实验室以开展大数据监督。

(二)技术转化阶段:破除信息壁垒与互动调适

1. 破除数据壁垒

同意建设大数据实验室并不意味着大数据监督技术就已经嵌入基层政府治理之中。一项技术要想在组织内扎根并发展,需要经过不断地调适与转化,以适应组织文化与目标。一项成功的信息技术植入,总是在对组织现有结构充分了解的基础上进行调整与修正,以对组织结构造成最小的震荡(周盛,2017)。Z县纪委作为关键行动者,成功推动了建设大数据实验室的提议落到实处,并作为负责与牵头单位,进行大数据实验室的建设与运行。虽然县委领导在县委常委会上明确各级各部门要全力支持大数据实验室的建设,积极提供相关数据,但这只是一种模糊的表述,对数据提供的方式、提供的数据类型、提供数据的力度并没有作出规定,这也使Z县纪委在数据采集与整理过程中遇到了难题。

数据壁垒问题一直以来都是政府治理中的"老大难"问题,在大数据时代,数据成为部门最重要的资源之一。在结构型和功能型部门利益的共同作用下,部门利益性与数据公共性间的矛盾逐渐凸显。一方面,利益冲突阻碍了信息的共享。基层政府内部不同的部门分别掌握不同的数据资源,为了维护部门利益,保持部门权威,各部门往往不愿意将自己掌握的数据信息进行共享。而且,一些部门即使想开放数据,但是受到数据管理权限的制约,也无法进行共享。另一方面,标准的不统一构筑起信息共享的技术壁垒。不同部门提供的数据格式不同,给数据清洗和数据库建设带来了诸多不便。

在第一轮数据收集过程中，Z县纪委根据分析大数据监督所需的数据，列出了第一批数据采集清单。为了更好地开展数据采集工作，在2020年3月12日，大数据实验室建设工作领导小组组织召开了"清廉中国"大数据实验室建设工作推进会，会上对数据收集工作展开了部署，要求14个部门在2020年3月20日前提供24项相关数据。但截至3月25日，领导小组只收集到12个部门提供的14项数据。从数据重要性来看，收集到的数据大多是一些常态化的统计数据，真正核心的、涉及部门利益的数据上交得少。从数据的数量来看，一些部门虽然上交了数据但数据的量较小，有些部门只是手动整理了少量数据。从数据收集的难易程度上看，掌握的信息比较简单、数据潜在价值不大的部门，在截止日期前就积极主动提供了数据，如县税务局提供的税务发票数据以及人社局提供的机关事业单位退休人员数据和企业参保人员数据，但一些掌握着具有较大分析价值信息的部门上交数据就比较拖沓，一些部门推三阻四，还有些部门甚至以数据隐私性强为由拒绝上交。有些部门上交拖沓或没有上交是因为客观上存在困难，而有些部门上交拖沓或者没有上交则是因为主观上不愿意共享数据。

面对数据收集方面的问题，Z县纪委书记主持召开了县纪委常委会专题会议，就如何破解数据壁垒问题以及如何更好地开展数据收集工作展开了讨论。Z县纪委书记在会上分析了目前项目推进过程中的难点问题，提出要转变数据收集的思路与方式方法，尽可能地减少来自其他部门的阻力，在短时间内取得一定成效。

我在会上就指出，在县级层面推动大而全数据库的建设难度很大，理想条件下当然收集的数据越多越齐全越好，但一开始就想收集齐全的数据目前来看是行不通的。我们也对其他地方开展大数据监督的经验和教训进行了学习与分析，在县级层面开展大数据监督还是要寻找小口深切，不能追求大而全。最好是能选取一个社会关注的热点领域，这样职能部门自身的改革压力大，与我们合作解决困境的需求程度也高，我们与之合作也会更深入。

经过讨论与商议，Z县纪委领导一致认为大数据监督运行初期应当聚焦某一领域开展，这样不仅可以集中有限的力量进行重点突破，而且面对的阻力相对较小，有利于项目的后续推进。就大数据监督攻坚领域选择等问题，县委常委会对此进行了专项讨论，会议同意大数据实验室建设通过专项治理的方式展开，认为大数据监督在特定时期应围绕特定领域进行深度攻坚。考虑实际情况，Z县将第一个攻坚领域确定为医保领域。

围绕医保领域，大数据实验室建设工作领导小组优化调整了第一批数据采集清单，更新后的清单剔除了部分与医保领域相关度低、收集难度大的数据，新增了包含医保局数据在内的数据。经过Z县纪委与各职能部门的不断协商与沟通，截至2020年4月8日，大数据实验室共收集到包括医保局、卫健局、税务局、民政局、人社局等在内的16个单位的涵盖居民参保信息、医院报销记录、医院住院记录等40个数据库。

可以看到，在破除数据壁垒过程中，Z县纪委根据实际情况不断调整数据的收集策略，尽可能在保证大数据实验室有效运行的基础上减少来自其他部门的阻力，化对抗为合作。在数据库建设目标上，一开始Z县纪委希望尽可能收集多种类型的数据，这样也能更好地发挥大数据监督的特性，但现实条件下收集多种类型的数据难度较大。因此，Z县纪委提出围绕专项领域展开，收集相关度较高的数据，追求数据的粒度而非广度，这也符合大数据的技术逻辑。

在数据的收集过程中，Z县纪委也确立了多种数据收集方式，针对数据的特点及部门的特性采用不同的破除机制：第一种就是通过大数据实验室建设工作领导小组的名义去收集，但这种方式的权威性不强，因此一些强势部门的数据、关键核心数据比较难以拿到；第二种就是通过纪委的身份甚至纪委书记的权威去收集，这种方式虽然具有权威性，但是容易引发职能部门的顾虑，给对方造成一种双方对立的感觉，可能会产生误会，阻碍数据的收集；第三种就是利用个人人际网络，进行有效的沟通与协商，通过沟通让职能部门明白大数据实验室的建设是为了帮助职能部门解决问题，为他们提供业务监管的手段，想要达到的目的是双赢而非找麻烦。

信息壁垒问题实质上就是各职能部门基于权力－利益考量制定的行动策

略。在破除信息壁垒方面，Z县梳理了不同部门数据收集的难易程度及原因，并制定了对应的破解机制与手段（见表2）。通过梳理内容可以发现，以条上垂直管理为主的部门的数据共享往往具有较高的权限要求，这类数据在县级层面难以获取，存在不可抗力，所以对待这些数据，如果与当时那个领域的专项治理关系不是很密切，那就暂时搁置，等待进行该领域专项治理的时候向上寻求资源来推动，如发改委的数据；而以块上横向管理为主的部门的数据往往没有太高的权限高，对于难以获取的数据，特别是相关数据可能揭示部门存在的廉洁风险的，可以通过纪委的身份甚至纪委书记的权威去获取。

表2 信息壁垒破除机制与手段

数据所属部门特点	数据特点	收集难易程度	破除机制与手段
以条上垂直管理为主	保密性强、权限要求高	难	无法破除，暂时搁置
	保密性不强、权限要求高	中	利用个人人际网络，通过向上有效的沟通与协商获取
以块上横向管理为主	常规数据	易	通过工作领导小组名义收集
	保密性强、权限要求不高	中	利用个人人际网络，通过有效的沟通与协商获取
	可能揭示部门存在的廉洁风险	难	通过纪委的身份甚至纪委书记的权威获取

2. 从被动应付到主动合作：基于权力-利益的行动策略转变

数据的收集与整理完成之后，Z县纪委将重心转移到数据库的比对与碰撞上，希望可以在短期内发现有价值的线索。大数据监督能否取得成效，关键在于前期理论的研究是否准确以及数据库模型的设立是否合适。Z县大数据实验室的建设理论上有着国内知名科研机构的指导，技术方在科研机构提供的理论帮助下，设计出多维度交叉碰撞、集体行为分析、个体特征分析三大业务模型。通过对医疗报销管理制度的认真研究，结合Z县医保领域可能存在的风险点，技术方进一步构建了涵盖集体行为模型、医保积分计算模型、数据冲突碰撞模型、住院动态违规模型等在内的八大模型，对相关数据进行了横向碰撞和纵向动态分析，挖掘出大量的问题线索。为了验证线索正确与否，工作人员对此开展了线下核查，发现线索所反映出来的问题的确存在。大数据实验室的建设取得了阶段性的突出成果，在 2020 年 6 月 4 日，Z 县组织了一场关于大数据实验室项目（医保基金专题）成果汇报会。县委书记在会上对大数据实验室取得的成果表示肯定，认为大数据实验室的建设为 Z 县找到了一条监督的好路子，解决了多年想解决但没有能力解决的问题。在会上，县委书记还明确了下一阶段的工作，要求医保局加强与大数据实验室的联动，解决大数据监督技术所发现的问题以进一步完善监管。

围绕医保领域，作为关键行动者的纪委与医保局展开了一系列的互动与调适。随着技术应用的不断深化，大数据监督技术所发挥的效果也逐步凸显，这使两者在博弈中的角色定位不断发生变化。总体而言，两者之间的互动可以分为前期、中期、后期三个阶段，医保局在其中的行动策略呈现从被动应付到主动求变的明显转变。

（1）前期：主动索取 VS 被动应付

Z 县选择医保领域作为一期重点工程，主要是基于以下两方面的考虑。

一是响应国家、各级政府以及主管部门的要求，集中整治群众反映强烈的问题。在十九届中央纪委四次全会上，习近平总书记发表了重要讲话，强调了深入整治民生领域"微腐败"问题的迫切性，提出对医疗机构内外勾结欺诈骗保行为要坚决查处，建立和强化长效监管机制。医保领域作为民生领域违纪违法的高风险领域，亟须采取有效的手段予以监管与打击。Z 县若能找到一条管用的监督路径，则具有很大的政治价值。

二是应对现状并回应群众关切的需要。在 Z 县，近年来医保收支不平衡、医保价格上涨压力巨大，贫困人口以及特困人员所占基金支付比例逐年攀升。从数据上看，2019 年贫困人员以及特困人员住院人数占住院总人数的 39.5%，基金支付占比为 44.2%，2019 年医保基金总支付相对于 2018 年上涨了接近 14.4%。民众抱怨医保基金的大额支出多用于特定小群体的住院花费，其中一大部分花费存在大病大治、欺诈骗保等行为，严重损害公平正义。而针对这些违法违规行为，医保局等主管部门力量薄弱，监督手段单一，很难对深层次的违法违规行为进行有效识别。对此，选取医保领域作为攻坚领域具有很强的现实意义。

作为纪委，快速发现有价值的问题线索是工作的重点。纪委需要通过短期内有效的成果产出证明大数据实验室建设的价值，以增强县委、县政府领导以及各职能部门负责人对大数据实验室的信心，进而加大支持力度，这关乎大数据实验室未来的发展命运。因此，纪委与技术方积极主动开展研究，结合目前的医保报销管理制度，与医保领域有经验的专家展开了深入访谈，以便有针对性地开展模型构建。通过对医保领域存在的主要风险点的梳理，大数据实验室工作人员认为，模型的构建应当主要针对三个方面：一是个人层面是否存在住院动态违规的情况；二是制度层面是否存在违反《Z县基本医疗保险定点医疗机构医疗服务协议》（以下简称《协议》）规定的内容，如是否存在诱导村民集体住院、参保人员两次住院间隔时间低于规定时间等现象；三是是否存在借用他人医保信息骗取报销等情况。针对重点关注问题，技术方进一步构建了涵盖医保积分计算模型、住院动态违规模型等在内的八大模型。

在该阶段，由于不清楚大数据监督究竟会发挥什么样的效用，医保局秉持保守、谨慎的态度。由于对大数据的认知较浅，医保局负责人并不知道大数据的比对与分析会发现哪些问题、哪类问题。作为被监督者，其心理上还是会抵触。但是因为这是县里指定的专项治理项目，医保局在行动上必须遵从要求，提供相关数据，配合专项治理的推进。

可以看到，在该阶段，纪委的目的比较明确，采取的是一种主动索取的行动策略，而医保局基于认知的局限性以及谨慎考虑，采取的则是被动应付的行动策略。

（2）中期：有所突破 VS 认真对待

随着大数据模型的搭建，通过相关数据库的碰撞与比对，大数据监督发现了一些具有显著特性的问题线索。这些问题线索显示可能存在违纪违法情况，产生的原因也不一样，主要可以归因为监管系统不完善、制度不健全、个人层面故意实施三大类。一是因监管系统不完善而无法发现的问题线索。大数据实验室输出的结果显示，存在95例同一身份证多个姓名且均报销成功的情形，存在40例患者所患疾病与患者身份年龄不符但报销成功的情形。二是因制度不健全、被监管者对制度执行不到位而产生的问题线索，包括医院诱导村民集体住院、参保人员轻病在多家医院循环性住院、特困人员与贫困人员占总住院人员比重与年度人均住院次数违反规定的情形等。例如，根据《协议》规定，"乙方不得擅自以减免自付费用、集中接送等不正当手段诱导参保人员住院……不得集中接治病人，同天同村接治病人不得超过3人，两天内同村接治病人不得超过5人"。但大数据实验室输出的结果显示，从2018年1月至2020年3月，违反此规定的医院共17家，涉及住院2388人次，报销基金金额超过500万元，其中有些医院同一天接治同村病人高达数十人。此外，还存在一些病人住院病名循环、医院循环轮换、住院时长与间隔时长呈现一定规律等情形，共有304例。三是因个人层面故意实施而产生的问题线索。像上述因监管系统不完善而无法发现的问题线索，就存在个人故意实施的可能性。

随着大量具有显著特性的问题线索被发现，大数据实验室一期建设取得了重大突破，这大大出乎医保局的意料。Z县医保局局长M对此谈道：

> 说实话，大数据实验室输出的结果着实吓了我一跳，我没想到会输出那么多的问题。像冒名顶替、循环住院这类情形，虽然我们认为这种现象是存在的，但靠我们以前的人力排查是很难做到的。我们目前的监管方式是一种纵向的监管，当医院抱团钻政策空子时，我们的监管力量和监管方式是无法有效应对的。大数据监督平台的上线的确暴露出我们系统存在很大的局限性，对于大数据实验室发现的线索，我们要好好查一查，看看里面的情况有多严重。

在该阶段，大数据实验室发现了大量具有特性的问题线索，纪委在前期采取的主动索取方式取得了良好效果。而医保局已然意识到问题的严重性，对大数据监督的态度也有了很大转变。现实的压力使医保局的行动策略从前期的被动应付转变为认真对待，认真配合纪委进行线索的核实与模型的改进。

（3）后期：纵深推进 VS 主动求变

当然，大数据监督发现的线索并不一定就证明存在问题，还需要进行线下核实。针对大数据实验室输出的问题线索，纪委和医保局人员选取典型案例展开了线下走访与核查。经过仔细反复的核查，以上三大类问题的确存在，而且都不是个例。

通过对发现的典型问题线索进行核实，大数据监督的有效性被证实，相关的问题线索通过核实成为大数据实验室建设输出的有效成果。对此，2020年6月4日，Z县专门举办了一场关于大数据实验室项目（医保基金专题）成果汇报会，县委书记、分管医保局的副县长、医保局局长以及相关单位负责人等出席了会议。县委书记在会上对大数据实验室的建设给予了肯定，认为大数据实验室取得的成果是有价值的，为Z县找到了一条监督的新路子，为推进基层治理体系和治理能力现代化提供了手段，而且可以借此对县里下一步重点工作进行前期摸排与分析。对此，县委书记就下一步工作提出了要求，希望相关部门用好这个成果，填补制度与系统漏洞。

大数据实验室项目（医保基金专题）成果汇报会的举行意味着大数据实验室建设取得了阶段性重大进展，县委书记在会上的表态与要求既肯定了大数据实验室建设的成效，为大数据实验室的后续建设提供了信心与有力支持，也为医保领域的专项治理指明了方向。要想进行医保领域的改革，单靠医保局内部的监管机制是无法解决问题的，必须借助大数据技术来解决。对此，医保局主动寻求帮助，希望与大数据实验室合作将医保领域的问题研究做广做深，以填补现有的制度漏洞，进一步完善监管系统，从而为下一步的改革打下坚实的基础。

五 引入大数据监督技术对组织结构的影响

（一）大数据技术的两面性：技术弹性与技术刚性

对于科层制组织而言，大数据嵌入政府治理并不是对科层运作的冲击和替代，而是作为一种改进绩效的有效方式，二者在有效融合后可以实现弥合共生。总体来说，大数据技术具有能使性和限制性，大数据技术只有组织化、制度化才能成为真正有用的技术，才能真正发挥作用。同时，大数据技术的应用也需要组织和制度的调整与适应（黄其松、许强，2018）。这其实反映出大数据技术所具有的两面性，也就是奥利可夫斯基（Orlikowski，1992）所说的技术二重性：技术既有其外在性，也有其使用者的建构性。这种外在性揭示出作为技术刚性的一面,而这种建构性则揭示出作为技术弹性的一面。

1. 技术弹性的一面:调整与修正

大数据有其作为技术弹性的一面。按照简·芳汀所言,大数据技术被引入组织内部时,势必会被既有的组织安排和制度安排所"嵌入"(芳汀,2004)。从大数据监督的技术逻辑来看,数据量越大,数据类型越广,数据库越全,数据收集越及时,通过数据库之间的碰撞得出相关关系的可能性就越大,大数据监督的价值就越大,时效性就越强。这也是Z县一开始想要实时收集尽可能全的数据的意图所在。但是,从组织的运作逻辑来看,发挥大数据监督最大的效能,势必会对现有的组织结构产生巨大冲击。

在数据库建设的目标上,大数据的技术逻辑和原则要求大数据监督的开展建立在齐全的数据库、可以实现数据实时传输的基础上,但这跟组织的运作逻辑和治理结构是不相适应的。在未来趋势尚不明朗的情况下,最合理的选择是根据对现有系统结构特点的判断来选择最适宜的技术方案(黄晓春,2010)。这样既可以植入大数据监督技术,又不过度挑战当前的组织结构。对此,基层政府将部门现实需求、价值目标嵌入大数据监督技术之中,对技术进行适当的修正,这表现出大数据技术作为技术弹性的一面,其可以被组织改造和形塑。

通过对大数据监督技术改造前后情况的对比(见表3),我们可以发现改造主要体现在以下三个方面。

第一,在数据库建设要求上,追求数据的深度与精度,在数据的广度和数量上做出一定的妥协。出于可行性和现实性考虑,Z县大数据监督的数据库建设在广度和数量上做出了一定的妥协,以专题治理的形式减少了对齐全数据的要求,采取渐进式、重点突破的方式破除数据壁垒。一开始只是建立一个基础的数据库,收集一些容易收集到且必须具备的基础数据,然后以专题治理的形式采集相关性强、需求程度高的数据,慢慢增加数据库的广度和数量。

第二,在数据交互模式上,从追求实时传输转向定时人工采集。对于开展大数据监督来说,能够进行数据的实时传输无疑是最具效率的。但要实现实时传输的难度很大，这个难度不仅在于需要深入业务部门从而导致遭遇巨大的阻力，而且在于缺乏相应的接入权限。对于Z县而言，垂直系统的接入权限很高，依靠县级层面的自下而上推动几乎无法实现。受到现实情况和组织运行逻辑的制约，Z县的大数据监督技术在数据交互模式上经历了一系列转变。从最初设想开展实时传输转向采用做外挂或者设网闸进行单项实时传输，再到最后选择定时人工采集的方式，这也形象地反映出技术的社会建构性，不断被组织的预期和现状改造，以便更适应组织的运行逻辑。

第三，在大数据实验室的定位上，功能更加聚焦，明确了大数据实验室的目标与任务。从理想化角度出发，打造一个多功能、全方位的系统最能发挥大数据监督的效能。但从实际出发，将大数据实验室定位为特定领域专项治理的辅助工具最为合适，既符合Z县财政状况，做到量力而行，也能最大限度地减少来自其他部门的阻力，可以集中力量攻克特定领域，在过程中不断打磨和完善模型设计。一旦单一领域取得重大成果，大数据实验室得到的支持力度也会加大，到时再由点到面开展多领域全面监督的难度就会降低，可以达到可持续产出。

表3 大数据监督技术改造前后情况的对比

	技术改造前	技术改造后
数据库建设要求	全数据库	基础数据库+专项要求数据
数据的交互模式	实时传输/做外挂/设网闸单项实时传输	定时人工采集
大数据实验室的定位	多功能、全方位的系统（权力、资金）	围绕专项治理精准发现问题

总体而言，大数据监督技术在嵌入基层政府治理中受到了来自组织现有制度安排和文化目标的冲击。在相关行动主体间的博弈与互动下，技术在组织内经过了方向性的改造与修正，最终实现与现有的体制架构相匹配。

2. 技术刚性的呈现：结构变化与能力嵌入

大数据监督技术在嵌入组织的过程中也呈现了刚性的一面。所谓技术的结构刚性，就是指技术在帮助组织实现其目标的过程中发挥的重要性。重要性越强，结构刚性越强，组织越有可能改变自身的结构以适应技术的应用

（周盛，2017）。实质上，大数据监督技术的嵌入首先是技术逻辑和技术赋能性的嵌入，为组织成员解决问题提供了新的行为规则与手段，进而使其行为模式与思维模式得以重塑。而行为模式与思维模式的转变则是实现制度变革的先导，使构建新的组织结构成为可能（邵娜、张宇，2018）。因此，对于基层政府治理来说，大数据监督技术的嵌入本质上就是一种新的思维方式、组织结构与能力的嵌入。大数据监督技术本身包含的技术逻辑及原则对基层政府产生了一定的影响，基层政府治理结构也在大数据监督技术的嵌入过程中不断进行转型升级，并产生诸多大数据监督技术与政府融合的产物（王山，2018）。

大数据监督技术的引入使相关行动者产生了数据监督的思维。以往的监督都是依靠人力去排查，但人力排查既费时费力，又很难发现一些隐蔽性线索。数据监督思维的引入使监督人员从以往注重因果关系转向注重相关关系，这就是大数据监督技术的技术逻辑对相关行动者思维模式的影响。在这种思维模式的影响和引导下，利用数据库之间的比对以发现问题成为监督者有效的工作方式，而这种行为模式在一定程度上推动了组织结构的变化。

大数据监督技术的引入实质上使各部门协同开展监督的工作机制发生了变化，形成了一种新的多部门协同监督的工作方式。这种协同监督由纪委牵头，纪委依托大数据实验室发现问题、移交问题并进行协助，各职能部门根据纪委移交的问题开展职能监督，进行相应的履职管理。从某种意义来说，大数据监督技术的引入实质上促进了各监督职能之间的有机联结，从而推动协同治理更加有效地开展。

当大数据监督技术嵌入Z县政府治理，借助"自我强化"机制在组织内扎根，并逐渐演变为组织结构中的有机组成部分时，技术刚性的一面开始外显。Z县政府将治理的领域限定于医保领域，预期的目标也是通过相关数据库的比对发现与医保领域相关的问题线索。但大数据的特点就在于它的深度挖掘性，技术的逻辑就是基于所给的数据挖掘出所有相关的线索，而事物和事物之间又是普遍联系的，这就使大数据监督技术在实现Z县预期目标的同时，还会发现一些意想不到的线索。比如，Z县在比对数据库发现医保领域问题的同时，就意外发现了工程领域的问题，这也为Z县开展工程领域专项治理提供了一个切入口，使相关部门不得不提供大数据实验室所需要的数据，进一步推动数据库的全面建设。

（二）基层政府治理组织结构的变化

从本质上看，大数据监督技术嵌入基层政府治理的过程就是技术的内在逻辑与组织内行为主体能动性之间的互动过程（高雪，2020）。大数据监督技术在植入 Z 县政府治理的过程中，展现出作为技术弹性的一面，传统的科层制运作逻辑使大数据监督技术不断地调适与转化以适应组织文化与目标，形成组织内耦合的技术。当技术真正扎根于组织后，技术刚性的一面又开始凸显，技术所蕴含的逻辑与价值又影响着组织，重塑着组织内的权力-利益格局，为组织嵌入了一种新的思维方式与能力，推动着组织结构发生改变。这种改变主要体现在以下三个方面。

1. 监督结构的变化：创新工作协同方式，实现现有结构的"虚拟再造"

大数据监督技术的应用其实也是治理理念转变、治理结构重组的过程。要想让数据从单纯的信息处理变成重要的治理资源，不仅有赖于大数据监督技术的持续优化与进步，而且有赖于组织结构的同步调适（周盛，2017）。在大数据监督技术引入之前，常规的监督结构为党委全面监督、纪委专责监督、职能部门职能监督，但这种常规监督结构存在两个弊端。

第一，各监督之间的协同性较弱，缺乏清晰有效的协同治理机制。在工作协同方式上，相对于以往纪委牵头各部门进行问题的汇总与事件的处理，依托大数据监督技术，实际上 Z 县开创出一种新的多部门协同治理机制：由大数据实验室集中发现问题，将线索交给相关单位，并提供相应协助，而各职能部门根据自身的监督职能对大数据实验室移交的问题进行处理，纪委则是依托大数据对职能部门的监督开展再监督。首先，相较于以往问题发现的分散性和滞后性，现在是由大数据实验室根据治理的目标与方向集中发现问题，发现的问题不是由事件暴露出来的，而是通过多类型数据库比对所找出的线索。问题的发现更及时，挖掘的线索也更隐蔽。其次，以往都是事件发生后或者职能部门发现问题后纪委介入提供协助，但现在是由大数据实验室将发现的线索进行移交，由职能部门自行开展相应的调查，以便更好地行使它们的职能监督。最后，纪委依托大数据这个有力抓手可以更好地对职能部门的职能监督开展再监督，以便更好地督促职能部门规范履职。

第二，各个监督主体在监督手段上缺乏抓手。对于党委而言，由于缺乏有效的手段，党委的全面监督往往依赖于纪委的专责监督。对于纪委而言，纪委的直接监督具有较为丰富的手段，但纪委的间接监督开展的效果并不好，缺乏落实监督的再监督的有力抓手。对于职能部门而言，职能监督由于机制、技术等滞后，往往效果不佳。这既有部门能力不强的因素，也有一些部门不愿意开展监督的因素。

大数据监督技术的引入，实质上实现了监督的融会贯通，提升了监督的有效性。对于党委而言，大数据监督使其具有实行全面监督的手段与能力，实现了对各部门监督的贯通。对于纪委而言，大数据监督大大提升了监督的有效性与针对性，有利于纪委更好地履行监督的再监督职能。对于职能部门而言，针对那些监督能力不足的职能部门，大数据技术提供了帮助监督的有效手段；针对那些不愿意监督的职能部门，大数据监督实际上倒逼它们规范权力，职能部门借助大数据监督实现了自身监管系统的重塑。

从总体上来看，大数据技术使Z县在虚拟平台上构建了新的监督结构，相对于以往的监督结构，监督主体没有发生变化，监督的职责也没有发生变化，但是各相关监督主体在平台上实现了贯通，监督主体的监督手段得到了完善，监督能力得到了实质提升。依托大数据监督技术，被动性事后监督转变为主动发现式监督，Z县形成了一种新的多部门协同工作机制，大数据实验室集中发现问题并分发对应线索，职能部门根据移交的线索落实职能监督，纪委则是依托大数据对职能部门的监督开展再监督。

2. 条块关系的变化："块"对"条"的监督力量在强化

条块关系作为我国治理体系中基本的结构性关系，是具备中国特色的行政管理体系。"条块分割的本质是权力、责任与利益之间的分配问题，'条'的独立性和向上负责的机制弱化了'块'的治理机制，由此造成权力上移、责任下移，使基层治理呈现碎片化、粗放化、低效化特征"。（丰俊功、张茜，2019）

以Z县医保局为例，在未引入大数据监督技术前，虽然Z县党委认为医保局在医保领域监管上存在一些问题，但是依据以往监督的技术手段与水平能力无法准确识别这些问题。随着大数据监督技术的引入，通过数据库的比对，由监管系统不完善、相关制度不健全、个人层面故意实施导致的诸如骗保等问题就浮出水面。

总体来看，大数据监督技术的嵌入，为"块"监督"条"提供了有效的抓手，这使"块"对"条"的监督力量在强化。借助大数据监督技术，基层政府对职能部门有了监督的有效抓手，通过数据库的对比，就能发现职能部门在职能监督上可能存在的问题。这种威慑作用也会倒逼职能部门提高管理水平，完善内部监管系统。

3. 基层政府治理机制的变化：建立大数据辅助科学决策机制

随着大数据监督技术的引入，Z 县的政府治理机制悄然发生变化。以往，Z 县要开展某个领域的专项治理，首先需要成立专项整治工作领导小组，由主管单位开展前期的调研、查找线索工作，然后集中性地进行规模整治。建设大数据实验室之后，针对医保领域的专项治理，县委、县政府首先通过大数据实验室进行前期的摸排与分析，集中性地发现问题线索。然后，由大数据实验室分发相应线索，职能部门开展有针对性的调查，在纪委协助下核实相关问题线索。最后，根据核实的问题线索展开集中整治。

我们可以发现，大数据实验室的建设实质上为 Z 县建立起一套大数据辅助科学决策机制，形成了精准化集中发现、科学化专业研判、统一化多部门协同、严密化有效监督的管理闭环，大数据监督平台在基层治理中发挥着前期线索的摸排与分析作用。借助大数据实验室所发现的线索，县委、县政府可以对一些突出问题形成总体的把握与研判，职能部门可以发现并填补自身系统存在的漏洞，规范内部的管理与运作，更好地履行部门职责。通过数据的打通与分析，基层治理相关问题逐渐清晰化与明朗化，这也有利于政府总体政策的落地。

此外，大数据监督的刚性与精准性会进一步推动基层治理改革深化，特别是针对那些以往改革推不动的深水区与利益盘根错节的高风险领域，大数据监督就赋予基层党委和基层政府手段与能力，为党委监督、巡视巡查发现问题提供了有力武器。大数据实验室虽然设立在纪委，但该平台实际上不属于纪委，而是属于党委，是为县委、县政府服务的一个基层治理基础性平台。依据建立起的大数据辅助科学决策机制，问题的治理被纳入精准化集中发现、科学化专业研判、统一化多部门协同、严密化有效监督这个管理闭环，县委、县政府利用大数据实验室对县里的下一步重点工作进行前期的摸排与分析，从而有利于提高决策的科学性与精准性，最终实现基层治理体系和治理能力现代化。

六 总结与思考

在中国国家治理现代化的实践逻辑中，合适的治理技术是切实推动治理能力现代化的有效媒介。作为一种积极且有效的治理资源，大数据技术为治理转型与制度创新提供了良好契机（唐皇凤、陶建武，2014）。但技术与治理相结合并不是一蹴而就的，技术在组织中发挥的效用是各种因素与机制合力作用的结果，技术与治理相结合的重点往往不在于技术，而在于治理（马卫红、耿旭，2019）。技术只是治理的辅助工具，不可将工具本质化。如何实现两者的有机结合、如何定位大数据技术在基层政府治理中扮演的角色等问题都值得深思。

本文所给的启发是，基层政府在引入技术的过程中，应当采取一种渐进式改革的手段。在对组织既有结构充分了解的基础上，采取一种尽可能减少组织结构震荡的改造方式，有助于技术在组织扎根以及技术刚性的发挥。随着技术刚性的凸显，技术作为结构刚性的一面会进一步推动组织结构的转化，以实现技术与组织的深层互动。总体来看，以官僚制为体，大数据为用，构建技术其外、官僚制其内的融合性治理架构才是大数据时代的治理面向（薛金刚、庞明礼，2020）。

参考文献

陈慧荣、张煜，2015，《基层社会协同治理的技术与制度：以上海市A区城市综合治理"大联动"为例》，《公共行政评论》第1期。

陈文，2016，《政务服务"信息孤岛"现象的成因与消解》，《中国行政管理》第7期。

董石桃，2019，《技术执行视域中的大数据反腐：情境、结构与绩效》，《行政论坛》第6期。

丰俊功、张茜，2019，《大数据时代"横纵联动"基层政府治理体制创新——以深圳市宝安区改革为例》，《天津行政学院学报》第4期。

付建军，2019，《社区治理中的信息技术效率悖论及其形成逻辑——基于上海市J街道的实证分析》，《探索》第6期。

高雪，2020，《技术嵌入下的基层治理变革研究——以上海市R街道大数据治理为例》，硕士学位论文，中共上海市委党校。

黄其松、许强，2018，《论政府治理技术》，《江汉论坛》第12期，第53~59页。

黄其松、邱龙云、胡赣栋，2020，《大数据作用于权力监督的案例研究——以贵阳市公安交通管理局"数据铁笼"为例》，《公共管理学报》第3期。

黄晓春，2010，《技术治理的运作机制研究 以上海市L街道一门式电子政务中心为案例》，《社会》第4期。

简·芳汀，2004，《构建虚拟政府：信息技术与制度创新》，邵国松译，中国人民大学出版社。

马卫红、耿旭，2019，《技术治理对现代国家治理基础的解构》，《探索与争鸣》第6期。

邱泽奇主编，2018，《技术与组织：学科脉络与文献》，中国人民大学出版社。

邵娜、张宇，2018，《政府治理中的"大数据"嵌入：理念、结构与能力》，《电子政务》第11期。

孙超、贺巧玲，2017，《IT技术对基层政府行为的影响——一个初步分析框架》，《公共管理评论》第2期。

谭海波、孟庆国、张楠，2015，《信息技术应用中的政府运作机制研究——以J市政府网上行政服务系统建设为例》，《社会学研究》第6期。

唐皇凤、陶建武，2014，《大数据时代的中国国家治理能力建设》，《探索与争鸣》第10期。

W.理查德·斯科特、杰拉尔德·F.戴维斯，2011，《组织理论——理性、自然与开放系统的视角》，高俊山译，中国人民大学出版社。

王山，2018，《智能技术对政府管理的影响研究》，博士学位论文，中国农业大学。

解胜利、吴理财，2019，《从"嵌入－吸纳"到"界权－治理"：中国技术治理的逻辑嬗变——以项目制和清单制为例的总体考察》，《电子政务》第12期。

徐敏子、程竹汝，2019，《大数据反腐的发展历程、优势和阻力》，《秘书》第6期。

薛金刚、庞明礼，2020，《"互联网+"时代的大数据治理与官僚制治理：取代、竞争还是融合？——基于嵌入性的分析框架》，《电子政务》第4期。

周盛，2017，《走向智慧政府：信息技术与权力结构的互动机制研究——以浙江省"四张清单一张网"改革为例》，《浙江社会科学》第3期。

Olga, Volkoff, Diane M.Strong, & Michael B. Elmes. 2007. "Technological Embeddednessand Organizational Change." *Organization Science* 18（5）：832–848.

Orlikowski, W. J. 1992. "The Duality of Technology：Rethinking the Concept of Technology in Organizations." *Organization Science* 3.

Orlikowski, W. J. & Barley S. R. 2001. "Technology and Institutions：What can Research on Information Technology and Research on Organizations Learn from Each Other?" *Management Information Systems Quarterly* 25（2）：145–165.

Clean-Grovernace Study

Issue 12
December 2023

Table of Contents & Abstracts

New Media Contact, Corruption Perception and Political Trust——An Empirical Study in Rural China

Li Li & Li Ninghui / 1

Abstract: Since the 18th National Congress of the Communist Party of China, our country's continuous high-pressure anti-corruption situation has had an important impact on the individual political cognition and attitude of ordinary people. The public perception of corruption is an important "barometer" that reflects public opinion, and ultimately affects the public's political trust and support for the government. Existing studies have proved that the media has an important impact on corruption perception and political trust from the perspective of information media. However, the existing causal explanation mechanism based on the media perspective is not sufficient. This paper examines and explores the internal relationship mechanism between new media contacts, corruption perception and grassroots political trust. One-to-one household questionnaire survey and statistical analysis were adopted to collect empirical data and construct corresponding theoretical research models. The study finds that new media contacts have a negative impact on grassroots political trust and grassroots perception of corruption.

Keywords: New Media Contact; Corruption Perception; Political Trust; Rural Area

Gender and Corruption: Based on the Analysis of Formal and Informal Institutions

Tu Wenyan / 27

Abstract: Are female civil servants less corrupt than men? The established literature suggests there is no gender gap in officials' attitudes toward corruption when they are exposed to rich opportunities and networks for corruption. However, the existing research fails to consider that opportunities and networks for corruption significantly differ among the gender even in the same institutional contexts. Drawing on an original survey administered among Chinese civil servants, the findings indicate that women's tolerance for corruption is significantly lower than that of men in China. The informal institution, namely clientelist networks, is a crucial mediating variable in women' lower tolerance for corruption than men. Women are more likely to be excluded from clientelist networks that facilitate corruption, and these networks of relationships are the breeding ground for corruption. Female's higher compliance with formal rules is another important mediating factor in their lower tolerance for corruption than men.

Keywords: Gender; Corruption Tolerance; Clientelist Network; Formal Institution; Informal Institution

Anti-Corruption Effectiveness and Political Legitimacy: Based on A Model Analysis of Anti-Corruption in Korea (1987–2022)

Xie Guijuan, Song Jiwu, & Yang Xinyu / 41

Abstract: In the development process of late-modernised countries, the rapid economic growth accompanied by the expansion of non-public power has led to the growth of corruption, which has become an obstacle for government authorities to maintain political legitimacy. After the democratisation reform of South Korea in 1987, successive governments have gradually constructed an institutionalised model of anti-corruption to enhance the effectiveness of the fight against corruption, and to ensure the political trust of South Korean citizens in the government. This paper reviews the history of political legitimacy research and constructs an analytical framework of "anticorruption effectiveness-political legitimacy", and finds that South Korea's anti-corruption model has shifted from a campaign-based model to a model that focuses on campaigning and is complemented by institutionalised anti-corruption, and then shifted to an institutionalised anticorruption model to enhance the effectiveness of anti-corruption and create political legitimacy. At the same time, through the study of the "Public Integrity Perception Index" and the "Trend of Korean Society's Perception of the Degree of Social Corruption in Public Offices", it is found that the combined effect of procedural justice and performance legitimacy brought by anti-corruption actions enhances the public's political trust, supports ideological legitimacy, and proves that the performance of anti-corruption has been effective in enhancing public trust and improving public confidence. legitimacy, proving that the procedural justice, governance performance, and political trust brought about by anti-corruption performance are transformed into anti-corruption efficacy, ensuring political legitimacy.

Keywords: Anti-Corruption; South Korea; Political Legitimacy; Institutionalisation

The Types, Characteristics, Causes and Governance of Rural "Micro-Corruption"——Based on the Analysis of 184 Court Judgments

Bu Chunbo & Bu Wanhong / 63

Abstract: Micro corruption is an important factor that hinders the comprehensive revitalization of rural areas. The area where rural "micro corruption" occurs are relatively concentrated, mainly reflected in land acquisition and demolition, targeted poverty alleviation, village level public funds, national special subsidies, relief and assistance, and small rural projects ,with distinctive phased characteristics. Rural "micro corruption" has distinct characteristics, mainly manifested as rural cadres becoming the main group involved in cases, with relatively low amounts of money involved. Individual rural cadres have relatively small amounts of money involved, with relatively concentrated areas of involvement. Public funds have become the main target of infringement, and the means of corruption are relatively single. Jointly committing crimes is the main Corruption form, with relatively concentrated charges involved and relatively light punishment results. The main reasons for the occurrence of rural "micro corruption" are the inadequate management and governance of grassroots party organizations, lax supervision by grassroots party and government functional departments, obvious defects in financial management systems, inadequate systems for preventing conflicts of interest, and low treatment of rural cadres. To address rural "micro corruption", we need to start with improving the system of rural party management and enhancing the ability to manage and govern the party. We should promote the unity of not daring to corrupt, can not corrupt, not wanting to corrupt, and achieve the simultaneous, simultaneous, and comprehensive efforts of the three, comprehensively improving the overall effectiveness of preventing and controlling corruption. To be specific, we will maintain a high-pressure situation by severely punishing corruption and strengthening the fear of corruption. innovate grassroots governance and improve the institutional system that cannot be corrupted, strengthen education and management, and enhance the awareness of not wanting to corrupt.

Keywords: Rural "Micro Corruption" ; Types of Corruption; Basic Characteristics; Causes of Corruption; Governance Measures

The Characteristics, Occurrence Mechanism and Governance Strategy of Corruption in the Field of Grain Purchase and Sales—An Examination Based on 103 Typical Cases

Wang Hao / 81

Abstract: Corruption in the field of grain purchase and sales not only undermines political ecology, but also threatens food security. By combing and analyzing 103 typical cases of corruption in the field of grain purchase and sales published on the website of the Central Commission for Discipline Inspection of the Communist Party of China and the National Commission of Supervision of the People's Republic of China, the research found that frequent occurrence of state-owned grain enterprises, hidden and diversified means, "traversing" key links, easy occurrence of systemic corruption and severe punishment measures are the characteristics of corruption in the field of grain purchase and sales. The public power, corruption motives, and corruption opportunities related to grain are embedded in a multi-level principal-agent relationship structure, "connecting" and inducing corruption in that field. In order to effectively curb this type of corruption, it is necessary to maintain the high pressure and deterrence against corruption, shift the focus of governance towards state-owned grain enterprises, improve the grain related systems, adhere to the combination of positive incentives and negative warnings, and strengthen the prevention and control of grain related integrity risks.

Keywords: The Field of Grain Purchase and Sales; Corruption Governance; State-owned Grain Enterprises; Principal-agent Theory

Practice and Exploration of Integrating Dong Culture into Grassroots Clean Culture Construction——Take Qiandongnan Miao and Dong Autonomous Prefecture as an Example

Li Xinwei / 105

Abstract: The 20th National Congress of the Communist Party of China further emphasized the need to firmly promote comprehensive and strict governance of the Party, and strengthen the construction of a clean and honest culture in the new era. This is a fundamental project for promoting the concept of "not daring to corrupt, not being corrupt, and not wanting to corrupt". It is also an important lever for creating a good environment for comprehensively promoting the rural revitalization strategy. How to organically integrate the connotation of integrity culture in ethnic minority areas with the construction of integrity culture in ethnic minority areas is a problem worth exploring. Qiandongnan Miao and Dong Autonomous Prefecture is the main Human settlement of the Dong nationality. The traditional culture of the Dong nationality is relatively intact. The traditional culture of the Dong nationality has distinctive characteristics of duality and self-discipline. The spirit of self-discipline, contract spirit and other rich spiritual characteristics it contains provide a solid foundation for the construction of clean culture in the Dong nationality area. In recent years, Qiandongnan Miao and Dong Autonomous Prefecture has vigorously excavated and carried forward the clean cultural resource management of Dong made full use of national cultural forms to carry the contents of clean culture, promoted the construction of honest culture at the grass-roots level, and actively practiced and explored to create a clean and honest ecology.

Keywords: Clean Culture; Dong Ethnic Group; Dong Culture

A Study of the Boundaries between "Love" and "Discipline" in the Exchange of Courtesies

Ji Yaping & Peng Xiaqing / 120

Abstract: As an important link to maintain the emotional relationship between people, courtesy still plays an important role, with a deep historical and cultural basis, should be respected. In the context of the market economy, the intertwining of human feelings and power, the alienation of courtesy and exchange, contrary to the original purpose and essence of courtesy and exchange, its negative effects are increasingly prominent. At the same time, the relevant provisions regulating courtesy and exchange have a vague definition standards of "Love"and "Discipline", the conflict between "discipline" and "law" and the local definition of courtesy and exchange unreasonable standards, this resulting in some officials on the issue of courtesy and exchange of misconceptions and even to corruption.To this end, in the face of the new social environment, it is necessary to clarify the boundaries of courtesy and exchange, to abonormal counrtesy, namely corruption, in the doctrine and party rules and regulations to be strictly defined and regulated. By setting a reference standard for proper courtesy that coordinates "Love"and"Discipline"; at the institutional level, refining the courtesy, improving the way of setting norms, incorporating material benefits and service benefits into quantitative standards; and strengthening disciplinary measures for those who receive large amounts of gifts, the "love" and "discipline" will be redefined the boundary, so that it becomes the party members and cadres to identify the direction of power and prevent and punish corruption of the ruler and lighthouse.

Keywords: Courtesy Demands Reciprocity; "Love" and "Discipline" ; Boundaries

Evolution, Influencing Factors and Experience Enlightenment of Financial Discipline Inspection and Supervision Institution

Wang Guan / 134

Abstract: The financial discipline inspection and supervision institution is an important subdivision of the CCDI and the NSC system and an important institutional guarantee for preventing and controlling financial risks, maintaining financial security and promoting high-quality development of the financial industry. Since the reform and opening up, the financial discipline inspection and supervision institution has been affected by the reform of the financial system and the reform of the discipline inspection and supervision institution, and has always been adapted to the situation of the financial anti-corruption struggle. The experience of the evolution of the financial discipline inspection and supervision institution shows that the Party's leadership over the financial discipline inspection and supervision must be strengthened, the "three No Corruptions" must be promoted in an integrated way, the political supervision must be put in the first place, the financial anti-corruption and financial risk prevention and control must be integrated, the financial supervision must be close to the financial business, the coordination of various types of supervision must be strengthened, and the construction of the financial discipline inspection and supervision team must be strengthened.

Keywords: Finance; Discipline Inspection and Supervision; Residency System

Research on the Compliance System of Bribery Crimes in Private Enterprises under the Background of Supervision System Reform——Centered around the Monitoring Objects of Private Enterprise Interactions

Wang Gang & Chen Houyi / 152

Abstract: Empirical research shows that bribery crimes committed by private enterprises in

China are serious, and bribery crimes are an important criminal risk in the development process of private enterprises, and also a reason for the high incidence of bribery crimes. In order to align with the overall strategy of anti-corruption work in China under the background of supervision system reform, it is necessary to combine the compliance characteristics of bribery crimes, centered on the supervision objects that interact with private enterprises, and construct a compliance system for bribery crimes committed by private enterprises. Firstly, private enterprises should accurately identify and prevent the risk of bribery crimes in key personnel, positions, and areas that interact with "supervisory targets" based on industry characteristics and enterprise needs; Secondly, private enterprises can draw on the mature experience of Western compliance management to construct a "list of obligations" for business dealings between enterprise staff and "supervisory objects"; Finally, large private enterprises can strengthen collaboration with supervisory authorities in the specific process of building a compliance system for bribery crimes. The above measures are proposed to help prevent the risk of bribery crimes committed by private enterprises and promote the realization of the goal of legalization of national supervision work.

Keywords: Reform of the Supervisory System; Private Enterprises; Bribery Crimes; Monitoring Objects; Compliance System

On the Research Object and Discipline System Construction of Discipline Inspection and Supervision

Xiong Mingming / 174

Abstract: Discipline inspection and supervision, as the product of interdisciplinary studies, is not a simple superposition of discipline inspection and supervision, but a first-level discipline of law with independent research objects. Discipline inspection and supervision science in the narrow sense is a science about the fulfillment of discipline inspection and supervision. It takes supervision as the main line, and takes the system, operation mechanism and organic connection of inner-party supervision and national supervision as the research content. Implemeting the thinking of integrating discipline inspection and supervision,the research objects of discipline inspection and supervision not only include the theory, system, norms, behavioral, and integrity culture of discipline inspection and supervision,but also include discipline inspection and supervision subject and internal and external relations. The independence of discipline of discipline inspection and supervision determines the diverse aspects of its professional and curriculum construction. On the one hand, discipline construction needs to respond to the practice of discipline inspection and supervision system reform in China, on the other hard,discipline construction needs to be committed to promoting high-quality development of discipline inspection and supervision. However,the current situation of weak interaction between the basic theoretical research and practical needs of disciplinary inspection and supervision,as well as insufficient reason on the integration of disciplinary inspection and supervision,has hindered the development of disciplinary inspection and supervision to varying dgrees,which rely too much on law subject,lack of teachers,curriculum development lags behind,the lack of a systematic curriculum and tend to be particularly.Therefore, based on the dialectical relationship between discipline construction and professional construction, the subject construction of discipline inspection in need of disciplines and specialties as an organic whole "integration"top-level design:on the one hand, at the national level,strengthen discipline construction guidance,increase course development,and establish strict discipline system evaluation standards while highlighting the independence of discipline inspection and supervision,to promote high-quality development of discipline construction with a high starting point and latecomer advantage; On the other hand, in the specialty setting and teaching, we should closely follow the needs of discipline inspection and supervision personnel training, strengthen the practical value of discipline construction, and explore multiple "school-local" cooperation paradigm.

Keywords: Discipline Inspection; the Research Object; Integrated Construction

The Adjustment of Judge's Punishment System in the Connection of Supervision and Justice

Huang Xin / 192

Abstract: The reform of the national supervisory system and the comprehensive reform of the judicial supporting system are both important components of China's political system reform. The reform of the national supervisory system has led to a new pattern of supervision, where judges are included as objects of supervision, which has a significant impact on the reconstruction of the judge disciplinary system based on the deepening of the comprehensive reform of the judicial system. Under the background of comprehensive coverage of supervision, it is necessary to consider public officials, including judges, in system design and operation. Under thebackground of deepening the comprehensive reform of the judicial system, the judge disciplinarysystem has the functions of maintaining judicial independence, self-discipline, and professional accountability, and the existence of the judge disciplinary system has unique value and significance. Therefore, under the dual background of deepening the reform of the national supervisory system and the comprehensive reform of the judicial system, it is necessary to clarify the positioning of the supervisory organs, people's courts, and judge disciplinary committees in the judge disciplinary system; improve the specific mechanisms based on the overlapping jurisdictional matters between supervisory organs and judge disciplinary institutions; and continue to deepen the reform of Judge; Disciplinary Committee from the subject of appraisal to the subject of punishmont. In addition, under the dual system reform, supervisory organs' exercise of supervisory power over judges should follow the basic principles of the judiciary, at the same time, the judge disciplinary system should be oriented towards the dual integration of comprehensive coverage of supervision and professional judgment of trials to achieve the coordination andconnection of supervision and justice.

Keywords: National Supervision System Reform; Judicial System Reform; Judge Disciplinary System

Observation and Reflection on the Phenomenon of Secondment of Discipline Inspection and Supervision Organs at the Grass-roots Level——Take L District, C City, H Province as an Example

Tian Zhencang / 209

Abstract: Secondment is a kind of informal personnel flow mode that exists in party and government organs, public institutions, state-owned enterprises and private enterprises. In recent years, with the deepening of the construction of a clean and honest government and the anti-corruption work, the workload of discipline inspection commissions at all levels has also increased, and the phenomenon of secondment has also shown a trend of universality and normalization among discipline inspection commissions at all levels. This paper will take a district level discipline inspection and supervision organ in C City, H Province in Central China as a sample, conduct research through field investigation, interview discipline inspection and supervision cadres and relevant personnel, and obtain first-hand observation data. This paper attempts to analyze the causes of the phenomenon for a more comprehensive perspective, meso and micro perspectives from a more micro perspective, and to analyze the problems caused by the phenomenon from the three main bodies of secondment units, seconded units and seconded cadres, and then puts forward suggestions on optimizing the functions of discipline inspection and supervision organs, deepening the reform of personnel establishment, improving the quality of cadres, establishing a reasonable talent flow mechanism perfect the secondment laws and regulations to standardize the secondment problems in five aspects.

Keywords: Secondment; Discipline Inspection and Supervision; Personnel Mobility

Audit Supervision from the Perspective of the Constitution——Review Based on Audit Word Reports and Reports on Rectification of Issues Identified During Audits

Xu Cong / 233

Abstract: Strengthening audit supervision and cooperating with the budget supervision of the National People's Congress is an important part of the supervision system of the party and the state, and is the proper meaning of improving the modernization of China's system and capacity for governance. Based on CNAO's reports of the State Council on the auditing of the implementation of the central budget and other fiscal revenues and expenditures and reports of the State Council on the rectification of problems found in the audit of the implementation of the central budget and other financial revenues and expenditures by observing the institutional roles and powers interaction between CNAO and the State Council, it is found that, CNAO assists the NPC and its Standing Committee in reviewing and supervising budgets and final accounts in accordance with the law, plays the role of interpreter, analyst and advisor of the implementation of the national budget. The State Council responds to the problems which are found by CNAO through saving money, making rules and handling relevant persons. Also, the State Council analyzes the constraints of ineffective rectification and clearly defines the direction for improvement. Audit supervision helps the effective implementation of national policies, promotes the construction of supporting systems for government financial management, and facilitates the National People's Congress play its supervisory role. However, audit supervision is limited to "discovering problems" and "revealing problems", and constraints and supervision are weak. For this reason, the National People's Congress still needs to give play to its own system advantages and strengthen its role in inquiring and questioning in audit supervision.

Keywords: Auditing Supervision; National Supervision System; People's Congress Budget Supervision; Audit Work Report; Rectification Report

The Interaction between Technology and Organization: The Practical Logic of Big Data Supervision in Grassroots Political Govornance

Wang Yang / 257

Abstract: In recent years, Big data supervision, as a new governance tool of technology governance, has been paid more and more attention by governments at all levels. However, in practice, the effect of technology embedding in government governance is not clear and often uncertain. Existing research has found that the impact of information technology on government governance has multiple dimensions, depending on the relationship between technology and organizations. This paper believes that the introduction of Big data technology into the organization is also a complex micro political process occurring within the organization, and this micro political process precisely determines whether and how the organization will adopt technology. This paper takes the practice of Big data supervision technology applied to grass-roots government governance in Z County as the research object, analyzes the micro political process that occurs inside the organization when Big data supervision technology is introduced into the organization at the micro level, and discusses the internal tension and resultant force that exist when grass-roots government organizations decide whether to adopt Big data supervision technology and how to adopt Big data supervision technology. The paper shows that the embedding of Big data supervision technology will have a profound impact on the supervision structure, relationship and governance mechanism of grassroots governments, establish a Big data assisted scientific decision-making mechanism for grassroots government governance, and form a management closed-loop of precise and centralized discovery, scientific and professional research and judgment, unified multi sector collaboration, and strict and effective supervision, so as to promote the modernization of grassroots governance system and governance capability.

Keywords: Grassroots Government Governance; Big Data Supervision; Power Benefit; Information Barriers; Collaborative Governance

《廉政学研究》投稿指南

《廉政学研究》是重点关注廉洁和有效治理、具有跨学科特点的学术性辑刊，由中国社会科学院社会学研究所廉政建设与社会评价研究室联合国内外专家共同编辑出版发行，热诚欢迎大家赐稿。

本刊设有"专家特稿""学科建设""专题研讨""理论与方法""调查报告""域外研究"等栏目，主要刊登与各栏目相近的原创性研究。本刊目前采用辑刊形式出版，每年至少出版两期。

本刊对来稿的技术规范如下：

1. 来稿务求观点明确、文字精练、数据可靠，文章以10000~20000字为宜。

2. 作者简介需提供以下信息：姓名、出生年月、籍贯、单位、职称、主要研究方向、联系电话、通信地址、E-mail等。

3. 文章正文前应包含以下信息：（1）文章标题；（2）200字左右的中文摘要；（3）3~5个关键词；（4）文章英文标题、作者姓名的汉语拼音（或英文名）；（5）英文摘要、关键词。

4. 稿件正文的文内标题、表格、图、公式以及脚注应分别连续编号。一级标题用编号一、二、三……，二级标题用（一）、（二）、（三）……，三级标题用1、2、3……，四级标题用（1）、（2）、（3）……

5. 文中每张图、每个表格均应达到出版质量，并置于文中恰当位置。

6. 稿件如采用他人成说，需采用文内夹注说明，即在引文后加括号注明作者、出版年份及页码,详细文献出处作为参考文献列于文后,以作者、出版年份、书名(或文章名)、译者、出版地点、出版单位(或期刊名)排序。文献按作者姓氏的第一个字母依 A-Z 顺序分中、英文两部分排列,中文文献在前,英文文献在后。外文文献中的书名及期刊名用斜体,论文题目写入""号内。作者自己的注释均采用当页脚注连排,标号为①、②、③……,请勿列正文没有夹注的文献。

中文文献示例:

(1)专著

江帆,2003,《生态民俗学》,哈尔滨:黑龙江人民出版社。

(2)译著

〔英〕诺曼·费尔克拉夫,2003,《话语与社会变迁》,殷晓蓉译,北京:华夏出版社。

(3)期刊(如周刊、半月刊、月刊、双月刊、季刊、年刊等)

吴承明,1994,《论二元经济》,《历史研究》第 2 期。

(4)论文集

中国社会科学院中国廉政研究中心课题组,2018,《国家监察体制改革初显成效 反腐败斗争取得压倒性胜利》,载王京清、孙壮志主编《反腐倡廉蓝皮书中国反腐倡廉建设报告 No.8》,北京:社会科学文献出版社。

(5)转载文章

费孝通,2008,《城乡和边区发展的思考》,载魏宏聚《偏失与匡正——义务教育经费投入政策失真现象研究》,北京:中国社会科学出版社。

英文文献示例:

(1)英文专著

Kenneth N.Waltz.1979.*Theory of International Politics*.New York:McGraw-Hill Publishing Company.

Robert Keohane and Joseph Nye.1977. *Power and Interdependence*: *World Politics in Transition*.Boston,MA: Little Brown Company.

(2)英文编著

David Baldwin ed.1993. *Neorealism and Neoliberalism*: *The Contemporary*

Debate.New York: Columbia University Press.

Klause Knorr and James N.Rosenau，eds.1969.*Contending Approaches to International Politics*.Princeton，NJ：Princeton University Press.

（3）期刊杂志中的文章

Stephen Van Evera.1990/1991."Primed for Peace：Europe after the Cold War." *International Security*，Vol.15，No.3.（期刊名用斜体,15 表示卷号）

Ivan T.Boskov.1993/1991."Russian Foreign Policy Motivations." *MEMO*，No.4（此例适用于没有卷号的期刊）

7. 稿件研究成果遵守学术行为规范，严禁一稿多投、剽窃或抄袭行为。成果一经发表，编辑部拥有以微信公众号、网站等方式推广使用的权利。凡涉及国内外版问题，遵照《中华人民共和国版权法》和有关国际法规执行。

8. 投稿方式。本刊暂时仅接受电子投稿，所有来稿采用 word 格式，以附件形式发送至电子邮箱 lianzhengxue@sina.com，邮件主题为"廉政学研究投稿+作者姓名+作者单位"。投稿后电话确认投稿是否成功：010-85195127。本刊编辑部在收到来稿后三个月内给予是否录用回复，如三个月内未收到回复，可自行处理。

9. 来稿一经刊用，赠样刊 2 册，并按照财务规定寄送稿酬。

《廉政学研究》编辑部

图书在版编目(CIP)数据

廉政学研究.2023年.第2辑:总第12辑/蒋来用主编;许天翔执行主编.--北京:社会科学文献出版社,2023.12
 ISBN 978-7-5228-2907-4

Ⅰ.①廉… Ⅱ.①蒋… ②许… Ⅲ.①廉政建设-研究 Ⅳ.①D035.4

中国国家版本馆CIP数据核字(2023)第231536号

廉政学研究2023年第2辑(总第12辑)

主　　编／蒋来用
执行主编／许天翔

出　版　人／冀祥德
组稿编辑／谢蕊芬
责任编辑／孟宁宁
责任印制／王京美

出　　版／社会科学文献出版社·群学出版分社 (010) 59367002
　　　　　地址：北京市北三环中路甲29号院华龙大厦　邮编：100029
　　　　　网址：www.ssap.com.cn
发　　行／社会科学文献出版社 (010) 59367028
印　　装／天津千鹤文化传播有限公司

规　　格／开本：787mm×1092mm　1/16
　　　　　印张：18.75　字数：298千字
版　　次／2023年12月第1版　2023年12月第1次印刷
书　　号／ISBN 978-7-5228-2907-4
定　　价／128.00元

读者服务电话：4008918866

版权所有 翻印必究